中国公文写作研究会公文文献研究室
鲁东大学公文文献研究中心
中国公文学研究
主　编 柳新华
副主编 徐艳华 张玉禄

公文语言与修辞

Gong Wen Yu Yan Yu XiuCi

主　编 丁洪荣
副主编 李瑞芬 孙彩惠 兰 玲
王红霞 曲俊义

经济科学出版社
Economic Science Press

图书在版编目（CIP）数据

公文语言与修辞/丁洪荣主编．—北京：经济科学出版社，2013.12
（中国公文学研究）
ISBN 978-7-5141-4039-2

Ⅰ.①公…　Ⅱ.①丁…　Ⅲ.①公文-写作-基本知识
Ⅳ.①H152.3

中国版本图书馆 CIP 数据核字（2013）第 281386 号

责任编辑：柳　敏　周秀霞
责任校对：徐领柱
版式设计：齐　杰
责任印制：李　鹏

公文语言与修辞
主　编　丁洪荣
副主编　李瑞芬　孙彩惠　兰　玲
王红霞　曲俊义
经济科学出版社出版、发行　新华书店经销
社址：北京市海淀区阜成路甲 28 号　邮编：100142
总编部电话：010-88191217　发行部电话：010-88191522
网址：www.esp.com.cn
电子邮件：esp@esp.com.cn
天猫网店：经济科学出版社旗舰店
网址：http://jjkxcbs.tmall.com
北京汉德鼎印刷有限公司印刷
华玉装订厂装订
710×1000　16 开　19 印张　350000 字
2014 年 2 月第 1 版　2014 年 2 月第 1 次印刷
ISBN 978-7-5141-4039-2　定价：45.00 元
（图书出现印装问题，本社负责调换。电话：010-88191502）

《中国公文学研究》编委会

序

公文在中华文明的历史进程中一直担当着重要角色，历经几千年的演变和发展，始终发挥着治国安邦、革故鼎新、传递政令、凝聚民心、推动经济与社会发展的重要作用，但公文学作为一门独立学科被世人所重视，时间却相当短暂，充其量不过二十几年的历史。

20年前，苗枫林的《中国公文学》（齐鲁书社1987年版）一书出版，第一次较为系统地把公文作为一门学科进行研究，创造性地提出具有很高理论价值和实用价值的公文学观点，从理论和实践的结合上论述了公文学的基本规律，由此填补了中国公文学理论上的空白，成为中国公文学研究史上的里程碑。

此前我国公文学的研究，一直依附于其他学科，在秘书学、档案学、写作学、语言学、行政学等学科的边缘徘徊，犹抱琵琶半遮面，藏在深闺人不识。伴随着苗枫林《中国公文学》问世，公文学有了“名”，有了较为科学的界限和定位，我国公文学研究逐渐自立门户，崭露头角。随后成立的中国公文写作研究会，在推动公文学研究方面做了大量工作，许多专家学者加入到公文学研究队伍中来，大批优秀公文学研究成果不断涌现，理论研究与实践应用的结合也越来越密切，公文学成为一个内容日渐丰富、目标日趋清晰、体系逐渐完备的学术领域。时至今日，公文学研究已呈现出生机蓬勃的发展态势，越来越受到社会和理论学界的关注。

从《中国公文学》出版之后二十多年的时间里，出版社出版了大量公文方面的书籍。据中国公文写作研究会不完全统计，20世纪90年代以后，关于公文学和公文写作的各种版本的教材、专著约计有200种。但绝大多数是为满足社会需要以及后来公务员考试的急需，而编辑出版的公文写作与处理方面的应用类书籍，这些著作对于普及公文知识、提高公文写作与处理水平、服务于社会及党政机关工作发挥了重要作用，但就公文学理论研究方面而言，迄今为止尚未有超过苗枫林《中国公文学》的突破与建树。由于公文学理论研究滞后，致使公文写作领域长期囿于“格式加例文”的仿制模式，未能对我国公文的改革与发展以及文风建设发挥应有的作用。至今公文学的一些基本理论问题，诸如公文的定义、公文学的研究对象、公文学的学科体系、公文规范化理论以及公文文种归类等，均未有权威定论，各执一词，莫衷一是。这种状况显然不利于公文学科建设以及更好地服务于社会和公务活动。

发展是硬道理，没有发展，任何事物都没有生命力。尽管公文学研究已经取得可喜的成绩，但同其他新兴学科一样，公文学同样面临打破“瓶颈”深入发展的问题，传统单一的研究方法和手段、固定不变的研究对象和内容，严重制约了公文学科的深度建构，研究成果陷入狭窄、重复、肤浅，难以突破飞跃的泥淖中。苗枫林生前就多次说过，要使公文从单纯的应用技术进入学术领域，必须深入开展理论研究，推动我国公文学科建设进程。否则，将导致公文的发展与应用误入歧途，甚或对党政机关作风和社会发展产生不良影响。为此，中国公文写作研究会会长桂维民指出，公文学界要努力做好三方面的改变：一是更新观念和思路，将公文学研究视野放得更宽、更广；二是拓宽研究范围和角度，促进公文学全方位、深层次发展；三是创新研究手段和方法，将公文学建立在科学论证的基础之上。

许多公文学界的专家学者在为公文学的健康发展进行着坚持不懈的努力和探索。2007 年 7 月“苗枫林公文学术思想暨《中国公文学》出版发行20 周年研讨会”和 2011 年 7 月“公文学的发展现状与展望和公文文献服务平台建设研讨会”期间，入会专家学者对公文学的现状与前景取向表示极大的关切，苗枫林先生出席会议，会上会下与有关人士多次谈到要加强公文学理论研究，并希望鲁东大学公文文献研究中心师生在这方面多做一些工作，并表示他正在做中国公文名篇赏读和公文史学方面的研究工作，如果出版，可以作为这方面研究的丛书之一。

根据苗枫林先生的建议，鲁东大学公文文献研究中心拟定了《中国公文学研究》丛书写作计划，落实了研究撰稿人员，结合公文学的教学、科研的需要展开工作。最初拟定的书目有《中国公文名篇赏析》（苗枫林）、《公文学的现状与展望》（柳新华）、《中国公文学概论》（柳新华、徐艳华）、《简明公文类编》（柳新华、徐艳华、张玉禄）、《中国公文史学》（张晓青）、《公文语言与修辞》（丁洪荣）、《公文格式规范》（姜德照）、《新编公文写作》（王红霞）、《电子公文撰制》（柳新华、王东海、董相志）等，并议定根据研究工作的进展、篇目作适当的增加或减少。

《中国公文学研究》丛书编写工作，从一开始就坚持理论与实践相结合、研究与应用相结合，但侧重于公文理论方面的研究，力求走出公文类书籍格式加例文的窠臼，在公文的深领域、广覆盖、系统化上做文章。丛书作为一个整体，力求全面反映公文学的主体框架内容，并努力在以往无人涉及的领域拓展，同时，考虑读者学习使用方便，各个分册又各自独立成编，不追求形式上的统一。因此在公文研究领域一些重要问题上不惜笔墨，展开论述，而对社会已见著述较多的内容一掠而过，甚或仅作简单介绍。

几年来，担纲任务的鲁东大学公文文献研究中心的师生以不畏艰难、勇于探索的精神，取得了一大批有价值、有见地、开创性的研究成果，完成多项重大课题研究，发表了一批优秀论文，建立了在全国颇具影响的公文数据库、公文服务平台和公文研究网站，经中国公文写作研究会批准建立了该会直属的公文文献研究室，开启了公文学研究新的阵地和良好的发展模式，受到各方的关注和重视。

正当《中国公文学研究》丛书在有计划、有步骤全面展开之际，不幸的是2013年1月苗枫林先生因病去世，使丛书的编写工作失去了一位重要的领导者和指导者。临终前他委托家人将他已经完稿的《中国公文名篇赏析》转交给鲁东大学公文文献研究中心安排出版事宜。为了表达对苗枫林先生的敬慕和怀念，鲁东大学公文文献研究中心师生以最快的速度组织校对、编审，在苗枫林先生逝世一周年之前将《中国公文名篇赏析》提前交由经济科学出版社出版发行，随后陆续完成其他书稿，于2013年下半年到2014年上半年由经济科学出版社完成编辑出版。

我们虽然尽最大努力完成了《中国公文学研究》丛书的编撰，但我们深知，由于能力和水平的限制，我们的研究离苗枫林先生的期望还有很大差距，完成苗枫林先生的未竟事业，真正确立公文学的学科地位，使之形成一门独立、严整的学科，还有大量的工作要做，还有很长的路要走。我们愿意与广大的公文学研究者一道继续迎难而上，拼搏奋进，深入实际思考问题，脚踏实地进行研究，为公文学科的建立与发展作出积极的贡献。

最后，需要说明的是，《中国公文学研究》丛书在编写过程中，参考借鉴了公文学界专家学者近年来的大量研究成果，咨询查阅了大量出版物和网络有关数据库，虽然在各个分册参考书目和引文中已分别表达谢忱，但仍然有大量研究者、作者的名字未能一一列出，在此，谨以编委会的名义，向所有提供研究成果、著作、资料信息和对丛书编辑出版给予关心、支持和帮助的朋友表示衷心的感谢！

柳新华

2014 年 1 月 12 日

（序作者柳新华为中国公文写作研究会副会长、中国公文写作研究会公文文献研究室主任、鲁东大学公文文献研究中心主任）

内容提要

《公文语言与修辞》一书共分十章。第一章至第六章为公文语言基础知识，着重从公文语言的特点作用、公文语言与语体、公文的表述方式、公文句法、公文词语、公文修辞、公文常见语病等方面进行了新的探讨和研究，补充了前人的研究成果并提出了一些新的观点。第七章至第十章着重探讨了公文主要文种语言的基本特点与要求。

本书严格依照党和国家最新发布的公文法规进行编写。与传统公文语言书籍相比，增强了各类公文语言特点的分析及修辞部分的内容。在理论阐述的基础上，更突出其示范性和实用性。选用大量最新或较新的典型实例，既增强了时代感又极具示范作用。全书内容精要，实例丰富新颖，语言通俗精练，适宜党政机关工作人员、文秘人员、高等院校学生等学习研究。

目　录

第一章　公文语言与语体

第一节　公文与公文语言概述

一、公文的含义

公文是公务文书的简称。它是党政机关、人民团体、企事业单位等依法成立的社会组织用来办理公务、具有特定规范格式的文书。在我国，公文是党和国家机关在领导党的事业和治理国家方面，表达意志、传递政令、沟通信息的文字工具和手段。

公文有广义和狭义之分。一般认为，广义的公文指我国现阶段所有党政机关、人民团体和企事业单位在公务活动中用以上传下达、处理问题、反映情况、联系事务、商洽工作的具有特定效力和惯用体式的文书。

狭义的公文是指中共中央办公厅、国务院办公厅 2012 年 4 月 16 日印发，2012 年 7 月 1 日起施行的《党政机关公文处理工作条例》中明确规定了种类、名称、性质、用途、效力、格式和办理程序的 15 种公文，即决议、决定、命令（令）、公报、公告、通告、意见、通知、通报、报告、请示、批复、议案、函、纪要。

党政机关公文是指："党政机关实施领导、履行职能、处理公务的具有特定效力和规范体式的文书，是传达贯彻党和国家的方针政策，公布法规和规章，指导、布置和商洽工作，请示和答复问题，报告、通报和交流情况等的重要工具"。

本书所指的是广义的公文，除上述法定文种外，还包括事务性公文、法规与规章性公文、专用性公文等。

二、公文语言的特点

语言是人类交际、交流思想的重要工具，任何写作都离不开一定的语言，都要受到语言的制约。任何语言由于其交际领域、交际对象、交际目的、交际方式的不同，而各有其特点，公文语言也不例外。公文的交际领域主要是党政机关的各项公务活动，交际的对象是与发文机关相联系的上级、下级、平级单位或个人，交际的目的是办实事、解决实际问题。这种特殊的应用领域和应用目的，决定了公文语言既要准确、庄重、朴实、精练、规范，又要符合现代汉语语法、修辞、逻辑，形成独树一帜的语言风格。

由于公文语言自身独特的要求，重视公文语言的研究工作，对撰写高质量的公文，充分发挥公文的管理协调功能具有非常重要的作用。公文语言的特点概括起来主要有以下几点：

（一）准确贴切

古人论及公文语言的重要性，曾有“一字入公文，九牛拽不出”之言，言下之意，使用公文语言一定要慎之又慎。为使公文准确表达制发机关的意图，更好地体现其语言特点，在公文写作过程中必须注意语言的准确。准确是对公文语言的基本要求，也是公文的生命。公文只有语言准确，才有可能把事情说清楚，不准确的语言必然带来理解上的错误，也就达不到行文目的。要做到语言准确，应该注意以下几点：

一要注意辨明词义、用词准确。汉语词汇非常丰富，其中同义词、近义词颇多，写作时一定要确切弄清词义，认真辨析同义词在词义轻重、范围大小、适用对象、语体色彩、感情色彩等方面的差异，防止用词不当。例如“我国航天事业取得巨大成就”，若把“成就”换为“成绩”，语意就轻了。公文中常用的期望和请求用语如“请、敬请、恳请、即请、提请、拟请、希、希望、切望、热望、切盼、盼望”等，一般多用于上行文，有时也用于平行文和下行文，选用哪一个恰当，应细细分辨。另外，同一意思，可用多种词汇表达，但其中最准确的只有一个，写作时应当仔细斟酌。例如，国务院办公厅在转发文件的通知中，有时提出“请认真贯彻执行”，有时则是“请参照执行”。“贯彻执行”与“参照执行”二者之间就有着一定程度的差别，前者意味着必须照此执行、不可走样；后者则允许收文机关结合本地实际情况，在执行的范围和程度上较为灵活地掌握。又如引叙用语中，“收悉与欣悉”、“惊闻与喜闻”表达的感情色彩迥然不同。至于一般词语，表示不同感情色彩者很多，应细心区别。不同的情况应使用不同的词汇，提出不同的要求，二者不能混用。

二要讲究语法、合乎逻辑。语法和逻辑上出现问题，必然影响语言的准确。为避免此类错误，第一，要保证句子结构完整。汉语句子有主、谓、宾、定、状、补六种句子成分。句子成分可以适当省略，但必要的成分不能欠缺，否则句子结构就不完整。第二，要保证句中词语搭配适当。写作每一个句子，都要考虑词语之间在意义上、逻辑上以及习惯上是否搭配得当的问题。第三，避免句式杂糅。现代汉语中不同类型句子的结构形式是不同的，如果将两种不同的结构形式混用在一起，就会造成混乱，表意便不明确。如“不难看出，这起明显的错案迟迟得不到公正判决，其根本原因是党风不正在作怪”这个句子句式杂糅，结构混乱，“其根本原因是党风不正”或“是党风不正在作怪”任选一句即可。第四，公文的准确性还表现在句式上。汉语的句式虽然变化多端，但有内在的规律，要表达准确，必须依照语言规律办事，比如公文中应用较多的陈述句式，有表示完成时态的陈述句；有表示肯定的陈述句；也有表示否定的陈述句。在表示肯定与否定的陈述句中，有的表示果断，直截了当；有的则表示委婉，在用词和语气上，有明显的区别。又如汉语中的疑问句，有是非问、特指问、选择问、反诘问，它们的用词和语气不同，表达的内容和情感也不同。第五，要避免句子出现逻辑错误。句子一旦出现逻辑错误，往往在事理上就讲不通。有些句子虽然语法上没什么毛病，但是或概念不清，或判断错误，或推理不当，或不合事理，也就是不能准确地表情达意。例如，“他买了很多蔬菜和土豆、黄瓜、辣椒。”土豆、黄瓜、辣椒都是蔬菜，从逻辑上讲它们和“蔬菜”是种概念和属概念的关系，把它们并列在一起，就造成了逻辑关系的混乱。

三要表达准确、避免歧义。公文中的一些内容，在表达上容易出现歧义，应该引起重视。首先是“以上”、“以下”范围的表示。如“处级以上”、“十八岁以下”，其含义一般都包括所提到的级别、基数。但为准确无误，在公文写作中可以写作“处级及处级以上”、“十八岁以下（含十八岁）”等形式。其次是增减及倍数的表示。在写作中，“增加了”与“减少了”的数目不包括原有数目，是指另外增加或减少的数目；“增加到”与“减少到”的数目则包括原有数目，是在原有数目基础上的增加与减少。例如，产量从日产100吨上升到400吨，可以表示为“比原产量提高了三倍”或“提高到原产量的四倍”。而且，倍数通常只用于增加而不用于减少。再次是公文时间、地域及解释权的表示。一般来说，法规性文件都应明确标注施行日期和解释权的归属，涉及行政区划方面的文件，要有相应地域名称的说明。

四要褒贬得当措辞严谨。赞扬或贬斥某一行为，所用词语超出或者没达到应有的程度，叫作褒贬失当，也就是分寸不对。比如，某人在困难的条件下完成了一项具体任务，如果通报表扬时说取得很大的成就，就属于评价过高。反之，如果把我国第一次发射通信卫星试验成功，仅仅说成社会主义现代化建设中的一个不小的成绩，则属于对它的意义估计不足。如果把“错误”说成“罪行”，就是混淆了问题性质；而“错误极其严重，应当进行批评”之类的行文，则属于错误程度与采取措施不相称，处置不当。这些都属于分寸不适，褒贬失当。措辞应当和所写的公文的体例相符。报喜祝捷要热烈欢快，颁布政策法令应庄重严肃，批驳错误观点要有理有力，提出希望要求应平和委婉等。比如，请示性公文，用语要谦恭，讲究礼貌，结尾多使用“望”、“请”、“给予指示”等等，以表示下级对上级的尊重。不能用“必须如何”那样很硬、很大的口气。而意见，则要严谨、周密、明确，不能写成乞求式的公文。命令的用语，则必须斩钉截铁，毫不含混，避免出现模棱两可的毛病等。

（二）简洁精练

公文的语言必须简洁，绝不能拖泥带水，这是由公文的实践性和目的性决定的。如果公文语言啰唆，篇幅冗长，就会在批阅和执行上打折扣，影响公文的效果。列宁说，要“写简短的、电报式的、但明白而确切的报告”。“写长了我根本不看，一定不看”。因此，为提高工作效率，加快信息传递速度，就一定要用简洁的语言，把公文写得简要精练。要做到语言简明，应注意以下几点：

一是表达“直述不曲”。所谓“直述不曲”就是直截了当地表述公文内容。“曲”即曲折、曲笔，“文似看山不喜平”，说的是文学创作追求作品情节的复杂，要写出曲折、波澜和高潮；公文则贵在直笔，因为公文属应用文，直笔写作才易于人们阅文和办文。要直述不曲，首先要戒除套话。时常看到有人在文件的开头部分写上一长串类似“按照……的部署，根据……的安排，在……的领导下，在……的支持下，取得了……的成绩”的话，结尾又拖泥带水，啰啰唆唆地作些说明、解释。比如，在总结或报告的结尾处，往往加上几句话：“以上是我们的总结（报告）。我们的工作虽然取得了较大的成绩，但因我们的能力和水平有限，可能还有许多不足之处，因此，诚恳地希望领导及时批评指正。我们一定遵照上级指示，把今后的工作做得更好。”以示全面周到。这些话，没有什么实际作用，实属套话，要坚决克服。其次要戒除文学笔法。文学创作中时常用到的倒叙、插叙，描写、抒情等表达方式，公文写作一般是不使用的。

二是主旨清晰明确。公文写作一定要对写作意图，写作主旨了然于心，否则，这也想说那也想说，难免带出一些与主旨无关的话。因此，要反复锤炼思想，抓住关键，凡与主旨无关或关系不紧密的，要坚决删除，不要离开主旨，任意发挥。在可能的情况下，应尽量压缩文字，缩短文件的篇幅。切忌短话长说、拉长篇幅。这样才能适应机关工作快节奏、高效率的需要。为行文简洁，公文中可使用其他语体很少使用的单音词、文言词，如“兹”、“速”、“盼”、“均”、“悉”等；还可大量使用四字格，如“两免一补”、“一国两制”、“军民共建”、“希望工程”等，把复杂的内容简洁化，不仅寓意丰富，而且紧凑精练；另外，还要反复锤炼，缩词减字。如一份材料里写道：“我们感到这里反映的主要问题是个别领导不重视的问题，缺乏得力措施的问题，也是干部、职工政治、文化素质低的问题”，其中用了四个“问题”表述得很啰唆。如果改为：“我们感到这里反映的主要问题，一是个别领导不重视，二是缺乏得力措施，三是干部、职工政治、文化素质低”，只保留一个“问题”，意思表达清楚，文字也简洁。

三是句式长短适宜。古人曾说"章中不可有冗句，句中不可有冗字"，意在主张句子精练。公文中最常用的句式，是结构比较简单的陈述句。这种句子，可以多用短句，以求简洁明快之效。如果需要长句，应在句中适当使用标点符号表示停顿，以免语句拖沓、不易理解。

四是合理使用简称。为使公文语言简练，可在文中适当使用简称。简称有两种，一种是约定俗成的规范化简称，如"中共中央"、"国家计委"、"奥运会"、"常委会"、"妇联"等，人们对这种简称耳熟能详，使用时不必解释；另一种简称属于不规范简称，它之所以产生，是因为其全称在某一文件屡次出现，为了表述简洁，人们缩略全称而生成这种简称。使用这种简称，必须在文稿首次出现全称时加注简称说明。例如"《中华人民共和国增值税暂行条例》（以下简称条例）"、"国家外汇管理局或其分支局（以下简称外汇局）"等。

（三）平实易懂

公文的着力点应放在说明问题和讲清道理上，注重以理服人。因此，用词就必须规范、朴实，不能"花里胡哨"，否则会冲淡主题而影响发文效果。因为公文有它特有的政策性、严肃性和目的性，所以，无论是作批复、发命令、下通知，还是写请示、做总结、订计划等，都要求用平实的语言，准确地反映公文的内容。这种特点的突出表现是：

实在。它不用烘托、渲染等手法，而是实实在在写下去。同样写人，公文和小说所使用的语言大不相同。比如《红楼梦》写贾雨村，是先写总貌"穷儒"，再报姓名字号，然后讲出身、追求，最后写现状。用语是动静结合，动中写静，笔调曲折，有起有伏。调查报告写张××，则是直接介绍姓名、性别、年龄、经历，平铺直叙，不转弯子。同样写事件，鲁达的三拳，拳拳描绘，层层深入，有意渲染，色彩斑斓，腾挪跌宕，十分感人。而判决书写枪杀，却是如实叙述，一丝不苟。

质朴。如实地表现事物的本来面目，不允许有类似"燕山雪花大如席"、"飞流直下三千尺"之类的艺术夸张。妥帖的夸张，在诗歌中会成为名句，而在公文中则会成为笑话。有些公文的作者，为了追求生动性，常常在写作中搞一连串的修饰语、形象词，类似早些年简报上的什么"红彤彤"、"气昂昂"、"凯歌阵阵"等，不仅公文显得虚泛、空洞，丧失说服力，而且形成一种装腔作势、矫揉造作的文风，要坚决克服。

通俗。公文的用词造句，都应当力求大众化，避免用生僻晦涩的字句。有人在公文中常常喜欢使用一些半文半白的词语，如放着现成的"他"不用，非用"其"；放着现成的代词不用，要用"与之"。还有的用些半通不通的词句，如"他的变化很大，前后简直判若两个人"。把"判若两人"这个文言词组写成

“判若两个人”，很不和谐。还有人故作高雅，硬要在公文中弄一些文言虚语，不伦不类。

（四）庄重严肃

公文语言要和作者的身份、读者对象、所要达到的目的以及客观环境相一致，不宜口语入文，更不能油腔滑调，使用庸俗语言。例如，一份报告材料写道“改革开放后，农民的钱包一年比一年鼓，日子越过越好，就像吃甘蔗，由尾吃到头越吃越甜。”这句话大都是口语，在公文中不宜使用。改成“改革开放后，农民的收入年年增加，生活越来越幸福。”这样的表述才得体。又如一篇请示，结尾处写了“如能批复，我们千恩万谢，如不批准，我们就此拜拜”，这种油滑语言也须禁止。再如2011年上海徐汇警方发布了一则“淘宝体通缉令”，通缉令中以“亲”称呼在逃人员，并使用了“优惠”、“客服热线”、“预订”、“套餐”等商家常用的词语。这种表达形式模糊了警察与罪犯的界限，消解了司法的严肃性，使庄重的执法带上娱乐化色彩，这是很不正确的。

公文语言在长期的使用中，逐渐形成了具有特色的庄重语系，主要表现在：(1) 沿用文言词汇。如“兹、兹因、值此、惊闻、欣逢、惊悉、拜访、呈请、此致、与会、莅临、光顾、予以”等词语，在公文中使用十分普遍，显得文雅庄重。(2) 使用专用词汇。如任免、免职、呈报、审核、审批、抄送、咨询、原告、被告、公证等，除了公文中使用外，别的文体基本不用，自然就带上了庄重严肃色彩。(3) 大量运用偶数音节词语，如隐瞒、通报、表扬、诬告、伪造等合成词和词组，在公文中显得整齐匀称；“违法乱纪、开拓进取、任重道远、顾全大局、无私奉献、追求卓越、为政清廉”等四字格词语入文也显得庄重文雅。(4) 多用介词结构。通常使用的介词有“为了、根据、关于、通过、除了、对”等，口气庄重严肃，内容表达清楚。

当然，强调公文语言的庄重严肃，并不是禁止使用群众语言，一些群众语言经过概括、提炼、加工，生动形象，活泼清新，用在公文中，具有独特的效果。如对企业分配上的平均主义，群众称为“大锅饭”，就十分形象概括。

（五）严谨规范

严谨是指语言严密谨慎，没有歧义，不出漏洞。公文作为办理公务的工具，语言表达必须科学严谨，否则，执行中会出现差错，给工作造成损失。语言严谨，首先是思想认识问题，认识深邃，思维严密，才能保证语言的严谨；其次是语言修养问题，专业功底深厚，用词准确恰当，才能保证语言的严谨。因此，在写作过程中，对一些关键性词语注意正确定义，做到表述严谨，定义全面，防止出现歧义。如“会计员是经济管理人员”，这是定义过宽，应为“会计员是具有一般财务会计专业知识、能担负一般会计工作的人员”，这才是严谨表述。

对词语该限制时必须限制，不该限制一定不要随便限制，避免节外生枝，出现纰漏。如“请同志们出差要勤俭节约，避免不必要的浪费。”这里的“不必要”就是多余的，因“浪费”皆为“不必要”，原句对它的限制，节外生枝，反而出现漏洞。科学地运用模糊语言，增加语言“弹性”，力求公文语言更生动、更严谨、更有号召力。如“当前，农业进入了一个新的发展阶段，出现了许多新情况、新问题，各级要认真加以解决。”其中的“当前”就比“×月×日”更严谨。

规范是指语言表达具有标准性、规定性和统一性。语言文字的运用是否规范，反映一个国家、一个民族的文明程度。公文语言是否规范，反映一个机关的公文撰制水平。如果公文语言不规范，各用各的表述方法和表达习惯，公文就很难在公务活动中发挥应有的作用。

一些词语在公文中已经用多了、用滥了，表述很不规范。如“要”、“进行”、“进一步”、“深入”、“突破”等，写的人随意而为，读的人一头雾水。殊不知，公文中的词语是不可滥用的，不同的文种措辞语气也是不一样的。拿“要”来说，“要”字在党政机关公文中用得相当普遍，特别是在“通知”、“决议”、“决定”、“纪要”等指令周知性公文中，使用得更多。公文中的“要”尽管出现的形式不同，但多是作为虚词使用，表示希望、提醒、命令或要求人们去做某件事，采取某项行动，用“要”字作为一句话的开头，可以增强它的论断性、坚定性和原则性，观点明确，文字简洁，句子干净利落，有很好的运用效果。但是，汇报、报告、请示等上行文，多属申明、叙事、祈使性的，一般不宜用论断句式，也不宜随便使用“要”。因为上行文不能用命令式的语言，只能用计划、打算、商讨、请示性的语气写。不然，公文文种的情况就发生了变化，它的效果、作用也完全不一样了。

总之，公文语言的规范，一是表现在语体规范上，即运用规范的现代书面语体。二是用语规范，即经常运用有特定含义的专用词语。三是写字规范，即公文不允许写错别字和不规范的简化字，必须按照国家统一公布的汉字简化字表书写。另外，还要正确运用标点符号。只有这样，公文这种行政管理工具，才能更好地发挥领导与指导、规范与准绳、联系与沟通、宣传与教育、依据与凭证的功能。

三、公文语言的作用及公文语言修养

（一）公文语言的作用

语言是构成文章的第一要素，如果说主题是文章的灵魂，材料是文章的血肉，结构犹如文章的骨骼，那么语言就好比文章的细胞。古人云，“因字而生句，积句而成篇”，语言就是这样构成了文章。离开了语言，再好的主旨、材料、结构都无法表达，无法存在。所以，语言是反映思想的物质手段，是表情达意的最重要的工具。离开了语言人们无法交流思想，交流复杂的感情。文学大师老舍先生说：“我们最好的思想，最深厚的感情，只能被最美好的语言表达出来，若是表达不出，谁能知道那思想和感情怎样的好呢?”

公文是党和国家管理政务的工具，是各级各类机关普遍使用的工作手段。能否完整准确地表达出制文意图，充分发挥公文的特有作用，除观点正确、结构合理外，很大程度上取决于它的表现形式——公文语言。一份公文的语言，无论是语法修辞上的错误，还是风格色彩方面的毛病，都会使公文的内容难以得到圆满的表达，甚至会带来不良后果。古人曰：“一字之失，一句为之磋蹬；一句之失，通篇为之梗塞。”公文因一字之失，一句之差，所造成的重大损失，已屡见不鲜，每个公文撰写者都应引以为戒。而现在，一些机关公文中语言文字上的错误、毛病却相当普遍，甚至还很严重，文风不正，表达不准，冗长杂乱，不讲语法、修辞，不合逻辑，错别字多，乱用标点等问题随处可见。这种情况必须引起我们足够的重视，并下大力气加以改变。

（二）怎样提高公文语言表达能力

写作，从本质上说，就是运用书面语言表达或交流思想感情，记载或传播信息的活动。高尔基称语言是文学的“第一要素”。老舍先生也指出：“我们既然搞写作，就必须掌握语言技巧。一个画家不会用颜色，一个木匠而不会用刨子，都是不可想象的。”

古往今来，许多伟大的作家，都是善于运用语言的巨匠，许多传世的作品，都是以精湛的语言著称。而我们在写作时，往往感到找不到恰当、生动的语言表达思想感情，这正说明我们驾驭语言的能力差。“工欲善其事，必先利其器”，要想写好文章，就必须提高语言素养，熟练地掌握和运用语言这一工具。

怎样运用公文语言的问题，是撰写公文的基本功之一，同时也是提高公文质量的需要。要想提高公文语言表达能力，主要应做到以下几点：

1. 加强思维能力训练。写作活动是一种有目的和复杂的精神创作活动，它离不开思维，语言是思维的物质外壳，是人类思维的工具。人类的思维离不开语言，同样语言也离不开思维，文章就是作者思维的词语表达形式，很难相信一个思维混乱的人能写出表达准确而又层次分明的文章。因此，要提高语言表达能力，就要训练思维能力。训练我们分析、综合的能力，对事物有清晰的认识，语言才会准确；丰富我们的思维形式，对惯常的事物以独异的眼光去观察、理解，去组织，去表达，从而使语言显得准确而有力。

2. 培养学习公文语言的兴趣。曹禺在《语言学习杂感》中说：“要培养自己对语言的兴趣，因为有了强烈的兴趣，才更容易领略语言的妙境，才更能探索语言的精微”。公文语言比较枯燥，而且学习起来见效慢，如果缺乏持之以恒的精神，往往会半途而废。要想增强学习公文语言的毅力，一个有效办法就是培养这方面的兴趣。一方面要加强对公文语言重要性的认识，另一方面要多接触公文语言，一是在工作中接触，熟悉和掌握与工作相关的公文语言；二是研读范文，学习和掌握公文语言的特点和基本规律。这样天长日久，便能逐渐培养起对公文语言的兴趣。

3. 丰富公文词汇、学习公文语言知识。初学公文写作的人，之所以语言平淡，言不尽意，词汇量少是个重要原因。词汇缺乏，连准确、明白地表情达意都很困难，就更谈不上其他了。日常公文语言词汇量不是太大，只要肯下功夫，掌握一定数量的词汇是不难的。另外，一些单位的公文质量不高，一个很重要的原因是撰稿人员缺乏语法、修辞、逻辑知识。因此，作为党政机关工作人员特别是文秘人员，很有必要学习这方面的知识。当然不一定精通，但起码要懂得一些基本常识。

4. 多读优秀的公文作品。阅读和写作是密不可分的。正如古人所说：“读书破万卷，下笔如有神。”经验也告诉我们，多读名篇是提高公文写作水平的有效途径。在我国公文的历史发展长河中，名篇佳作层出不穷。它们在立意用材、谋篇布局以及语言表达等诸多方面均颇具匠心，令人赞佩不已。认真阅读这些公文名篇，仔细揣摩其高超的写作技巧，挖掘其实质，把握其真谛，对于提高公文的写作质量，使之写得更加准确、鲜明和生动，具有不容忽视的借鉴价值和指导意义。因此，每位公文写作者都应首先找来古今中外的名篇精品，仔细研读，悉心领会，以便不断提高自己的写作能力，写出符合要求的高质量的公文来。

5. 加强公文写作实践训练。学习语言的目的在于运用。俗话说：“拳不离手，曲不离口。”语言训练也不例外。只有通过写作实践才能真正提高运用语言的能力。在写作实践中，要注意多写多改。多写，可以提高运用语言的熟练程度，除了根据工作需要，多写一些公文外，还可以进行单项公文写作训练。多改，则有利于提高语言的鉴别和选择能力。修改是写作中的一个重要环节，修改的过程，就是不断思索不断修正的过程，善于修改，才能精益求精。这是保证公文质量、提高写作水平的重要途径。有条件的作者，可以将自己的习作向有经验的同志请教，这样可以少走许多弯路。总之，多写多改，是学习公文语言的最好方法，坚持下去，熟能生巧。这样反复训练，既可以掌握公文的写作方法，又可以加强公文语言修养。

第二节　公文语体与语言要求

一、语体及其分类

所谓语体，是指语言在不同体裁的文章中长期形成的体式特征。

语体与语言既有联系，也有区别。它遵循一般语言的语法规则和逻辑规律，采用相同的修辞手段等，但它在遣词造句的方式方面，在与文章体裁的关系方面，则有明显的不同。根据这些不同，可以把语体按照不同的标准，分成不同的类型。

（一）按语言的文学性分，语体可分为文章语体和文学语体两种

文章语体的特点是直向性，即要求语言与其所指称的对象基本吻合，使人一看就能了解作者所说的人、景、物、事；而文学语体的特点是审美性，即要求语言借助特定的人、景、物、事，与作者特定的意念情思结合在一起，虚构成一个艺术境界，引起人们的感情共鸣。

（二）按表达方式分，语体又可分为五种基本类型

1. 叙述型。叙述性语体是各类文章所使用的最基本的语体。它主要运用陈述句，不注重藻饰，不讲究句式的变化，很少采取调整语言的修饰手段。文从字顺、通达质朴是其特点。

2. 描写型。这类语体大量使用描绘性词语，特别注重使用具有动态感、情态感的动词和具有色彩感、立体感的形容词。采用灵活的句式，运用多种修辞手段，充分调动读者的视觉、听觉、触觉、嗅觉和想象。注重采用新鲜活泼的群众口语，追求语言的形象化，语句间饱含作者的情感，常以有情的文字去打动读者，形象性和生动性是其主要特点。

3. 议论型。这类语体运用概念、判断、推理的方式来表达观点，语词具有单义性，句式多用陈述句和判断句，常用术语，准确严密，逻辑性强。语言鲜明，犀利，论辩色彩浓厚，具有规范性的特点。

4. 说明型。这类语体常用陈述句和判断句，结合图表、符号、数字，解释概念，说明事物的状态、性质、成因、作用和原理。注重客观实际，排除主观情感，朴实、晓畅，具有科学性的特点。

5. 实用型。这类语体要求语词单义，句式完整，不用疑问句和感叹句，极少用描述性、表情性的语词，常有专门习惯语。讲究实效，具有简洁性和模式性的特点。

（三）按语言的来源分，语体可分为口头语体和书面语体两种

1. 口头语体具有通俗性、生动性、灵活性的特点，虽然不够严谨周密，却是各类语言的基础。

2. 书面语体是在口头语言的基础上经过加工而形成的视觉语言，具有系统性、严密性、稳定性的特点。

文章的书面语体大致可分为文艺语体、政论语体、科技语体、事务语体四种类型。这些语体还可以进行更细致的分类，如诗歌语体、散文语体、公文语体等。这四类语体在词汇、句法、修辞和篇章上具有各自的特点。作者在运用时，要根据文体的题材和不同的表现内容与接受对象等客观因素，有选择地使用。但是，各类语体的特点不是绝对的，更不是互相排斥的。它们都以准确为前提，以表意为目的，因此，语体间的相互渗透不仅是允许的，而且是表达文章内容所必需的。

二、公文语体的特征

一般说来，事务语体以实用性为本，要求庄重与平实。公文除了要具备一般事务语体色彩之外，还有以下特征：

1. 重程式。程式化是便于公文撰拟、处理、审阅、保管的必然要求，也是公文语体区别于其他语体的首要特征。注重程式不仅体现在公文的结构上，而且体现在语言运用上，如强调文字的公式化，抑制语言的多变性，严格遵循固有的表述程式，惯用某些特定句式并形成一套较为规范的习惯用语体系。

2. 少文饰。公文语言以务实应用为标准，杜绝溢美不实之词，不用文学创作中的艺术手法，气氛烘托，形象刻画，渲染等。一般排斥积极修辞格的使用，强调科学修辞；不追求形象的描绘和情感的抒发，而注重表达的明白、简洁和畅达；不追求修饰美，而注重朴素美。

3. 求明晰。公文是为处理公务而撰制的，重在准确而迅速地传递信息，因此其语言强调明确性，排斥含蓄性。公文的这一语体特征还突出表现在：(1) 在陈述材料时常用“引据”的方式，常以“按照（根据、依据、据）……”之类的特定句式，将行文依据或必要性加以明确地交代。(2) 在揭示主题时常用“撮要”的方式，多在篇首或段首概括整篇或整段文字的要意，以使读者迅速把握文章的主旨。(3) 在安排结构时常用“分条”的方式，分条列项地陈述或说明有关事项，显得井井有条。重程式、少文饰、求明晰是公文语体的基本特征和整体要求。

总之，公文作为一种重要的管理工具，具有特定的语言表达方式和表达特征，这就形成了公文语体的特殊性。其最基本的特征就是格调郑重，用语质朴，结构规范，表达准确，语义简明。公文语体是党政机关以及企事业单位开展工作、信息交流的重要载体，具有鲜明的权威性和严肃性，因为公文本身就是重要的信息政策，因此公文处理也非常严格，具有严格的规范性和程式性，这也是公文语体区别于其他语体的显著特点。

三、公文语言与文学语言的区别

各种文体除了对语言有共同的要求外，还有一些各自不同的要求，正如曹丕《典论·论文》所言："奏议宜雅，书论宜理，铭诔尚实，诗赋欲丽。"因此，针对不同的文体来使用语言，才能使语言达到更好的表达效果。公文写作与文学写作都需要使用丰富的词汇来表达思想意图、说明或描述事物，都需要使用恰当的修辞手法，以增强其表现力。但由于使用领域、写作目的、社会功用和思维形式等因素的不同，两种语体在语言表达上呈现出截然不同的风格与特色，如公文语言准确、庄重、质朴、简明、规范、富于理性，而文学语言生动、形象、优美、富于情感。具体讲，它们的区别主要有以下几点：

（一）公文语言较抽象而文学语言则生动形象

公文写作以抽象的逻辑思维为主，注重对事物进行系统的分析、说明与论述，运用综合、归纳、分析、判断等逻辑方法，使用内容清晰、语意稳定、语体庄重规范的书面语言。公文内容不得出现多义、歧义，要求无论时间、空间还是人员的变动都不能影响公文语意的唯一性，避免因理解的多样性而导致认识不一、各行其是、管理无序等问题。而文学写作主要运用形象思维，多以记叙、描写、抒情等表达方式塑造典型环境中的典型形象，注重对人、事、物等的摹写和刻画，其语言具有强烈的生活气息，辞藻华美，文采绚丽，具有较强的语言美感；同时，由于文学语言的形象性和模糊性，读者在阅读过程中可以针对作品中的形象或思想，凭借自己的文化修养和生活阅历去认同或否定、丰富或修正以及再创造、再认识，以获得精神上的审美愉悦。可见，公文语言注重逻辑说明，以理服人；文学语言则强调形象描写，以情动人。请看以下两例。

例1　中国红十字会秉承"人道、博爱、奉献"的红十字精神，致力于动员社会力量，改善最易受损害群体境况，协助政府履行人道领域的国际承诺，做了大量卓有成效的工作。特别是近年来，中国红十字会积极服务经济社会发展大局，在参与应急救援、应急救护、人道救助、无偿献血、造血干细胞捐献、遗体和人体器官捐献、国际人道援助以及开展民间外交等方面发挥了不可替代的作用，对于保护人民群众生命与健康、促进社会和谐文明进步，具有十分重要的促进作用。（《国务院关于促进红十字事业发展的意见》国发〔2012〕25号）

本段文字主要说明红十字会的作用。红十字事业是中国特色社会主义事业的重要组成部分，使人们充分认识发展红十字事业的重要意义。内容清晰，语言准确、质朴、规范，风格庄重。注重逻辑说明，以理服人。

例2 我的心随着潭水的绿而摇荡。那醉人的绿呀，仿佛一张极大的荷叶铺着，厚积着的绿，着实可爱，她松松的皱缬着，像跳动的初恋的少女的心；她滑滑的明亮着，像涂了“明油”一般，有鸡蛋清那样软，那样嫩，令人想着所曾触过的最嫩的皮肤；她不杂些尘滓，宛然一块温润的碧玉，只清清一色——但你却看不透她！（朱自清《绿》）

在本段文字中，作者从形态、色彩、感觉等多个角度写了梅雨潭的绿，运用了比喻、拟人、夸张等多种修辞手法，把自然写得富有人情味。语言生动、形象，新鲜，文采绚丽，给读者以具体可感的画面，富有感染力。以情动人，使读者获得了精神上的审美愉悦。

（二）公文语言讲究真实而文学语言可以虚构

公文是传达贯彻党和国家的方针政策，公布法规和规章，指导、布置和商洽工作，请示和答复问题，报告、通报和交流情况等的重要工具。具有权威性、凭证性，这就决定了表达公文内容的语言必须准确、庄重、朴实无华，从而真实地表述工作中的人和事，否则，“差之毫厘”就可能“谬以千里”给工作带来损失。而文学语言是人的主观感受活动与情感活动规律的表现，它往往不囿于既成的语法规律，对于现实生活的反映是生动、形象的，可以自由想象，大胆虚拟，在创造作品人、物与事的过程中追求语言的优美、瑰丽，允许进行艺术夸张，以充分激活读者对语言的感受和想象，尽力体现出语言的创新与个性，达到言有尽而意无穷的艺术效果。因此，公文语言要求实事求是，而文学语言讲究的是艺术的真实。请看以下例子：

例1 一、同意将新疆维吾尔自治区伊宁市列为国家历史文化名城。伊宁市历史悠久，文化底蕴丰厚，历史遗存丰富，城市传统格局保存完整，民族文化特色突出。

二、你区及伊宁市人民政府要根据本批复精神，按照《历史文化名城名镇名村保护条例》的要求，正确处理城市建设与保护历史文化遗产的关系，深入研究发掘历史文化遗产的内涵与价值，明确保护的原则和重点。编制好历史文化名城保护规划，并纳入城市总体规划，划定历史文化街区、文物保护单位、历史建筑的保护范围及建设控制地带，制定严格的保护措施。在历史文化名城保护规划的指导下，编制好重要保护地段的详细规划。在规划和建设中，要注重体现民族文化特色和地方传统风貌，不得进行任何与历史文化名城环境和风貌不相协调的建设活动。

三、你区和住房城乡建设部、国家文物局要加强对伊宁市国家历史文化名城规划、保护工作的指导、监督和检查。（《国务院关于同意将新疆维吾尔自治区伊宁市列为国家历史文化名城的批复》国函〔2012〕64号）

这是一份批复的正文，首先表明态度，“同意将新疆维吾尔自治区伊宁市列为国家历史文化名城”，然后提出两条要求。全文主题鲜明，要求明确具体，具有可操作性，内容简练准确，用语规范、朴实无华，风格庄重，具有权威性、凭证性。

例 2　湖月照我影，送我至剡溪。

按照客观情况这是不可能的，然而从艺术境界来看却很成功。这样以少胜多、言有尽而意无穷的语句，给读者留下广阔的想象空间和无限的回味余地。

例 3　问君能有几多愁？恰似一江春水向东流。

作者用一江春水表现愁思，不仅使人觉得具体可感，生动形象，而且写出了胸中的忧愁之多，无边无际；也写出忧愁之永恒，无穷无尽，永无止息。这样的语言能充分激活读者对语言的感受和想象，从而体现出了语言的创新与个性。

（三）公文语言要求直露而文学语言讲究含蓄

公文是处理各种公务活动的工具，它讲究实用性和时效性，这就要求公文撰稿人直陈其事，开门见山地表达发文的目的和要求，使阅文者能够一目了然地了解公文内容，及时快捷地办事，提高效率。因此，公文主旨必须鲜明，切忌隐讳与婉曲。而文学作品是供人欣赏的，是依靠各种形象、人物和事件来反映社会生活的各个方面，作品的主题、作者的思想情感往往是从场景和情节中自然而然地流露出来，而不是直截了当地呈现出来，读者要在反复阅读中逐渐发现、挖掘隐藏在作品中的主题，因而文学作品的语言表达越是含蓄、委婉，越能制造出跌宕起伏、余味萦回的艺术效果，并给读者留下无限广阔的联想空间。因此，公文语言追求直陈其意、直述不曲，力求言止意尽；而文学语言则讲究意在言外，追求言尽而意无穷。如：

例 1　知识产权局、发展改革委、教育部、科技部、工业和信息化部、财政部、商务部、工商总局、版权局、中科院《关于加强战略性新兴产业知识产权工作的若干意见》开头“为提高我国战略性新兴产业的知识产权创造、运用、保护和管理能力，推动战略性新兴产业的培育和发展，根据《国务院关于加快培育和发展战略性新兴产业的决定》（国发〔2010〕32 号）、《国务院办公厅印发贯彻落实国务院关于加快培育和发展战略性新兴产业决定重点工作分工方案的通知》（国办函〔2011〕58 号）等文件精神，现提出以下意见”。

这段文字开门见山地陈述了发文的目的和依据，使阅文者能够一目了然地了解公文内容和发文的目的，主题明确、语意连贯、表达清晰、文风朴实。

例 2　贾平凹的散文《丑石》，先是状写占地挡路的丑石为无一用，后经天文学家考察，它原来是一块陨石，曾经补过天，发过热，闪过光，即“以丑为美”。这就构成了文章的哲理性主题，但它的具体含义却难用某个观念表述明确。

这就给读者留下了无限广阔的联想空间。

另外，在诗歌语言中，有时候有意不把话说透，造成一种含蓄意味，如果过于“清晰”，就会失去诗意。如把“夜来风雨声，花落知多少”改为“夜风六级半，落花共八万”，那显然就不成为“诗”了。“孤帆远影碧空尽，惟见长江天际流。”读者想象作者伫立江边、遥目远望的情景，我们可以揣测出许多作者没有明确表达出来的意味。因此，文学语言一般采取含蓄的手法，给读者留出想象的空间，以增强其余味萦回的艺术效果。

（四）公文语言注重程式性而文学语言更注重独创性

公文制发是撰稿人、核稿人、签发人等多种人员共同参与的群体写作活动，为了保持不同人员工作的一致性和时效性，便于受文者快捷地处理公文，在公文语言的运用上要求采用一些约定俗成的、程式化的公文用语，如公文开头、结尾、过渡、照应等均有相对固定的程式化语言供各种文种写作时选用，写作者往往不能随意而为、随心所欲，语词选用具有被动性和限制性。而文学写作则恰恰相反，它是创作者对丰富多彩的社会生活的个体体验和心灵感悟，是作者个体对事物或社会生活的主观感受和认识。因而其语言表达注重创新性，带有鲜明的个人特点或风格。如鲁迅的深刻尖锐，冰心的温婉柔和，曹禺的华丽优美，赵树理的平白朴实等，无一不体现出鲜明的个性色彩。可见，公文语言追求共性，强调模式化；文学语言追求个性，强调创新性。

四、公文语言的写作要求

（一）语言要符合文体

公文语言首先要合于文体。刘勰说“随事立体，贵乎精要”。事，即公文的内容；体，即公文的体式。公文涉及的内容极广，体式多样，所表达的内容和所采用的语体应和文种相一致。比如，公文中的上行文、下行文、平行文，其体制、行文用语有明显不同。上行文用语谦恭，讲究礼貌，常用“请”、“望”、“当否？请指示”等，而不能用决定的口吻说；公文中的命令，语体严肃，斩钉截铁，毫不含糊；合同、协议，则必须公平、公正，条分缕析，语言严谨、周密、精当，不留任何纰漏。而书信体，语言运用比较自由灵活，可以侃侃而谈，也可激昂陈词，还可含蓄不露。其次，公文的文种不同，语体风格也不同。文稿的内容和语气要和单位、作者的地位相一致，要和应用的环境气氛相协调。比如通告，主要用于在一定范围内公布应当遵守或周知的事项，使用面较广，无论是哪个级别、部门，只要有法人资格都可使用，它不像公告那样只用于重大事项和法定事项。又如欢迎词和欢送词，情感要真挚，言辞要热情，语调应欢快。而广告词的用语则讲究文采，富于感情色彩和诱惑性、趣味性。

（二）语言要明确晓畅

公文写作的明确性程度如何，是体现公文质量与水平的重要标志。因此，在写作中首先要做到观点明确。一篇公文中所提出的观点和主张必须旗帜鲜明，毫不隐讳。赞成什么，反对什么，提倡什么，禁止什么；同意什么，否定什么，让人一目了然。特别是决定、通知、批复等诸多下行文，更需如此。即便是报告、请示等上行文，如提出几种可供选择的建议、办法或措施，也要明确提出发文单位的倾向性意见，这样做有利于信息的传递以及问题的研究和解决。切忌吞吞吐吐，模棱两可。其次，要做到叙事明确。叙述是公文写作中运用最广泛的一种表达方式，而公文叙事的最基本要求就是要实叙其事，如果叙事失之明确，过于简略，就会令人莫名其妙，不得要领。最后，要做到用语明确。即公文用语要简单明了，浅显通俗、明白晓畅，为群众所喜闻乐见。不要生造词语，也不要专门使用那些生僻难懂的古代词语。公文语言必须具备人民性，即为绝大多数人民群众所接受、所使用，使之愿意读、读得懂。这样，文件才具有它应有的生命力。

（三）语言要实事求是

公文不同于一般文章，撰写公文必须从实际出发，实事求是，准确地反映事实，文中涉及的人物、事例、数字、问题等一定要真实、可靠，绝不允许虚构、夸大或缩小。有些单位和部门的报告和总结中，只报喜不报忧，谈问题，避重就轻，不是实事求是反映情况，而是说大话空话，自我吹嘘。写计划明明指标过高，却冠以“力争达到”，有的地方经济基础较差，却在工作计划中提出：“争创全国一流”。工作效果不够明显，报告中却写成取得了巨大的成就，“前所未有的成果”。当然，并不是说工作指标不能高一点，总结成绩不能充分一点，而是要实际一些，要对主客观情况做出科学的正确的估计。弄虚作假，做表面文章，搞形式主义，结果是误国害民，使各项决策因失去正确的依据而导致失败。所以，在撰写公文时，一定要做到有一说一，是什么说什么，不搞半点虚假。

（四）语言要有逻辑性

公文写作中所运用的概念、判断和推理必须合乎逻辑规则，让人明确所指。因此，使用的概念的内涵必须明确，能反映出事物的本质属性；概念的外延必须清楚，其涉及的范围不能扩大也不能缩小；同时，还要区别概念间的关系，比如同一关系、种属关系、交叉关系、并列关系、对立关系等，不能混淆不清，否则就会出现种属概念并列、自相矛盾等逻辑错误。如“他们加强了对团员和青年的思想教育”。团员是青年的一部分，它们是不能相互并列的。再如“把所有农产品都基本上纳入了计划轨道。”“所有”表示全部，“基本上”表示不完全，二者表述的意义是矛盾的。其次，公文的判断是对事物或问题的论断，是肯定或是否定，要做到判断恰当，同时，对事物的质和量的判断也要恰当、明确。另外，在使用关联词时，一定要谨慎，不能随意使用，而要看事物间是否存在这种逻辑关系。例如："他性格孤僻，又不善于团结同学，因而学习松松垮垮，各门功课成绩都不够好。"显然，"他性格孤僻……"并不是他"学习松松垮垮……"的原因，它们之间没有因果关系，这里的"因而"使用是不恰当的，是不合乎逻辑的。

第二章　公文的表达方式

表达方式是写作者将文章的内容和思想意图表述、传达出来的方式、方法和手段。或者说，表达方式是运用语言形式介绍情况、陈述事实、总结规律、阐明观点、描写事物，抒发情感的具体方法和手段。

表达方式总的可以归纳为五种：叙述、描写、议论、说明、抒情。不同的文体采用不同的表达方式，公文所反映的对象主要是某事物发展变化的过程；制发文机关的思想观点、政策意见；对有关事件的说明。因而，主要采用叙述、议论、说明的表达方式，并且综合运用这三种表达方式。

第一节　叙　　述

一、叙述的含义及人称

叙述是按照一定的次序有条理地叙说、介绍人物的经历或事物发展变化过程的表达方式，是公文最基本的表达方式。叙述的目的是说事，即通过叙述事物的状态和发展变化过程，来表达思想、阐明观点。

叙述一个事件，必须要选择一个观察点或立足点，必须有一个确定的身份和叙事的口吻，这样，叙述才能有条不紊地进行。这个观察点、立足点，或者叙述者的身份和叙述口吻，通常叫叙述人称。简单地说，人称就是叙述的立足点和角度。在公文中，人称又称机关称谓。

公文叙述的人称有三种：一是以第一人称叙述，就是以作者和作者所代表的群体进行叙述，也就是用“我”、“我局”、“本单位”、“本局”等的口吻叙述。二是以第三人称叙述，也就是用“该单位”的口吻叙述，叙述者隐匿了自身，读者看不出是谁在观察、谁在叙述。但观察者似乎无处不在、无所不知，因而也称为“全知叙述”。三是用第二人称叙述，即用“你”、“你们”、“贵单位”等的口吻叙述。公文主要是采用第一人称和第三人称进行叙述，但有时会穿插第二人称叙述，如“你单位在处理×××问题中，采取了××的做法……”公文的叙述要注意恰当选择叙述的人称，如请示、报告、总结等要用第一人称；调查报告、通报等就要用第三人称。

二、叙述的方式

公文常用的叙述方式主要有顺叙、倒叙、插叙和分叙。

1. 顺叙。就是按照事件的发生、发展的时间顺序进行叙述。这是最基本、最常见的叙述方式。一般来说，这种叙述的层次、段落和事件的发展过程基本上是一致的，结构上表现为层进式。公文写作采取顺叙方法可使人容易把握事件发展的来龙去脉。运用顺叙的方法要注意详略得当，防止平铺直叙，写成流水账。

2. 倒叙。就是把事件的结局或问题的结论提到前面叙述，然后再按顺叙或其他叙述的方式进行叙述。倒叙可以给人以鲜明、集中、突出的印象。由于受材料和主旨的制约，公文一般较少采用倒叙的方法，但公文中的某些文种如事故通报、调查报告等有时采用倒叙的方法。使用这种方法，应注意由“倒”到“顺”的衔接、交代，以免头绪不明，脉络不清。

3. 插叙。就是在叙述过程中，根据写作需要，暂时中断原来的叙述脉络，插入与原叙述有关的其他情况，插入的叙述完结后，再按原来的脉络，继续叙述。插叙可以充实内容，使人们的认识更加深化，但必须注意不能插叙与主旨无关的内容，节外生枝，把读者的思路搞乱。一般在工作报告、讲话稿之类的通用公文中使用插叙。

4. 分叙。是指对同一时间内发生在不同地方或单位的事件，采取“花开两朵，各表一枝”的方法，分别先后进行叙述。分叙虽在公文中用得不多，但当用时不可不用。如表彰性或批评性通报在叙述多个单位或事件时就需要用到。

另外，按照叙述详略程度的不同，叙述又可分为细叙和概叙两种类型。细叙就是详细的叙述，它所叙述的不只是事件的梗概，还有较多的细节。细叙的特点是详尽、具体，篇幅较长。概叙是指粗略简练、只介绍事件梗概的叙述。其特点是篇幅不长，语言简明，事实完整，概括而不需要叙述细节。公文的叙述多用概叙，其目的是让受文者了解情况，或为公文的议论提供依据。

三、公文叙述的基本要求

公文中的叙述不像记叙文中的记叙，它是为了说明某种思想观点，表达某种看法而进行的某些必要的记叙，主要有以下要求：

1. 语言要概括。记叙文的叙述要求具体、详尽，而且往往和描写配合起来，精雕细刻，使文章栩栩如生；公文主要是说理，为说理而叙事。因为叙述不是目的，所以叙述不必过细，而要概括叙述，力求简明，着重于事件整体的勾画，讲明事情的原委，只叙述与表达主旨和说明问题有直接关系的部分，或者概括地叙述若干人或事物的共同之点。

2. 叙述要讲究分寸。公文中的叙述，是用以客观地反映机关单位某一时期、某一方面或某项工作的得失成败，总结其经验教训的，因此，为了准确地反映公务活动的客观面貌，就要讲究叙事的分寸。把握不好分寸，叙述不当，将会引起不良的后果。只有掌握好叙述尺度，才能根据事实准确地做出分析判断，有针对性地采取措施加以解决，以收“寸辖制轮，尺枢运关”之效。否则，言过其实、言不及实都将给有关公务的决定或执行带来错误的判断，以致造成决策上的失误。

3. 交代要明白。由于公文不为欣赏而求实用，希望阅文者一看便知，一听即懂，所以，公文写作中的叙述讲求一目了然，明白晓畅，忌讳曲折起伏、变幻莫测。任何事物都是由时间、地点、人物、事件、原因、结果等因素构成的，因此，叙述一定要清清楚楚，层次井然，并考虑前后照应，首尾一贯。

4. 详略要得当。事件内容有主次之分，叙述就应有详略之别。要根据主旨表述的要求，该详则详，该略则略，不要把每一事件的每一个方面都一一列出，使公文啰啰唆唆、拖泥带水。另外，公文的叙述经常与议论结合运用，以便就事论理、摆事实、讲道理。

第二节　说　　明

一、说明的含义与作用

说明是对事物的种类、概况、状态、特征、性质、功用等的介绍、解说的一种表达方式。其中事物的特征、本质及规律性，是说明的重点。说明也是公文的主要表达方式之一，在公文写作中运用相当广泛。如规章性公文中的规定、办法、条例；命令体公文中的办法或措施，决定类公文中的指示，知照性公文中的情况介绍等多以说明为主。

说明常与叙述结合使用，为叙述介绍背景材料和环境，起到铺垫作用。总结、简报、调查报告、工作报告等对某些基本情况的介绍，表彰、处分决定或通报对有关人员或单位的介绍等，都常用这种表达方式。说明还常与议论结合使用，说明有关背景，有关情况，为议论提供必要的论据。

二、公文中常用的说明方法

公文常用的说明方法，按类别划分，主要有以下几种：

1. 定义说明。这是用严谨准确的语言简要说明事物的概念或本质属性的方法，即讲明事物、事理是什么，使之与同类的其他事物区别开来。如在《党政机关公文处理工作条例》中，对“党政机关公文”这一概念就进行了定义解释：

“党政机关公文是党政机关实施领导、履行职能、处理公务的具有特定效力和规范体式的文书，是传达贯彻党和国家的方针政策，公布法规和规章，指导、布置和商洽工作，请示和答复问题，报告和交流情况等的重要工具。”

简短的文字说明了党政机关公文的主要特征、基本作用，使之限定明确，含义单一，简洁精练，易于理解。

2. 解释说明。作者根据自己对情况的把握和对问题的理解直接面向读者解释、说明，特别注意对某些比较陌生或者不够具体、明晰，理解上有困难的事物作出具体说明。如：

承运人是指承运海上国际集装箱的海上、水路、公路、铁路承运人或契约承运人。集装箱人是指从事海上国际集装箱租赁业务的人。

3. 比较说明。这是通过两种相似或不同事物的类比、对比说明事物本质特征的方法。为了说得清楚明白，采用比较的方法，或者是同类比较，或者是异类比较，或者是宏观情况比较，或者是精确数据比较。通过比较，使读者留下鲜明印象。如：

过去的一年，面对复杂多变的国际政治经济环境和艰巨繁重的国内改革发展任务，全国各族人民在中国共产党领导下，同心同德，团结奋进，改革开放和社会主义现代化建设取得新的重大成就。国内生产总值47.2万亿元，比上年增长9.2%；公共财政收入10.37万亿元，增长24.8%；粮食产量57121万吨，再创历史新高；城镇新增就业1221万人，城镇居民人均可支配收入和农村居民人均纯收入实际增长8.4%和11.4%。我们巩固和扩大了应对国际金融危机冲击成果，实现了“十二五”时期良好开局。（《政府工作报告》2012年3月5日）

通过比较，可以直观明了地说明经济的发展状况，使阅文者清晰地看出前后两年各项经济指标的变化。

在公文中，比较说明常与数字说明结合使用，以通过量的变化和差异来更准确地区分事物。运用比较说明一定要注意比较的事物之间要有可比性，比较的标准要一致。否则，就会出现片面性或者错误。

4. 引用说明。为了说明一个问题，援引事实和资料，包括引用经典著作论述、上级公文内容和领导指示以及有关数字、典型事例等，来说明事物内容，帮助人们更充分地认识事物。引用有关论述和资料，既可以充实说明的内容，又可以作为说明的依据。如在一份关于汽车市场的预测报告中通过运用“××局宣布”、“据专家分析”、“国家信息中心分析认为”等引出具有权威性的资料，以证明汽车市场需求增加，潜力巨大。

5. 分类说明。这是对事物分门别类加以介绍说明的方法。有些需要说明的事物，包含的内容比较复杂，涉及面比较广，需要根据它们之间的差别，归类加以说明。这种说明方法常见于法规性公文，围绕法律责任分条列款加以说明，说得很细、很严密，成为执法的依据。

6. 举例说明。这是选择具有代表性、典型性的具体事例来说明抽象的、不易为人所理解的事物或事理的方法。它能使事物更具体、更明了、更深刻。举例说明要求事例真实、具体、深刻。如在《产品包装废弃物的污染与回收利用情况报告》中的一段文字："我国城市垃圾的主要成分有煤灰、纸张、塑料和金属，其中纸张、塑料和金属有相当一部分来自于产品的包装，是完全可以回收利用的，可以节省大量的资源和能源，产生巨大的经济效益和社会效益。例如：在城市垃圾中，废纸（含包装纸）所占比例为2%至12%，利用1吨废纸可以重新造纸800公斤，可以节约木材4立方米，节约用电400度，节约用煤400公斤，节约用水30吨；玻璃类制品所占的比例大约为1.87%，利用1吨碎玻璃回炉加工可以节约用煤1吨，节约用电400度。我国每年产生500万吨塑料垃圾，只有30%左右由个体户自发回收利用，还有价值50亿元的资源被浪费掉了。"以废纸、玻璃类制品、塑料回收效益为例，说明了资源回收利用的必要性和重要性，使阅文者直观地了解废弃物与回收利用的关系，并对其产生强烈的认同感。

7. 图表说明。指用直观、形象、生动的表格、图形等来说明事物。图表是对文字材料的补充和说明，运用图表可以更鲜明地突出事物的特征。这种方法常用于工作报告、调查报告、工作总结、项目可行性分析报告、经济活动分析报告等文种之中。注意图表的应用一定要规范、正确，不易直接看懂的要有注文说明。

三、说明的要求

1. 抓住事物的本质。对事物的说明，一定要符合客观事物的规律，抓住事物的本质和特点，对事物和事理进行客观地介绍和解释，反映事物的规律性，不能凭主观臆断，不可主观片面地去说明。否则，就可能脱离实际，脱离事实。

2. 注意区别事物的差异。说明事物的一个很重要的方面，就是要将所说明的事物与同一属类的事物区别开来。因此，就需要交代清楚该事物与其他事物之间的差异，特别是要揭示事物的疑似之处，说明了差异，事物也就清楚明白了。

3. 注意条理清楚。条理是否清楚是说明成败的关键。程序和条理源于作者对客观事物内部规律、事物发生发展过程的把握，也源于对思路的清理和对材料的组织梳理。说明必须讲究程序，做到条理清楚。这是作者能够说明清楚、读者能够理解清楚的必要前提。

4. 语言要准确、简明、通俗易懂。说明的目的是让读者了解事物的特征、性质和用途等，所以一定要注意语言的运用，让读者理解得清楚确切，要选择恰当的词语恰如其分地反映事物的特征。一切浮泛的、模糊的、歧义并出的词语，以及不符合实际的夸张、比喻、渲染和形容等都应当尽量避免，否则会影响说明的严肃性和科学性，同时也影响读者的接受效果。另外，说明文字一定要通俗易懂，即使是难于理解的专业性知识，也要说得深入浅出。

第三节　议　论

一、议论的含义

议论就是作者针对某一事物或问题，通过真实可靠的材料和严密的逻辑推理来明辨是非、阐发道理、表明自己主张的一种表达方式。这种表达方式在公文中普遍运用。议论的目的在于讲清道理，表明观点，说服别人。对于一篇文章而言，议论可以使其鲜明、深刻，有更强的哲理性和理论深度。公文主要是通过议论，对人或事物作出评价、判断，阐明处理某些公务活动或社会事务的立场、观点、政策原则、决策主张，并说明“为什么”。

二、议论的基本要素

一段完整的议论必须具备三个要素：正确鲜明的论点、确凿充分的论据和严密有力的论证。

论点，就是公文中提出的需要加以阐述和证明的观点，也包括所提的主张、意见和所表示的态度。论点又分为中心论点和分论点。中心论点是总的看法、主张、观点，是文章要论述的核心问题，也叫基本论点、大论点。围绕并阐述中心论点的若干论点是分论点，它是中心论点的理论依据，从不同的角度证明中心论点。中心论点与分论点是纲与目的关系、从属与被从属的关系。对论点的要求是正确、鲜明、深刻、新颖。

论据，就是用来证明论点的依据。也就是议论中所使用的材料，即解决“用什么证明”的问题。它是为证明论点服务的。如果只有论点而没有材料，就是不完整的议论。离开了论据的证明和支持，论点就无法成立，就说服不了读者。所以，论据是论点的基础。对论据的要求是真实、充分、典型、新鲜，与论点要统一。

论据包括事实论据和理论论据两类：事实论据指客观存在的各种情况、现象、事实、数据等。不论是现实的还是历史的，国内的还是国外的，详细的还是概括的，只要能说明问题、证明论点，都可作为事实论据。理论论据指那些来源于实践，并被长期实践证明和检验过，从而断定为正确的观点，主要有马列主义、毛泽东思想的基本原理，经典著作的论述，权威性的言论，科学的定义、法则和规律，还包括一般的公理、常识、成语、格言、警句、公式等，这些都可以直接引用或间接用来证明论点。

论证，就是用论据来阐述和证明论点的方法和过程。实际上就是剖析论点与论据之间的内在逻辑联系，使之有科学地分析和充分的说服力，是材料和观点的统一过程。

在一个完整的议论过程中，论点是核心，它是论据和分论点证明的对象；论据是基础，它解决用什么去证明的问题；论证则是论点和论据之间的桥梁，实现整个证明的过程。由于论据不会自动去证明论点，所以论证就显得十分重要了。论证有较强的技巧性，有一些基本的方法，需要通过学习来掌握。

三、议论的基本方法

议论的方法也就是论证的方法。论证分为立论和驳论两种类型。作者针对某一问题直接提出自己的观点并加以论证，将其树立起来，叫立论，也叫证明；作者指出并论证对方观点的错误性，从而否定和驳倒对方，树立自己正确的观点，叫驳论，也叫反驳。

（一）立论常用的方法

1. 例证法。例证法就是通过列举事实来证明论点的方法。事实胜于雄辩。由于人们最相信的就是事实，所以例证法是一种最容易被读者接受，最有说服力的方法，也是议论中采用最多的方法。如《××省人民政府关于安全生产的意见》一文中，引证了自2008年3月22日以来该省接连发生的多起特大生产安全事故，这些事故共造成26人死亡，33人被困；事故发生后，有关责任人违法瞒报事故甚至逃匿，性质极其恶劣，教训极为深刻。举例的目的在于借助事例来论证事故造成的严重危害以及加强安全生产工作的紧迫性和重要性。

除了列举具体事例外，在一定情况下公文中还采用类型化的举例方法，不列举特定的某人某事，而是列举具有代表性的某类人、某类事，常使用“许多”、“有些”、“大多数”、“有的”等泛指、泛称词语。如在《中共中央、国务院关于坚决制止乱收费、乱罚款和各种摊派的决定》一文中有这样一段文字：“不少地区和单位继续违反国家规定，任意增加收费项目，提高收费标准，名目繁多，标准过高；有的随意对企事业单位和群众罚款，甚至乱设关卡，敲诈勒索；有的搞建设、办事业不量力而行，不按规定乱集资乱摊派；有的财务管理混乱，监督检查不严，违法违纪现象经常发生。”通过列举一系列高度概括的典型事例，说明当前存在的诸多问题，使论证更加有力。

采用例证法必须注意用作论据的事实，无论是具体事例、概括的事实，或是统计数据，从本质上看都要典型；从量上看要适度。列举的事实过少显得单薄，过多又会淹没和冲淡论点。而且要注意有事有证，适当分析，不能论点加材料不作论证，那样说服力就不强。

2. 引证法。即通过引用党和政府的文件、科学的定义、公理、名人名言、格言等来证明论点的论证方法。这种方法在公文中用得较多。这些引文或为世人所公认，或经过实践检验，所以不用再去证明它的正确性，也能收到令人信服的效果。

采用引证法要注意引用要完整、准确理解原意，不能断章取义，更不能随意增删，妄加修改。如果是引用原文，语句、标点都要绝对正确，否则，就会失去说服力。

3. 对比法。对比法就是将性质相反或有差异的两种或几种事物加以对照，做出论断，证明论点的论证方法。有比较才有鉴别，这种方法可以使论点更加鲜明突出，使文章更有说服力。

对比法又分为正比较和反比较两种：正比较是将性质特点相近的事物加以比较，也称为类比较。反比较是将性质相反的事物加以比较。如：下列两段文字，例1是正比较，例2是反比较。

例1　会议记录和会议纪要是两种文体。从内容上看，会议记录反映会议的全部内容，会议纪要只反映主要精神；从功能上看，会议记录起着留底、记载作用，而会议纪要起着交流情况、指导工作的作用；从属性看，会议记录是一般事务文书，而会议纪要是公文的一种。

例2　我们党执政以后，特别是在新的历史条件下，能不能成功地解决党内监督的问题，尤其是对高中级干部的监督问题，是加强党的建设需要解决的一个重要问题。从党的建设的实践看，这方面既有经验也有教训。哪个地方、部门什么时候党的监督工作抓得比较紧，民主集中制执行得比较好，个人专断、滥用职权和“有令不行，有禁不止”的情况就比较少，消极腐败现象也会受到抑制，出了问题一般也能得到及时解决。反之，监督工作薄弱，民主集中制受到破坏，权力被滥用而又得不到制止，往往就会出问题，甚至出大问题。

（二）驳论常用的方法

1. 反驳论点。就是直接对准对方的论点，指出其错误，那么对方其他的论据、论证也随之变得毫无必要了。反驳论点又可分为直接反驳和间接反驳。

直接反驳就是开门见山地提出对方的论点是错误的和荒谬的，并提供论证证明其为什么错误。比如李斯的《谏逐客书》开头一句就是“臣闻吏议逐客，窃以为过矣”，明确指出“逐客”是错误之举，接下来以大量事实晓以利害，反复论证，最后再次强调“王者不却众庶，故能明其德”；“今逐客以资敌国，损民以益仇，内自虚而外树怨于诸侯，求国无危，不可得也。”采用这种方法，能使问题更鲜明、突出，也能使正反两个观点是非分明。

2. 反驳论据。不直接反驳对方的论点，而是指出对方赖以产生论点的论据不可靠。论据不能成立，它所支持的论点自然不攻自破。错误的观点往往建立在虚假的论据之上，将论据的虚假性揭露出来，那对方的论点就不攻自破了。

3. 反驳论证。就是通过指出论点与论据之间的逻辑关系上的错误或矛盾来证明其推理不能成立。如指出对方概念不清，偷换概念，自相矛盾等。对方的论证有问题，所得出的结论当然也是不可靠的，这样就达到了驳倒对方论点的目的。

四、公文中议论应注意的问题

1. 论点要正确。公文论点必须正确地反映客观的真实情况，而不能虚构假设。换句话讲，公文中提出的观点、主张、意见或所表示的态度等，都要符合客观实际，符合马列主义、毛泽东思想的基本观点，符合党和国家的方针政策，这样才能为读者所接受。

2. 论据要可靠。论据可靠才能有效地证明观点。公文中的论据主要有两种，一种是事实论据，指事实材料；二是理论论据，主要指上级的公文和指示。公文的论据有着严格的要求，事实材料必须反复核实，确凿可靠，不能有一点虚假；理论论据要忠于原义，不能断章取义；选用论据要符合阐明观点的需要，做到观点统帅材料，材料阐明观点，观点与材料统一。

3. 论证要严密。论证是证明论点与论据之间内在关系的过程，也是运用论据阐明论点的方法。它根据论点的需要把必需的论据组织起来，贯串起来，使论点可信而能服人。在公文写作中，一般都是从正面阐述所提的观点、主张和意见，因此，主要用“立论”，即使不同意对方来文的意见，也要运用有力的证据从正面阐述本单位的观点和意见，使对方信服并接受。

4. 公文中的议论常采取夹叙夹议、论说结合的形式。多数是在一篇公文中含有一些议论的成分，并且在表达上有一个最突出的特点，即只是原则地表述事理，一般不作多方面、多层次、多角度的完整性论证；在手法上往往是直接加以议论，即一针见血、画龙点睛，有时只是一两句结论性的话，是直接说明的简单的逻辑论证方法。

第四节　抒情的运用

一、抒情的含义

抒情，就是抒发感情。作者利用种种方式将蓄积在内心的情感抒发出来，或将人物的感情抒发出来。

情是文章感人的重要因素。“没有感情这个品质，任何笔调都不能打动人心。”（狄德罗语）大多数文章都蕴含有作者的某种感情，区别在于或隐或显，或浓或淡。

抒情的方式主要有两种：直接抒情和间接抒情。

直接抒情，即直抒胸臆，直露无余地倾吐感情。一般是在感情较为强烈的情况下使用。间接抒情，即作者借助于叙事、描写、议论等方式来抒情。

二、公文抒情的特点

抒情是文学创作中重要的表达方式，在公文写作中使用较少。公文写作有很强的针对性、目的性，为了便于读者接受文章的思想内容，语言要十分讲究分寸、注意尺度，做到“言不过甚”、“言不过激”，往往限制使用使语义充满感情色彩的语言，很少直抒胸臆。但是，也不是说在公文写作中就绝对禁止使用，在必要时也可以带些感情色彩，关键是运用要得当。公文中的抒情往往是和议论紧密结合在一起的，表现不像文学写作，特别是诗歌写作中那样奔放地抒发感情，也就是说它抒情的特点是抒情不失庄重、平实。

三、公文抒情的运用

公文写作中使用抒情表达方式，一要根据文体特点，二要根据表达需要，三要根据写作主体的语言能力。总起来看，党政公文中运用抒情的方式主要体现在以下几种文体中：

1. 讲话稿。在领导讲话中，为了使文章声情并茂，可以适当增加抒情色彩。如在讲话稿的结尾，用非常简短的几句话抒发讲话者的情感，以鼓舞人心，激励士气。如：

例1 同志们、朋友们！伟大的时代呼唤伟大的作家艺术家，伟大的人民期盼伟大的文艺作品。全国广大文艺工作者要团结一心、开拓进取，为推动社会主义文化大发展大繁荣、建设社会主义文化强国，为全面建设小康社会、实现中华民族伟大复兴作出新的更大的贡献！（《胡锦涛在中国文联第九次全国代表大会上讲话》）

例2 同胞们、朋友们！中央政府实行“一国两制”、“港人治港”、高度自治方针将毫不动摇，全力支持香港特别行政区行政长官和政府依法施政将毫不动摇，同香港各界人士一道维护和促进香港长期繁荣稳定将毫不动摇。我们坚信，在中央政府、香港特别行政区政府和社会各界人士共同努力下，“一国两制”实践一定会越来越丰富，香港与祖国内地共同繁荣发展的道路一定会越走越宽广！（《胡锦涛在庆祝香港回归祖国15周年大会暨香港特别行政区第四届政府就职典

礼上的讲话》2012 年 7 月 1 日）

这些话语富有感情色彩，能充分调动听讲者的情绪，使之产生共鸣，从而大大增强了讲话的感染力、号召力。

2. 调查报告。多是用于通过摆事实进而讲道理时借以抒发作者的情感，使褒贬分明。如毛泽东同志的《湖南农民运动考察报告》中，抒发作者情感的笔墨出现在多处，在讲到所谓“过分”的问题时，直接抒发了这样的感情：“革命不是请客吃饭，不是做文章，不是绘画绣花，不能那样雅致，那样从容不迫，文质彬彬，那样温良恭俭让。革命是暴动，是一个阶级推翻一个阶级的暴烈的行动。”在讲到农民革命运动是“好得很”时，作者又是如此抒发内心的感情：“……这是四十年乃至几千年未曾成就过的奇勋。这是好得很，完全没有什么‘糟’，完全不是什么‘糟得很’。”

3. 简报。主要是采取引用经典著作中富于哲理的语言和诗词置于结尾处，以抒发感情。

另外，在欢迎词、欢送词、感谢信、慰问信之中，也经常运用抒情的表达方式。值得注意的是在运用抒情时，感情一定要真实自然，要的是发自肺腑的真情实感，任何矫揉造作、虚情假意，只能使人生厌。

第三章 公文修辞

第一节 公文修辞的含义、特点及作用

一、修辞的含义

修辞是语言运用的重要技巧。“修辞”二字始见于《周易·乾·文言》：“君子进德修业。忠信，所以进德也。修辞立其诚，所以居业也。”这里的“修辞”即指建立、修饰治教政令为主的经世致用之文。《论语·宪问》：“为命，裨谌创之，世叔讨论之，行人子羽修饰之，东里子产润色之。”这是最早的公文写作过程，有草创、讨论、修饰、润色四道程序，其中“修饰”、“润色”就是指修辞。

“修辞”一词有三个含义：第一，指运用语言的方法、技巧和规律；第二，指说话和写作中积极调整语言的行为，即修辞活动；第三，指以加强表达效果的方法、规律为研究对象的修辞学或修辞著作。通常情况下，人们总是把修辞理解为对语言的修饰和调整，即对语言进行综合的艺术加工。在内容和语境确定的情况下，修辞总是着力探讨下列三个问题，即选用什么样的语言材料，采取什么样的修辞方式，追求什么样的表达效果。要体现这三者之间的有机联系，就不能不考虑所调动的语言因素和非语言因素对于所采用的修辞方式是否恰当，能不能产生鲜明的修辞效果。事实上我们用语言交流思想、传达信息，不仅要表达得准确无误、清楚明白，还应该力求生动形象、妥帖鲜明。

二、公文修辞的特点

修辞是一个综合性的语言表达活动，要顺利完成这一活动，需要多方面因素的共同作用。从修辞要素的角度来看，由于公文直接应用于实际，作用于现实，与一般文章修辞相比，公文修辞有其突出的特点，概括起来有以下四个方面。

（一）专任化的修辞主体

修辞主体是指文章的撰写者。一般文章的撰写者往往是个人或者是个人之间的自由组合，通常是没有限制的。而公文的撰写者则有着严格限制，公文的撰拟必须由指定的专人负责。这种撰拟上的专任化是由公文的特殊作用决定的。因为只有这种撰拟上的专任，才能真正保证公文充分履行表述一个机关、团体和单位

意见的职能。当然，撰拟上的专任绝不是指公文撰拟者仅仅只是一个人，而是包括了交办授意人、草拟执笔人、审核把关人、签发（会签）人等众多角色。不同的角色按照各自的职责，分别有所侧重地对公文的内容与形式进行斟酌、推敲和修改，共同对公文的质量把关。这里，每个角色都是修辞主体，他们的各种想法都要通过适当的语言形式体现出来。

（二）功利化的修辞动机

修辞动机是指其特定的目的或主旨。从公文的功能特征来看，公文的修辞动机显然带有极为强烈的功利化色彩。无论是一份函件，还是一纸命令，其遣词造句、篇章结构等都必须紧扣行文目的而定。进行修辞的各种努力都是为了正确传达公文作者的意图，增强公文的严肃性、规范性和权威性，更好地提高实际效用。当然，人们写其他文章也要运用修辞技巧，但是，无论哪一种文章体裁都不及公文修辞动机的直截了当。如文学作品当中的修辞主要是为了增强艺术形象的生动性，更好地反映社会生活，实现其审美愉悦的目的。而公文修辞恰好相反，其动机的功利化，是它与生俱来的一大特征，也是它有别于其他文体的一项最明显的标志。认识和掌握这一规律，人们在写作和使用公文时，就会时时不忘联系实际，认清对象，辨明用意，有的放矢，切实做到有所为而作，而不至于脱离实际，主观臆断，闭门造车，写出一些毫无实用价值的文章来。

（三）特定化的修辞语境

修辞语境是修辞行为发生时所涉及的场景或因素，它包括修辞行为的主体特征、时空环境、行文关系等因素，也包括具体的上下文。任何一个修辞活动都是在具体的语言环境中进行的，公文也不例外。由于公文特殊的社会地位和作用，它的修辞语境具有明显的特定性，这种特定性主要体现在：公文中的作者在一般情况下是指依照我国宪法和有关法律、法规等相关规定成立的，具有法定的地位，能以自己的名义行使权利、承担义务的机关、团体和企事业单位。行政公文中的时空环境是指在不同时期和不同阶段中，党与国家方针政策的发展变化、不同部门对党和政府方针政策的执行情况。行文关系，是指发文单位与收文单位之间的公文往来关系，这种关系是根据单位的组织系统、领导隶属关系和业务指导关系，以及各自相对固定的职权范围来确定的。这种特定的修辞语境不仅决定了公文修辞方式的选择及其效果的好坏，而且决定了收文对象对修辞行为的理解和评价，如果修辞行为在上面任何一个方面出现不协调，就会产生负面影响。

（四）消极化的修辞手段

修辞手段是修辞活动得以完成的最终因素，也是修辞活动实现的表现形式，这些形式一定是借助于语言符号实现的，也包括借助于与语言符号有关的应用规则而实现的。公文为适应公务活动的需要，实现其实用的价值，修辞手段往往带有明显的消极化倾向。所谓修辞手段消极化是指在公文语体中一般不使用变异修辞，而是重在常规修辞上下功夫，力求使公文主旨表达明白、准确，逻辑条理周密有序。公文的这一修辞特征主要表现在五个方面。一是表述纲举目张。即对所要表述的内容分段或分条列项，使人一目了然，条理清楚。二是结构简约稳定。即根据行文意旨采用通行的结构形式来安排其篇章结构，一般不轻易变动。三是句式单纯完整。即很少使用变式句，多用陈述句，一般不使用疑问句。四是词语庄重朴实。即语词一般采用通用语词和专业术语，排斥方言词语及描绘性词语，强调规范性，不追求个性化。五是辞格简明实用。较多地采用对比、对偶、层递、排比等辞格，并在使用中与强化内容、揭示事物本质和表述观点结合起来，增强公文的真实性、朴实性和严肃性。

三、公文修辞的作用

公文作为机关、团体以及企事业单位实施管理的工具，在各类公务活动中起着极其重要的作用。公文语言的修辞运用，是指在尊重公文语言基本特点的基础上，根据语言环境及表达的需要，适当运用语音、词语、句式、篇章、修辞格等修辞手段来达到最佳的表达效果，从而增强公文语言的表现力。

长期以来，人们对公文特别是公文修辞的认识还有很大偏差。有人认为，公文不同于文学作品，没有什么深文大义的寄托和高妙玄奥的讲究，以为只要把话说得明白顺畅就行了，用不着在遣词造句和表达技巧上下功夫，甚至误认为公文表达排斥创新，不需要文采，这种看法是不够全面的。著名翻译家严复曾经提出“信、达、雅”的修辞标准。对公文而言，“信、达、雅”三者同样是相辅相成、紧密相连的。一篇不讲究修辞的公文，会使行文效果大打折扣，甚至有损于一个组织的形象。因此，要有效提高公文质量，使它更好地发挥作用，就必须重视公文的修辞。

（一）更好地表现主旨

公文修辞的过程实际上就是一个如何充分表述行文意旨的过程。行文的意旨即公文的主题，它是公文撰写者和审核把关者在传达政策、发布指令、周知事项、总结经验、交流信息时，通过文本本身所表现出来的基本精神或基本观点。一篇好的公文往往就是好的意旨与好的言辞的完美结合。要实现这样一种结合，就必须通过修辞的方法去寻求言与意的最佳语用效果。在实际的语言运用中，好的修辞对深化意旨能起到极为有效的促进作用。

公文修辞是一个炼辞的过程，实际上也是一个炼意的过程。换句话说，寻求语言的确切就是寻求意旨的确切，寻求语言的严密，就是寻求意旨的严密，寻求语言的鲜明就是寻求意旨的鲜明，寻求语言的新颖也就是寻求意旨的新颖。那种把言与意割裂开来，认为公文只要内容好、语言可以不讲究的观点是行不通的。好的意旨往往需要好的语言来表述，好的语言同样也需要表达好的意旨，二者是密不可分的。因此，如果撰拟、审核公文不切实把握好这一点，努力在修辞上下一番功夫，其行文意旨只怕难以得到充分体现，即使有真知灼见、妙方良策，也会被淡化，甚至被忽视。

（二）更好地表达语意

语言的功用是最大限度地发挥其表意效果，公文语言也不例外。单纯地使用庄重、简洁、准确、规范的语言已无法满足其表意的需要，不利于公文的可读性和可接受性，所以需要运用适当的修辞手段、修辞方式来增强语言的艺术性，充分发挥其在行政事务处理中的管理和服务的作用。如：

只要我们坚定不移地高举邓小平理论伟大旗帜，坚定不移地贯彻“三个代表”重要思想，坚定不移地走中国特色社会主义道路，万众一心，团结奋斗，自强不息，艰苦创业，我们就一定能够胜利到达现代化的光辉彼岸，一代又一代中国人梦寐以求的中华民族的伟大复兴就一定能够实现，中华民族就一定能够对人类作出更大的贡献！

在这个结尾段中，胡锦涛主席先通过一个由“只要”作提示语构成的综说，然后连续使用了三个“坚定不移”及三个“一定”作排比，不仅语言流畅，节奏明快，而且刚劲有力，气势磅礴。四字格词语的使用，不仅节奏感强，而且表意严谨缜密，大大增强了文章的气势。

（三）更好地适应语言环境

语言的运用离不开语言环境。任何一次语言交际都有一定的环境和场景，包括具体的时空等自然环境和特定的社会时代环境。公文的语境既体现为文本语境，又体现为社会语境，它是文本内容、交流者之间关系和交流方式在特定时间和空间综合条件的总和。

公文是典型的书面语交际形式，所以更离不开特定的话语环境。一般说来，公文在公务活动的语境类型中具有指挥调节、联系沟通、领导指导、记录总结、分析评论等功能，从写作内容和发挥的效用上，功能越来越多，表达越来越灵活。所以，人们在语言交际时，主动顺应语境，选择和语境相符合的各种语言表达手段。因此，写作公文时必须考虑根据特定情景语境的需要选择合适的表达手段。

（四）使公文语言更符合审美要求

准确、简明、朴实是公文语言的基本特点，但这不等于说，公文语言就不能追求生动、活泼、感人的艺术效果。优秀的公文，在语言方面应是实用性和艺术性的高度统一。公文只有做到文质相资、言意兼美，才能增强其鼓动性，激发接受者的政治热情和行动欲望，提高贯彻落实的自觉性，从而产生积极的社会效果。如果公文的内容陈旧，语言苍白，就不会给人留下深刻的印象，就会缺乏影响力和号召力，甚至还会妨碍公文功能的实现。由此看来，公文语言还必须讲究文采。空洞乏味、呆板枯燥的官话套话让人乏味，生动形象，新鲜活泼的语言满足了读者的阅读兴趣和心理需要，符合人们的审美标准。因此，公文写作绝不能满足于一般的"文从字顺"，更不能简单地"照搬照抄"，而是要尽一切努力把语言锤炼得精粹一些、生动活泼一些，力求在平实的表述中增添一些形象化成分，在严格的限制中有所变化，否则只会写出又长又臭的"裹脚布"，面目可憎，令人生厌。要做到这一点，我们就必须对公文进行必要的修辞，充分发挥其积极作用。

第二节　公文语体与文艺语体修辞比较

公文语体和文艺语体由于交际目的、交际方式、交际领域不同，二者对修辞方式的选择也存在着明显的差异：前者为社会管理、处理公务所用，在法定区域内定向交际，属规定性写作，侧重于常规修辞；后者为满足人们精神生活需要，在更为宽泛的范围里开放式传播，属独创性写作，侧重于变异修辞。

一、公文语体与文艺语体在词句选用上的比较

炼字炼句作为常规修辞方式，是准确表达文章内容、充分发挥文章社会功能的重要手段。不同语体的社会功能不同，因此，炼字炼句必须符合语体特点。公文的作用是经世致用，及时准确地传达公务信息，力求措辞准确简洁，句法规范严谨；文学作品的特点是移情审美，以生动、形象为追求目标，重视平常词语艺术化，句式多变灵活化。

（一）公文语体在选词造句上的特点

公文语体选词造句以准确、简练为根本要求。公文语言的"准确"是客观的准确，指表意确切、妥帖、无歧义且有分寸感。而"简练"则指无重复信息和无用信息，文字洗练，文约事丰。为此，公文特别注重词语、句式的常规修辞，表现在：

1. 在锤炼词语上，以规范使用现代汉语书面语基本词汇为基础。恰当选用文言词语，以使文章凝练、风格典雅；恰当选用模糊词语，以使语义高度概括、定性表述明确；恰当选用约定俗成的简缩词语，以使语言简约易记；恰当选用公文专用词语，以使公文简洁庄重；精心锤炼同义词语、反义词语，以使表达准

确，更富表现力。同时，公文用词限制方言口语、古奥冷僻词语，慎用推测性词语、形象性词语。

2. 在锤炼句式上，以正确造句为前提，着重遴选使用以下句式：为概括述事说理，选用陈述句；为作出规定要求，选用祈使句；为表义完备周密，多选用主谓句、完全句；为句意简练易懂，多用单句少用复句，多用低重复句，少用多重复句，多用短句，少用长句；为强化公文色彩，选用与文体相应的专门句式；为切合语境表达，应推敲选用同义句，主、被动句，肯、否定句。同时，公文用句限制使用超长搭配句，谨慎使用外来句式，非鼓动性公文排斥感叹句、疑问句。

（二）文艺语体在选词造句上的特点

文艺语体的炼字炼句以形象生动为主要特征，追求多样的艺术风格。它虽然也讲准确，但那是艺术的准确。它运用常规修辞，更讲究变异修辞，表现在：

1. 选择词语、句式的区域不受限。

2. 取舍有极大自由。“炼字”根据表达所需，可以选用基本词、一般词、文言词、历史词、行话术语等一切词汇内容，可以选用具有各种色彩意义的语言成分，甚至可以选用一些超语言的形式（如图形、符号等）；“炼句”可以选用各种语气的句子、各种结构的句子（包括超越语法常规的艺术组合句式）和各种内容的句子（包括婉曲句、反语句和其他意在言外句）。

二、公文语体与文艺语体在修辞格上选用比较

修辞格是具有特定结构、特殊语言方式、独特表达效果的修辞方式，修辞格的种类很多，写作中较为常用的有二十多种。因为各种修辞格的结构形式、修辞功能不同，而各种语体又有各自的表达要求，所以语体和修辞格之间的选适情形不同，公文语体与文艺语体的差异尤为明显。

（一）对不同辞格选择能力上的比较

公文语体根植于社会管理和公务活动之中，以实用为目的，主要运用逻辑思维侧重通过系统的分析、综合来通晓事理；文艺语体用于文学创作，更多的是运用形象思维去塑造艺术形象，深刻地反映社会生活和丰富情感。两种语体不同的性质造成对修辞格选用上的差异：公文侧重于常规修辞，运用修辞格受限制，选择性强。而文艺语体既需要常规修辞，也需要变异修辞，对修辞格的容纳量很大，选择性弱。

文艺语体的各种体裁，可以广泛而自由地选用描绘类、换借类、引导类、变形类等所有修辞格；而适用于公文语体的修辞格有限，有排比、比喻、借代、对比、对偶、拟人、引用、设问、反问等十几种，使用率也明显低于文艺语体。而具有描写、联想和内容转化作用的众多修辞格，如夸张、反语、双关、象征、通

感等修辞格在公文中则受到排斥。

（二）在选用相同辞格上的特征比较

两种语体中能选用相同的修辞格较为常见的有对比、排比、引用、比喻、拟人等几种。因为修辞格是格式化、模式化的语言形式，每一种辞格的结构是相对稳定的，但因其语体不同，表达作用也不同。概括分析如下：

1. 辞格相同，满足的语言要求不同。

例 1　要和平不要战争，要发展不要贫穷，要合作不要对抗，推动建设持久和平、共同繁荣的和谐世界，是各国人民共同愿望。（《十八大报告》）

例 2　我曾见过北京什刹海拂地的绿杨，脱不了鹅黄的底子，似乎太淡了。我又曾见过杭州虎跑寺近旁高峻而深密的“绿壁”，丛叠着无穷的碧草与绿叶的，那又似乎太浓了。其余呢，西湖的波太明了，秦淮河的也太暗了。可爱的，我将拿什么来比拟你呢？我怎么比拟得出呢？（朱自清《绿》）

两例都用对比修辞格。例 1 简单对比相反、相对的三组行为，明确表明我国在促进人类和平与发展事业中的态度，符合公文语言准确、简明、缜密的基本要求。例文 2 对比描写梅雨潭的绿与别处绿的不同，突出了此处绿的特色。色彩鲜明、意境生动，满足了文学语言艺术化的要求。

2. 辞格相同，体现的风格特点不同。

例 3　面对人民的信任和重托，面对新的历史条件和考验，全党必须增强忧患意识，谦虚谨慎，戒骄戒躁，始终保持清醒头脑；必须增强创新意识，坚持真理，修正错误，始终保持奋发有为的精神状态；必须增强宗旨意识，相信群众，依靠群众，始终把人民放在心中最高位置；必须增强使命意识，求真务实，艰苦奋斗，始终保持共产党人的政治本色。（《十八大报告》）

例 4　……喊我，在海峡这边/喊我，在海峡那边/喊，在江南，在江南/多寺的江南/多亭的江南/多风筝的江南/钟声里的江南/（站在基隆港，想——想想回也回不去的）多燕子的江南。（余光中《春天，遂想起》）

反复修辞格总是刻意使用相同词语来突出要传递的信息。例 3 四个分句中反复使用了“必须”一词，是胡锦涛主席对全党提出的非常明确具体的要求，体现了公文庄重严谨的文体风格，且层次清楚。例 4 诗歌里复沓的手法与重词叠字的反复使用，不仅增强了诗歌的音乐性，读来韵致绵长，而且有效地助成了内在情韵的摇曳多姿。

3. 辞格相同，修辞功能的重心不同。

例 5　我们从容应对一系列当前我国主权和安全的国际突发事件，战胜在政治、经济领域和自然界出现的困难和风险，经受住一次又一次考验，排除各种干扰，保证了改革开放和现代化建设的航船始终沿着正确的方向破浪前进。（2012

年《政府工作报告》）

例 6　而那湖水的蓝，又是蓝的多么醉人啊！它蓝似海洋，可比海洋要蓝得纯正；它蓝似天空，可比天空要蓝得深沉。青海湖的蓝，蓝得纯净，蓝得深湛，也蓝得温柔恬静。那蓝锦缎似的湖面上，起伏着一层微微的涟漪，像是尚未凝固的玻璃浆液，又像白色种族小姑娘那水灵灵、蓝晶晶的眸子。（冯君莉《青海湖，梦幻般的湖》）

公文和文艺作品都用比喻修辞格，但功能重心相异。公文大多用说理性比喻，侧重于以物喻理，如例 5 把“改革开放和现代化建设”比作“航船”，引发读者的理性思考，虽然在前进中遇到诸多困难，但是我们始终坚持改革开放和现代化建设的正确的方向，文学作品多用描绘性比喻，侧重于以物喻人，以物喻物、以物喻情。如例 6 用“海洋”、“天空”、“蓝锦缎”、“尚未凝固的玻璃浆液”、“水灵灵、蓝晶晶的眸子”作喻体，描绘出青海湖水纯净、深湛、温柔恬静的蓝，令读者赏心悦目，如历其境，如见其景。

第三节　消极修辞

消极修辞又称“规范修辞”，虽称消极修辞但它所起的作用却不是消极的，公文的性质和特点决定了消极修辞是公文中一种基本的、普遍使用的修辞方法。它重在强调抽象性、概括性和准确性，以使语言表达得更加准确、简明得体。

消极修辞主要表现在语音、词汇、句式、篇章等方面。

一、语音方面

修辞运用语言因素、语言规律来提高表达效果，汉语语素多为单音节，词汇多为双音节，容易组成对偶、排比，从而呈现语言的整齐美。汉字有声调，搭配平仄相间，可造成语言的节奏美。不少修辞方式是利用语音条件体现修辞效果的，如双关、对偶、拈连、摹声、同字、谐音、讳饰等。语音在增强音律美和突出语义方面为修辞提供了条件，丰富了修辞方式的内容。

例 1　在农产品的供求关系上，一方面是玉米吃不了，卖不出、调不走、储不下；另一方面是稻谷、油料偏紧，鱼、肉、禽、蛋等副食品和工业原料供不应求，价格居高不下。

例 1 将三音节的词组“吃不了、卖不出、调不走、储不下”，双音节的“稻谷、油料”，单音节的“鱼、肉、禽、蛋”，配合使用，音节非常整齐。这里如果变动一个词或词组，就会破坏音节的整齐美，影响表达效果。

例 2　努力形成知荣辱、讲正气、守诚信、作奉献、促和谐的良好风尚。

（2012 年《政府工作报告》）

例 2 接连运用 5 个三音节的动宾词组，不仅语意简洁凝练而且音节整齐匀称，节奏感强。

例 3　扩大社会主义民主，依法实行民主选举、民主决策、民主管理、民主监督，保障人民的知情权、参与权、表达权和监督权。（2012 年《政府工作报告》）

例 3 利用了收尾同字同音，以求音韵和谐之美，这是修辞的细微之处，要经过仔细斟酌。

二、词汇方面

词汇方面的修辞主要是从筛选、锤炼的角度去研究词语的运用。词语锤炼的目的在于寻求恰当的词语，生动贴切地表现人或事物，即不仅要求词语用得对，还要求词语用得好。在公文中锤炼词语，主要从词语的意义、用法、色彩等方面对词语加以选择、安排，使许多看来异常平淡的词语被巧妙运用，淡中藏美，平中寓奇。

（一）运用缩略语

缩略语是一种特殊的简称，具有高浓缩性和专指性。它既包括专用名称和某些名词术语的缩略，也包括词组句子的缩略。缩略语大多来自生活，经过反复实践约定俗成，符合现代人的阅读写作以及交流习惯，能有效减少过多信息对读者的干扰，便于人们记忆与理解。

1. 词语简缩。

一是把多音节简缩成较少音节的词语。

例如“第十二个五年计划”简缩为“十二五计划”，“新型农村合作医疗”简缩为“新农合”，“人民代表大会”简缩为“人大”等。这些简缩词语已约定俗成，十分规范，被人民长期广泛使用，使语言表达简单明了。

二是压缩概要为非固定的三字格、四字格词语。

三字格、四字格或连用，或间隔使用，音节相等，抑扬交替，把整齐和错综、匀称和变化巧妙地结合起来，整齐而不雷同、匀称而不呆板，集中而具体地体现出汉语的整齐美和抑扬美。如：

例 1　总的看，我国国民经济继续朝着宏观调控预期方向发展，抗风险能力不断增强，呈现增长较快、价格趋稳、效益较好、民生改善的良好态势。（2012 年《政府工作报告》）

例 2　全面做好今年的工作，必须坚持突出主题、贯穿主线、统筹兼顾、协调推进，把稳增长、控物价、调结构、惠民生、抓改革、促和谐更好地结合起

来。(2012 年《政府工作报告》)

例 3　我们一定能走出一条生产发展、生活富裕、生态良好的文明发展道路。(同上)

例 4　加强社会公德、职业道德、家庭美德和个人品德教育，做好青少年思想道德教育工作，努力形成知荣辱、讲正气、守诚信、作奉献、促和谐的良好风尚。(同上)

例 5　让我们紧密团结在以胡锦涛同志为总书记的党中央周围，解放思想，开拓创新，扎实工作，奋力开创社会主义现代化建设新局面！(同上)

上面 5 个例句中分别多次运用三字格、四字格形式，不仅能简洁的表意，而且三字、四字一顿，铿锵有力，感召力强，鼓舞人心。把整齐和错综、匀称和变化巧妙地结合起来。

2. 数字概括。数字概括是在原句式的基础上重新概括，并以数字表示，使句意表达简洁明了。如：

把两岸“通邮、通商、通航”概括为“三通”，讲道德、讲文明、讲礼貌、讲卫生、讲秩序，心灵美、行为美、语言美、环境美，热爱祖国、热爱社会主义、热爱中国共产党，概括为“五讲四美三热爱”。

此外，还有“三个代表”、“四项基本原则”、“五个一工程”、“一个中心两个基本点”等高度凝练、含蓄传神的词句，用于宣传方针政策，指导实践工作，效率是极高的。

（二）使用文言词语

文言词语言简意赅，使用得当，有助于体现公文简明、庄重、典雅的风格。因此在公文中有较多的使用。

例 1　××条例，业经国务院第×次会议通过，现公布施行。

例 1 中的“业经”，是业已经过的意思。用“业经”，不用“业已经过”，不仅简洁，而且使表达庄重、典雅。

例 2　以上报告，如无不妥，请批转××单位执行。

例 3　请转告该厂将其主要产品开列详细清单，径送轻工业品展览会办公室。

例 4　你委《关于报送东北振兴“十二五”规划的请示》(发改东北〔2012〕318 号) 收悉。现批复如下：……(国函〔2012〕17 号)

如果将例 2 中的“如无不妥”写成“如果没有不妥当的地方”，例 3 写成“请告诉那个厂把他们的主要产品开一个详细的清单，直接交给轻工业产品展览会办公室。”例 4 写成“你委《关于报送东北振兴‘十二五’规划的请示》已经收到，内容都已经明白了，现在像下面那样给你们批示答复”语言不仅不够简练庄重得体，其品位和风格也大为逊色。

再如公文中常用的"拟"、"为荷"、"承蒙"、"悉"、"兹"、"奉"、"谨此"、"据此"、"当否"、"切盼"等都属文言词语。在公文中，文言词语和通俗词语互相搭配，不仅使公文在内容上展现出一种简明、庄重、典雅之美，而且在形式上也灵活多样，生动活泼。

（三）运用警策

晋人陆机在《文赋》中说："立片言以居要，乃一篇之警策。"警策作为一种修辞方法，是用精练的语言表达丰富、含蓄、富有启发性或哲理性的内容，诸葛亮《出师表》中的"鞠躬尽瘁，死而后已"，毛泽东八大开幕词中的"谦虚使人进步，骄傲使人落后"等，都是传世的警策之言。

例1 道路关乎党的命脉，关乎国家前途、民族命运、人民幸福。（《十八大报告》）

例2 权为民所用，情为民所系，利为民所谋。（《胡锦涛同志在第十届全国人大一次会议闭幕上的讲话》）

例3 空谈误国，实干兴邦。（习近平在国家博物馆参观《复兴之路》展览时的讲话）

上面三个例句都是警策的运用。例1说明"坚定不移走中国特色社会主义道路"对于"党的命脉"、"国家前途"、"民族命运"和"人民幸福"的重要性。例2是用三个结构相同的句子组合而成的一个排比句，包含了新任国家主席对人民的深情厚谊，听起来悦耳，做起来明确，已成为党和国家各级组织及广大工作人员努力坚持的行为准则和规范，不仅寓意深刻，而且语言简练明快。例3既是对偶也是对比，言简意深，充分表现了新一代国家领导人求真务实的工作作风。总之，这些警句语言洗练，精辟隽永，表达了对事物规律性的认识，言近旨远，发人深省。

（四）析词换字

例1 要坚决制止那种借纪念、庆祝、开业、创业、展销、订货等活动之机，举办各种招待会、茶话会，大吃大喝，乱发纪念品、试用品，慷国家之慨，损公肥私。（《国务院关于节减行政经费的通知》）

例2 经国家教育行政主管部门批准，可以举办民办普通高等学校，在保证适龄儿童、少年均能就近进入公办小学和初中的前提下，可允许设立少数民办小学和初中，在这个范围内提供择校机会，但不搞"一校两制"。（《关于深化教育改革全面推进素质教育的决定》）

例1中"慷慨"一词原来是个双音节词，这里拆开来，用的是析词。析词是为了把话讲得诙谐生动，把一个复音词或固定词组故意拆开，取出一个字来单独使用的辞格。

例2中“一校两制”一词是由“一国两制”仿造而来的。诸如此类的遣词造句，运用到公文中，往往给人一种耳目一新、别有趣味的感觉。

（五）模糊词义

县级以上地方人民政府应当采取措施，发展城市和农村的公共交通，合理规划、设置公共交通线路和站点，为需要乘车上下学的学生提供方便。（《校车安全管理条例》）（中华人民共和国国务院令第617号）

这里的“合理规划”就是模糊语言，因为校车涉及的地域范围广，情况复杂，因此“合理规划、设置公共交通线路和站点”究竟怎样规划、设置，要结合具体情况来决定，这里不好明确规定。所以，模糊词语用在这里就显得极其必要了。

模糊词义是指自然语言中有模糊性的语言，是对包括公务在内的客观世界模糊性的反映，具有明显的不确定性、概括性和灵活性。与通常指的含混不清、模棱两可的语言有着本质的区别。如工作成绩总结，或说“取得了很大成绩”，或说“取得了一定成绩”。这里的“很大”、“一定”都是模糊词语，反映了“成绩”的模糊性，很难将之精确化，用模糊词语比精确词语更能客观准确地反映实际情况。这种模糊性是与具体性相对而言的，实际工作中有些话不可能说得十分具体。再如：

例1　我国发展仍处于重要战略机遇期，在较长时期内继续保持经济平稳较快发展具备不少有利条件。(2012年《政府工作报告》)

例2　落实并完善促进小型微型企业发展的政策，进一步减轻企业负担，激发科技型小型微型企业发展活力。(同上)

例3　稳增长，就是要坚持扩大内需、稳定外需，大力发展实体经济，努力克服国内外各种不稳定不确定因素的影响，及时解决苗头性、倾向性问题，保持经济平稳运行。控物价，就是要继续采取综合措施，保持物价总水平基本稳定，防止价格走势反弹。(同上)

例4　惠民生，就是要坚持把保障改善民生作为工作的根本出发点和落脚点，把促进社会公平正义放在更加突出的位置，切实办成一些让人民群众得实惠的好事实事。(同上)

以上四例中的，“在较长时期内”、“进一步”、“努力”、“及时”、“基本稳定”、“切实办成一些”等词语的使用，使问题的表述留有余地，具有一定的灵活性，便于因地制宜，变通执行。

（六）运用熟语

熟语是汉语中较为特殊的语言现象，它是人们久经沿用而定型的词组或语句，主要包括成语、惯用语、俗语、谚语和歇后语等表现形态。由于熟语具有丰富的内容和精练的形式，富有表现力，故在公文写作中被不同程度地加以利用，可增强公文行文的表现力。如：

例1 一些机关乱收费、乱摊派、甚至弄虚作假，敲诈勒索，对中央规定置若罔闻，我行我素……（《中共中央办公厅、国务院办公厅关于解决当前机关作风中几个严重问题的通知》）

这里运用了“弄虚作假”、“敲诈勒索”、“置若罔闻”、“我行我素”等四个成语来说明当前机关中的问题表现，使得行文严密简洁，词义蕴涵丰富，音调和谐顺畅，具有很强的修辞表达效果。

例2 经过试点和不断总结经验，积极探索高等教育体制改革的新途径。要防止历史上曾经出现过的简单地换“婆婆”和“一放就乱，一乱就收”的现象重演，防止“一刀切”，一哄而起和搞形式主义。（《关于深化高等教育体制改革的若干意见》）

例3 要大力宣传职业教育和高素质劳动者在社会主义现代化建设中的重要作用，在全社会弘扬“三百六十行，行行出状元”的风尚。（《国务院关于大力推进职业教育改革与发展的决定》）

以上两例中的“换婆婆”、“一放就乱，一乱就收”、“一刀切”、“三百六十行，行行出状元”等熟语，在民间约定俗成，好懂易记，呈现出新鲜活泼的生活原生形态，用在行政公文中具有很强的亲和力。

再如“吃皇粮”、“打白条”、“走一步，看一步”、“前事不忘，后事之师”、“手中有粮，心中不慌”等。

三、句式方面

句式修辞主要是讲究句子和句群的表达效果，善于选择句式、调整句式，以增强语言的表现力，收到理想的修辞效果。句子、句群有各种类型，选用什么样的句式，组织什么样的句群，是由表达的需要和要获得什么样的修辞效果决定的。汉语句式多种多样，本身并无好坏之分，关键在于要与语境相适应，言语活动的内容、形式、场合、对象及目的等不同，采用的句式就不一样，因此，只有根据具体的情景选取恰当的句式，或变换不同的句式，才能使表达准确得体。

（一）提前句式的运用

在公文中有一种由“将”字结构所构成的第二宾语提前的句式，是谓“提前”。这种句式，在发布、转发性的公文中，已形成较为固定的表达模式。它能够突出所要强调的表达对象，把意思说得更清晰简洁。如：

现将《“十二五”节能减排综合性工作方案》印发给你们，请结合本地区、

本部门实际，认真贯彻执行。(《国务院关于印发“十二五”节能减排综合性工作方案的通知》国发〔2011〕26号)

这句话若不将第二宾语提前到谓语前面，就成了“现印发发给你们《‘十二五’节能减排综合性工作方案》，请结合本地区、本部门实际，认真贯彻执行。”这样不仅不能突出文件的内容，难以引起受文单位的重视，表达也显得拖沓冗长。

（二）重后句式的运用

“重后”就是重点后置。即把表述的重点放在句末用以强调，达到增强表达效果的目的，这是现代汉语修辞在语序上表达重点文意时的一个特点。如：

例1　一些地方制售假劣药品的种类多、规模大，违法犯罪分子见利忘义到了丧心病狂的程度，后果十分严重。后置的“后果十分严重”是结论性句子，突出了全段的要旨。

例2　各地区、各部门不得开展涉及用地标准的达标评比活动，有悖于节约集约用地原则的，要坚决停止。

例2属重点后置，本句重在强调“有悖于节约集约用地原则的，要坚决停止。”

尤其是“请示”这个文种，其结尾用语，基本是采用“重后”的句式。如“如无不妥，请批转有关单位执行”。“妥否，请批复”。这些期请语一般是虚意在前，实意在后，也就是文意的重点在“请批转有关单位执行”或“请批复”，因为后半句才是作者的本意所在。行文中，要根据表达主旨的需要，正确地体现这一修辞特点。这样，才能正确无误地、更好地表达出所要表达的问题。

（三）省略句式的运用

在公文写作中，有时根据语言环境和作者写作意图的需要，在叙述中省略一些可以省略的句子成分，以达到更好的表达效果。省略的条件有三个：一是必须在一定的语境中省略，离开语境省略就会表意不清；二是省去的成分可以补出，而且只有一种可能；三是补出后原段语义不变。如：

例1　遵照中央书记处和国务院的指示，要求各级党政机关，今冬明春特别要扎扎实实地解决好以下几个问题：

一、坚决刹住争相购买和更换进口小轿车的不正之风。

二、坚决刹住滥派人员出国的不正之风。

三、坚决制止……

以上引文中的各条均省略了主语成分，这是因为上面已表明了这一成分“各级党政机关”。这种省略在法规性公文中尤其普遍，它能使表述简明，语言紧凑。

例2　第四十八条　校车驾驶人有下列情形之一的，由公安机关交通管理部门责令改正，可以处200元罚款：

（一）驾驶校车运载学生，不按照规定放置校车标牌、开启校车标志灯，或者不按照经审核确定的线路行驶；

（二）校车上下学生，不按照规定在校车停靠站点停靠；

（三）校车未运载学生上道路行驶，使用校车标牌、校车标志灯和停车指示标志；

（四）驾驶校车上道路行驶前，未对校车车况是否符合安全技术要求进行检查，或者驾驶存在安全隐患的校车上道路行驶；

（五）在校车载有学生时给车辆加油，或者在校车发动机引擎熄灭前离开驾驶座位。（《校车安全管理条例》）（中华人民共和国国务院令第617号）

例2中的“（一）、（二）、（三）、（四）、（五）项”，都省略了“由公安机关交通管理部门责令改正，可以处200元罚款”。

（四）长短句式结合

在公文中阐发道理，说明事物性质，表述较复杂的事物时，常用长句。用长句既有利于使表达更严密精确，又可突出公文严肃性、权威性的特殊色彩。短句在表达强烈感情，以及需要人们认真执行的要求方面见长。因此，在公文中表示命令、希望和要求的文字，以及表达激动心情的文字常用短句。如：

例1　在那个内忧外患接踵而至的年代，一切关心国家和民族前途命运的人们无不痛切感到，要实现民族独立、人民解放和国家富强、人民富裕，就必须推翻封建专制统治，对中国社会进行根本变革。（胡锦涛《在纪念辛亥革命100周年大会上的讲话》2011年10月9日）

例2　各地区、各部门要统一思想，高度重视，落实责任，切实做好有关工作。

例1采用长句使说理严密、周详、细致；例2采用短句表述行文要求，简洁、明快、有力。

例3　我们把稳定物价总水平作为宏观调控的首要任务，坚持综合施策，合理运用货币政策工具，调节货币信贷增速，大力发展生产，保障供给，搞活流通，加强监管，居民消费价格指数、工业生产者出厂价格指数涨幅从8月份起逐月回落，扭转了一度过快上涨势头。（2012年《政府工作报告》）

例3长短句结合，富于变化，同时运用了排比、对偶等修辞手法，读起来很有节奏感，听起来也和谐悦耳，富有表现力。

（五）整散句式结合

整句，指结构相同或相似，字数大体相等，排列匀称整齐的一组句子。它结构紧凑，句式整齐，语势畅达，适合于表达急速的节奏、强烈的感情，能给人以深刻鲜明的印象。散句是结构不同、长短不齐的一组句子。它参差错落，形式自由，灵活自然，通常适用于叙事、抒情的文章。而公文的句式则多呈现整散相间，错落有致的特点。如：

例 1　积极扩大各界往来，开展文化、教育等交流，使两岸同胞联系更紧密，感情更贴近，利益更融合。全体中华儿女要更加紧密地团结起来，为完成祖国统一大业、实现中华民族伟大复兴而努力奋斗！（2012 年《政府工作报告》）

例 2　回顾过去，我们拼搏奋进，取得显著成就；展望未来，我们任重道远，仍须不懈努力。让我们紧密团结在以胡锦涛同志为总书记的党中央周围，解放思想，开拓创新，扎实工作，奋力开创社会主义现代化建设新局面！（2012 年《政府工作报告》）

例 3　我国正处于对外投资加快发展的重要阶段，要加强宏观指导，强化政策支持，简化审批手续，健全服务保障。引导各类所有制企业有序开展境外能源、原材料、农业、制造业、服务业、基础设施等领域投资合作和跨国并购。（2012 年《政府工作报告》）

以上几例，或先整后散，或先散后整，或整散结合，是整齐与参差共存、整散错落的典型例子。句式同中有异，生动灵活。节律和谐，富有韵味。很好地表达了文意，给读者留下深刻鲜明的印象。

（六）肯定否定句式结合

平铺直叙的语句，令人感到平板、单调、乏味，从语句组合的角度看，要巧妙地变换句式，如肯定句式连用时，适当改换否定句式，以使语句富于变化，提高语言的表现力，增强公文生动活泼的文采。如：

例 1　第五条　用人单位不得因女职工怀孕、生育、哺乳降低其工资、予以辞退、与其解除劳动或者聘用合同。

第六条　女职工在孕期不能适应原劳动的，用人单位应当根据医疗机构的证明，予以减轻劳动量或者安排其他能够适应的劳动。

对怀孕 7 个月以上的女职工，用人单位不得延长劳动时间或者安排夜班劳动，并应当在劳动时间内安排一定的休息时间。

怀孕女职工在劳动时间内进行产前检查，所需时间计入劳动时间。（《女职工劳动保护特别规定》）

这里肯定句和否定句式交替使用，使规定的内容中应该怎样做，不该怎样做，表达得清楚明确，通过语句的变化，提高语言的表现力。语气上也有明显的强调意味。

四、篇章方面

公文语体在长期使用过程中，根据使用场合的不同形成一些固定的格式。各种言语单位按照一定顺序，通过意义及语法关系联系在一起就构成篇章。为适应表意明确和行文简要等公文撰写的要求，达到良好的修辞效果，公文还以篇章为手段进行语体修辞。

（一）分条

分条，就是在章法上要分清条理。公文，特别是法规类公文的篇章、语言等外在形式的特征就是条理性，这一特征使得公文不同于其他文章的记述方式。分条表达的方法，是确保公文条理性的主要手段。分条的具体方法一是形成条项，作先后排列；二是分条标号，包括分章立题、分章列条、分条列款。

例 1　第四条　单位或者个体工商户的下列行为，视同销售货物：

（一）将货物交付其他单位或者个人代销；

（二）销售代销货物；

（三）设有两个以上机构并实行统一核算的纳税人，将货物从一个机构移送其他机构用于销售，但相关机构设在同一县（市）的除外；

（四）将自产或者委托加工的货物用于非增值税应税项目；

（五）将自产、委托加工的货物用于集体福利或者个人消费；

（六）将自产、委托加工或者购进的货物作为投资，提供给其他单位或者个体工商户；

（七）将自产、委托加工或者购进的货物分配给股东或者投资者；

（八）将自产、委托加工或者购进的货物无偿赠送其他单位或者个人。（《中华人民共和国增值税暂行条例实施细则》）

上面这段文字，都是分条写的，“在单位或者个体工商户的下列行为，视同销售货物”下面，共分了八条，各条排列有序，不可颠倒。同时，每条都标以分项的号码。如（一）、（二）、（三）等。这种分条的修辞方法，能达到条理清晰的效果。

（二）撮要

撮要是指对文字较长的篇或段概括要旨，置之篇或段的前面。其作用是借以引起阅读者的注意，使阅读者首先有一个总印象，进而抓住要领，掌握公文的精神实质。这也是公文章法上的一种消极修辞，它分为篇前撮要和段前撮要两种，如下列两段文字，例 1 为篇前撮要，例 2 中的“（二）进一步强化煤矿安全工作”、“（三）深化交通运输安全整治”为段前撮要。

例 1　近年来，一些地区为推进权益（如股权、产权等）和商品市场发展，陆续批准设立了一些从事产权交易、文化艺术品交易和大宗商品中远期交易等各种类型的交易场所（以下简称交易场所）。由于缺乏规范管理，在交易场所设立和交易活动中违法违规问题日益突出，风险不断暴露，引起了社会广泛关注。为防范金融风险，规范市场秩序，维护社会稳定，现作出如下决定：……（《国务院关于清理整顿各类交易场所切实防范金融风险的决定》国发〔2011〕38号）

例2　（二）进一步强化煤矿安全工作。严格矿井建设项目审批和安全核准，继续推进煤矿整顿关闭、整合技改和兼并重组，加强安全监管，提升煤矿安全生产水平。进一步加大煤矿瓦斯抽采利用和综合治理政策支持力度，严格执行煤矿安全监管监察规定，切实落实煤与瓦斯突出综合防治措施，深入开展煤矿防治水、防灭火等专项治理。加强煤矿风险预控管理，加快小煤矿机械化改造，继续抓好井下安全避险系统建设。

（三）深化交通运输安全整治。加快研究制订进一步加强道路交通安全工作的政策措施，以长途客运、校车安全、危险品运输管理为重点，完善技术标准和监管措施，加强重点路段安全防护设施建设，强制安装动态监控装置，严格交通执法，严厉整治超速、超载、超限以及酒后驾车、疲劳驾驶、违规停车等各类违法违规行为。深入排查治理铁路特别是高速铁路、城市轨道交通、水上交通、民用航空等领域安全隐患。（《国务院办公厅关于继续深入扎实开展"安全生产年"活动的通知》国办发〔2012〕14号）

（三）引据

引据，就是在公文中引述行文的根据。这种根据，有时是国家的法律，有时是上级有关文件的指示精神，有时是下面的实际情况，或者几者兼而有之。引据的方法能使公文言之有据，增强内容的权威性。在章法上，一般写于公文的开头。如：

例1　第一条　为规范大陆居民赴台湾地区旅游，依据《中国公民往来台湾地区管理办法》和《旅行社条例》，特制定本办法。（《大陆居民赴台湾地区旅游管理办法》）

例2　根据《国务院关于开展第二次全国经济普查的通知》（国发〔2007〕35号）的要求，我市定于2008年9月至2009年12月开展第二次全国经济普查。现将普查有关事项通告如下：……（《关于开展广州市第二次全国经济普查的通告》）

例3　根据党和国家的社会主义建设总路线和发展国民经济的总方针，以及关于国民经济各部门必须严格执行经济合同的有关政策、法令规定，并结合几年来签订与执行合同中的实践经验，制定本规定。

以上三个例子，前两个主要是引据上级精神，后一个是引据实际情况。通过这些引据，能够提高语言的实用效能，从而增强内容的权威性和切实性，以利于更好地付诸施行。

宋代李涂在《文章精义》中说："文章不难于巧而难于拙，不难于曲而难于直，不难于细而难于粗，不难于华而难于质。”这话特别适合于公文写作。公文语言要求具有真理性、逻辑性、权威性、质朴性、深刻性，这就必须充分掌握和运用消极修辞的方法。

第四节 积极修辞

公文修辞在其所追求的效果方面，重准确鲜明、质朴匀称、精练顺达，反对含糊暧昧、繁冗堆砌、轻浮造作，重内在美而不只求形式美。在修辞手法方面，重在选词炼句及章法方面下功夫，审慎使用修辞格。但是，公文也不是完全排斥修辞格的使用，在不影响公文表达效果的前提下，也会用到一些修辞格，从而使语言生动形象，使文章有气势，富于表现力，提高审美价值。

一、排比

排比是把三个以上结构相同或相似、语气一致、意义相关的词组或句子排列成串，形成一个整体。一般来说，排比的各个部分常有共同或相近的提示语。恰当地运用排比，可以使语言结构整齐匀称，音律铿锵有力，增加语言的形式美和音律美，使公文文气贯通，增强语势，引起读者对所说问题的重视。多姿多彩的排比，读来琅琅上口、音节整齐、语意流畅、气势磅礴。

（一）短语的排比

例 1　大力发展生产，保障供给，搞活流通，加强监管，居民消费价格指数、工业生产者出厂价格指数涨幅从 8 月份起逐月回落，扭转了一度过快上涨势头。(2012 年《政府工作报告》)

例 1 中运用三个结构相同、字数相等的动宾短语构成排比，而且三个短语的排列符合事理内在的逻辑顺序，揭示了在全球通胀预期不断增强，国际市场大宗商品价格高位波动，国内要素成本明显上升，部分农产品供给偏紧的严峻形势下，我国坚持综合施策，在稳定物价总水平，合理运用货币政策工具，调节货币信贷增速方面取得的成就。这一排比把复杂的内容，表达得集中透彻，结构整齐美观。

例 2　建设一支政治坚定、业务精通、作风优良、执法公正的司法队伍。

例 2 用四个结构相同、字数相等的主谓短语构成排比，传达出我们党在推进司法体制改革，加强司法队伍建设方面的决心以及对司法队伍的严格要求。四个主谓短语中各短语在意义上独立而平等，轻重相称、形式整齐、节奏和谐。

例 3　可以肯定，实现了全面建设小康社会的目标，我们的祖国必将更加繁荣富强，人民的生活必将更加幸福美好，中国特色社会主义必将进一步显示出巨大的优越性。

例3用三个“必将……”的排比预言实现全面小康以后，国家、人民和社会主义的美好未来。语意流畅、富有气势。

（二）单句的排比

例4　必须立足中国现实，继承民族文化优秀传统，吸取外国文化有益成果，建设社会主义精神文明，不断提高全民族的思想道德素质和科学文化素质，为现代化建设提供强大的精神动力和智力支持。

例4运用“立足”、“继承”、“吸取”和“建设”四个动词分别引出与之相对应的宾语，构成四个单句所组成的排比，纵贯古今，横跨中西地传达出建设社会主义精神文明所需要的包容性和吸纳性，凝练而深刻。

例5　总起来说，这五年，是改革开放和全面建设小康社会取得重大进展的五年，是我国综合国力大幅提升和人民得到更多实惠的五年，是我国国际地位和影响显著提高的五年，是党的创造力、凝聚力、战斗力明显增强和全党全国各族人民团结更加紧密的五年。（《中共十七大报告》）

例5用四个“是……的五年”构成分句排比，高度概括过去五年我们党所取得的巨大成就，雄辩有力，气势磅礴，使人深受鼓舞。

例6　创新是一个民族进步的灵魂，是一个国家兴旺发达的不竭动力，也是我们政党永葆生机的源泉。

例6连用了三个单句构成的排比句，表达上既形象生动，又表意确切。使用这些修辞方法要比单纯地用语言叙述形象得多，表达效果上更加深刻透彻。

（三）短语+句子排比

例7　要抓紧制定行政管理体制改革总体方案，着力转变职能、理顺关系、优化结构、提高效能，形成权责一致、分工合理、决策科学、执行顺畅、监督有力的行政管理体制。健全政府职责体系，完善公共服务体系，推行电子政务，强化社会管理和公共服务。（《中共十七大报告》）

例7中第一个句子连用两个短语排比，第二个句子使用句子排比。这段文字连用三个排比阐述深化行政管理体制改革的重点、目标和措施，酣畅淋漓，旋律优美。

例8　必须把党的执政能力建设和先进性建设作为主线，坚持党要管党、从严治党，贯彻为民、务实、清廉的要求，以坚定理想信念为重点加强思想建设，以造就高素质党员、干部队伍为重点加强组织建设，以保持党同人民群众的血肉联系为重点加强作风建设，以健全民主集中制为重点加强制度建设，以完善惩治和预防腐败体系为重点加强反腐倡廉建设，使党始终成为立党为公、执政为民，求真务实、改革创新，艰苦奋斗、清正廉洁，富有活力、团结和谐的马克思主义

执政党。(《中共十七大报告》)

例8先用五个“以……为重点”作提挈语组成分句排比，阐述加强党的执政能力建设和先进性建设的具体内容和重点；接着用4个短语排比阐述加强党的执政能力建设和先进性建设的目标。同时分句排比中的五个“以……为重点”、五个“加强”和五个“建设”又运用了反复的方法，使文气贯通，增强了语势。

(四)复句排比

例9 我们一定要居安思危、增强忧患意识，始终保持对马克思主义、对中国特色社会主义、对实现中华民族伟大复兴的坚定信念；一定要戒骄戒躁、艰苦奋斗，牢记社会主义初级阶段基本国情，为党和人民事业不懈努力；一定要刻苦学习、埋头苦干，不断创造经得起实践、人民、历史检验的业绩；一定要加强团结、顾全大局，自觉维护全党的团结统一，保持党同人民群众的血肉联系，巩固全国各族人民的大团结，加强海内外中华儿女的大团结，促进中国人民同世界各国人民的大团结，为战胜一切艰难险阻、推动党和人民事业取得新的更大胜利提供强大力量。(《中共十七大报告》)

例9是个复句排比，排比句用提挈语“一定要”强调全党要以良好的精神状态努力奋斗。排比句中第四个大分句又套用了“巩固……，加强……，促进……”这组分句排比，而这组分句排比中又套用了层递和反复(间隔使用三个“大团结”)方法。这段文字排比、层递、反复交错使用，句式整齐，语意流畅，严谨缜密，感情炽热，汪洋恣肆，气势磅礴，富有感染力。

(五)排比与反复紧密结合

排比本身就起着强调、强化语用效能的作用，反复辞格更是一种多次运用相同字眼加强作者所要表达的意旨的方法。二者结合更能深化读者的记忆。

例10 到2020年全面建设小康社会目标实现之时，我们这个历史悠久的文明古国和发展中社会主义大国，将成为工业化基本实现、综合国力显著增强、国内市场总体规模位居世界前列的国家，成为人民富裕程度普遍提高、生活质量明显改善、生态环境良好的国家，成为人民享有更加充分民主权利、具有更高文明素质和精神追求的国家，成为各方面制度更加完善、社会更加充满活力而又安定团结的国家，成为对外更加开放、更加具有亲和力、为人类文明作出更大贡献的国家。(《中共十七大报告》)

例10用五个“成为……”构成分句排比，展望2020年全面建设小康社会目标实现之时，我们国家的美好前景。同时排比句中还套用了反复辞格，五个“成为”、五个“国家”、五个“更加”交叉反复，使语言既有错综美，又有整齐和韵律美，一口气读下来，令人感到酣畅淋漓，倍加振奋。

二、引用

引用是通过援引现成的语言材料来提高表达效果的一种修辞方式。与一般文章有所不同，公文的引用主要不是引进诗文名句、谚语典故，而是恰当运用引用，简明扼要地交代行文目的和提出各种主张的依据，增强公文的说服力和权威性，且多为明引。引用的种类：一是引出被解释、被说明的对象，使语言表述准确；二是引出行文的依据，包括上级公文的文号、标题、公文精神、领导的指示等；三是引述群众的生动语言，用于调查报告、总结等公文中，以增强自身的权威性，提高可信度。

如江泽民同志在《领导干部一定要讲政治》一书中指出："领导干部首先要堂堂正正做人。做什么人？建议大家重读毛泽东同志的《纪念白求恩》。毛泽东要求共产党员'学习白求恩同志毫无自私自利之心的精神，做一个高尚的人，一个纯粹的人，一个有道德的人，一个脱离了低级趣味的人，一个有益于人民的人'。"这里引用毛泽东同志的语言，直截了当地回答了做什么人的问题，使人一看就明白。

同时指出："改革开放开始不久，邓小平同志就向全党打招呼。指出'不过一两年，就有相当多的干部被腐蚀了。这股风来得很猛。如果我们党不严重注意，不坚决刹住这股歪风，那么，我们的党和国家确实要发生会不会改变面貌的问题，这不是危言耸听'。"

又如毛泽东同志在《改造我们的学习》一书中指出："我们应当说，没有科学的态度，即没有马克思列宁主义的理论和实践统一的态度，就叫做没有党性，或叫做党性不完全。有一幅对子，是替这种人画像的。那对子说：'墙上芦苇，头重脚轻根底浅；山间竹笋、嘴尖皮厚腹中空'。对于没有科学态度的人，对于只知背诵马克思、恩格斯、列宁、斯大林著作中的若干词句的人、对于徒有虚名、并无实学的人。你们看，像不像。"这里的引文，直接说明了行文的目的，十分恰当。

邓小平《党和国家领导制度改革》（报告）一文中，连用了二十四个成语："高高在上、滥用权利、脱离实际、脱离群众、好摆门面、好说空话、思想僵化、墨守成规、机构臃肿、人浮于事、办事拖拉、不讲效率、不负责任、不守信用、公文旅行、互相推诿，以至官气十足、动辄训人、打击报复、压制民主、欺上瞒下、专横跋扈、徇私行贿、贪赃枉法。"

这里引用"墨守成规、机构臃肿、人浮于事、互相推诿、欺上瞒下、专横跋扈"等成语，使行文简洁、生动而且表意上深刻有力。

三、比喻

比喻就是平常说的打比方，是根据事物之间的相似点、用大家所熟悉、具体的事物或现象，概括而形象地说明另一较为复杂、抽象的事物和现象，使之更具体、更形象、更生动的一种修辞方法，被比喻物和比喻物之间是两个本质不相同的事物。

比喻一般分为三类。明喻，是被比喻物和比喻物都出现，常用比喻词“像”等联系；暗喻，也是被比喻物和比喻物都出现，常用比喻词“是”等联系；借喻，是以比喻物代替了被比喻物，比喻词不出现。恰当地运用比喻，可将人们感到陌生的事物变为熟悉的事物，将一些抽象深奥的道理讲得通俗易懂，将平淡无奇的事物描绘得生动形象，以增强表达的形象性，提高公文的感染力、说服力。如：

例 1 邓小平平同志在《解放思想，实事求是，团结一致向前看》一书中指出：“我们要创造民主的条件，要重申‘三不主义’：不抓辫子，不扣帽子，不打棍子。”

这里运用的借喻，把以前工作和生活中出现的问题和错误比喻成“辫子”，把对这些问题和错误的认识上纲上线比喻成“帽子”，把对问题和错误的处理比喻成“棍子”。这种比喻既做到了恰当、贴切，同时又注意了浅显、鲜明和新颖，生动形象，通俗易懂。

例 2 实践证明，选派国家机关干部深入基层开展扶贫工作，不仅能够促进贫困地区的经济发展，改变贫困落后的面貌，而且有利于机关干部了解国情民意，改变工作作风。更为重要的是，有助于进一步密切党和群众早在革命战争时代建立起来的血肉联系，增强民族团结，提高党和政府的威信。（《国务院关于表彰国家科委等单位长年深入基层开展扶贫工作的通报》）

例 2 中把党和群众的关系比喻为血肉关系，化抽象为具体，通俗易懂。增强了文章的形象性和生动性，让人更加深刻地理解了党全心全意为人民服务的宗旨。

例 3 四项基本原则是立国之本，是我们党、我们国家生存发展的政治基石；改革开放是强国之路，是我们党、我们国家发展进步的活力源泉。（《中共十七大报告》）

例 3 运用暗喻。喻体“基石”形象鲜明地突出了四项基本原则的基础作用；“源泉”二字形象通俗地揭示了改革开放对我们党和国家发展进步所起的重要作用。

例 4 我们一定要适应实践的发展，以实践来检验一切，自觉地把思想认识从那些不合时宜的观念、做法和体制的束缚中解放出来，从对马克思主义的错误的和教条式的理解中解放出来，从主观主义和形而上学的桎梏中解放出来。

例4中本体“主观主义和形而上学”与喻体“桎梏”，二者构成偏正关系，是束缚创新的枷锁。从反面强调创新的重要性，指出了冲破多种阻碍创新的种种科学办法。

例5　改革开放符合党心民心、顺应时代潮流，方向和道路是完全正确的，成效和功绩不容否定，停顿和倒退没有出路。(《中共十七大报告》)

例5中“时代潮流”是一例省略了比喻词的暗喻。例句把“时代”比喻为“潮流”，形象贴切地说明时代的发展就像潮流那样浩浩荡荡，势不可挡，改革开放必须顺应时代发展的趋势。

例6　由于吃“皇粮”的机构庞大，加税又容易招致不满，因此，“开源”和“节流”都有一个过程。(《北京市税务局关于实施税收征管法及细则理论座谈会纪要》)

例7　建立职业教育与其他相互沟通和衔接的“立交桥”，使职业教育成为终身教育系的重要环节，促进学习型社会建立。(《国务院关于大力发展职业教育的决定》)

上述两例中“开源”、“节流”、“立交桥”等都是比喻用法，所指意义形象准确。将抽象深奥的道理讲得通俗易懂。

由此，我们可以看出，公文中的比喻如运用得贴切、逼真、易懂，就会收到很好的表达效果。但在运用时，要注意以下几点：第一，在法规性公文中不要使用比喻的修辞方法。第二，不能使用含蓄、浪漫的文学比喻手法。第三，比喻的内容要健康高雅，不得粗俗油滑。因为公文的修辞总是在叙述和评议中自然展开的，绝不是有意的渲染和铺排，如果放纵其文学色彩而忽视其实用性，就会与公文庄重严肃的文体特征相背离。如把“改革开放的风暴已在我国刮过多年，中国正如一个健壮的青年向世界走来，再过五十年，我们的祖国就会像一轮灿烂的朝阳升起在东方……”这段文字写入公文中，其夸张与想象不仅使公文失去了真实性，也使公文失去了应有的严肃性和权威性。

四、拟人

拟人是修辞格的一种，就是把没有思想感情的事物当做“人”来写，赋予它们人的思想感情和行为动作，使事物人格化。拟人手法的运用，可以使人的感情与景物的感情达到高度的统一。拟人的笔调，有时不仅仅是一种修辞手法，它也是一种艺术构思，是人与物的感情的完全交融。不是作者想让读者将物景看做“人”，而是作者首先在心灵上觉得它们是有感情有灵性之物。公文语体中运用比拟会使语言生动形象，并能使一些深奥、抽象的理论变得形象具体、浅显易懂。如：

例 1　这里叫洋八股废止，有些同志却实际上还在提倡。这里叫空洞抽象的调头少唱，有些同志却硬要多唱。这里叫教条主义休息，有些同志却叫它起床。(毛泽东《反对党八股》)

例 1 运用比拟辞格，将“教条主义”这一抽象概念人格化，赋之以人的动作，“唱歌”、“休息”、“起床”使这种反马克思主义的学风活生生地展现在人们的面前，既生动又形象，从而避免了抽象、枯燥的弊端。

例 2　哪些项目早上，哪些晚上，要有个安排，不能挤到一起。(《邓小平文选》卷三)

例 2 句中的一个“挤”字，形象地把“项目”安排得不合理描写出来了，使读者在生动的语言文字中获得乐趣的同时，也获取了对“项目”这一事物的深刻印象，从而注意到“项目”的合理安排。

五、对比

对比是指把相反相对的事物或同一事物的两个对立方面放在一起相互比较的一种修辞手法。运用对比，可以使两个相对或相反的事物的矛盾表现得更加鲜明突出，本质揭示得更加深刻透彻，可以大大增强公文的说服力和感染力。对比可以是正反对比、今昔对比、新旧对比、成败对比等。公文中运用对比可以使读者鲜明地分清是非曲直，同时也可使正确的判断和理论凸显出来。如：

例 1　党的十一届三中全会以来，党中央和国务院的领导是正确的。我们已经胜利地实现了工作重心的转移……党的纪律有所加强，党的作风有所好转。但是我们在充分肯定成绩的同时，必须清醒地看到，我们的经济政治生活中还存在一些阴暗方面……(《中共中央、国务院关于打击经济领域中严重犯罪活动的决定》)

例 1 采用对比的辞格，全面地概括了我国经济政治生活现状，大大加深了人们对这一事物的全面理解和认识，也符合对立统一的规律。

例 2　全面贯彻依法治国基本方略，尊重和维护宪法和法律的权威，严格依法行政，坚决纠正有法不依、执法不严、违法不究、粗暴执法、渎职失职和执法腐败等行为。(2012 年《政府工作报告》)

例 2 把正反两方面事物或问题放在一起对比交代，泾渭分明，“严格依法行政”、“坚决纠正”将两种尖锐对立的两种行为的是非正谬，以及我国贯彻依法治国基本方略，尊重和维护宪法和法律的权威的态度，表达得十分鲜明。

六、对偶

对偶是把形式上对称、结构相同、字数相等、词类相当、语气一致、意义相关的两个语言结构并列在一起使用的语言形式，恰当运用对偶，使语义凝练集中，概括力增强，句式上整齐匀称，语意上互相映衬，音律和谐悦耳，内涵丰富深刻，从而加强表达效果。对偶符合平衡、匀称、对比的美学原理，能给人以美的享受。

（一）短语的对偶

例 1　按照冷静观察、沉着应对的方针和相互尊重、求同存异的精神处理国际事务，尊重世界多样性，促进国际关系民主化，争取和平的国际环境和良好的周边环境。

例 1 中“冷静观察、沉着应对的方针”和“相互尊重、求同存异的精神”构成一组对偶。“和平的国际环境”和“良好的周边环境”又构成一组对偶。前者表现了我们按照冷静观察、沉着应对、稳住阵脚、有所作为的方针，判断国际形势，以尊重世界的多样性，在求同存异中和谐共存的做法，处理对外关系。后者传达出和平的国际环境和良好的周边环境是我国现代化建设顺利进行的重要条件，符合我国的最大利益。两组对偶虽然不是严格意义上的对偶，但从表达的效果上看，收到了内容交相辉映、节奏抑扬悦耳的美感。

例 2　我们将继续加强睦邻友好，坚持与邻为善，以邻为伴，加强区域合作，把同周边国家的交流和合作推向新水平。

例 2 中以结构相同、字数相等、意义相关的两个短语构成对偶，不仅阐明了与邻为善才能固国、以邻为伴方可安邦的道理，而且体现了我们积极发展同周边国家全面友好合作关系的真诚愿望。它洋溢着人性的温暖，读来令人倍觉诚挚亲切。

（二）单句的对偶

例 3　要集中全国人民的智慧和力量，聚精会神搞建设，一心一意谋发展。党的十六大报告强调指出，贯彻“三个代表”重要思想必须把发展作为党执政兴国的第一要务，不断开创现代化建设的新局面。要实践发展这个执政兴国的第一要务，就要集中全国人民的智慧和力量。

例 3 用“聚精会神搞建设”和“一心一意谋发展”构成较为工整的对偶，表明我们党“以经济建设为中心”、“以发展为主题”的理念坚定不移，言简而意赅。

（三）复句对偶

例 4　坚持解放思想、实事求是，反对因循守旧、不思进取；坚持理论联系实际，反对照抄照搬、本本主义；坚持密切联系群众，反对形式主义、官僚主义；坚持民主集中制原则，反对独断专行、软弱涣散；坚持党的纪律，反对自由主义；坚持清正廉洁，反对以权谋私；坚持艰苦奋斗，反对享乐主义；坚持任人唯贤，反对用人上的不正之风。（《中共中央关于加强和改进党的作风建设的决定》）

这里的“坚持……”“反对……”组成了对偶句，两厢对照，读起来朗朗上口，富有节奏感。同时，表意上语气连贯，更有气势。

从以上几例可以看出，公文中对偶句的运用比较灵活，没有严格的规范，但是要注意不能过多地使用对偶句，特别要避免出现那种单纯追求形式美而滥用对偶句的现象。

七、反复

反复是指故意连续或间隔重复使用某个词语、句子等语言单位，以突出相关内容，加强语气，增强表达感染力的修辞格。公文中主要采用重复某些词语的反复，以突出思想、划清层次、增强节奏、强调和突出某一问题等作用，从而加深人们的印象。

例 1　坚持和完善支持文化公益事业发展的政策措施，扶持党和国家重要的新闻媒体和社会科学研究机构，扶持体现民族特色和国家水准的重大文化项目和艺术院团，扶持对重要文化遗产和优秀民间艺术的保护工作，扶持老少边贫地区和中西部地区的文化发展。（《关于加快文化事业发展的决定》）

例 1 中后面 4 个分句反复使用“扶持”一词作为分句的谓语，不仅强调了扶持的对象，而且使表述的内容非常有层次感，节奏也非常明快。

例 2　各级人民政府要加强对职业教育发展规划、资源配置、条件保障、政策措施的统筹管理，为职业教育提供强有力的公共服务和良好的发展环境。要从严治教，规范管理，引导职业教育健康协调可持续发展。要充分发挥职业教育工作部际联席会议作用，统筹全国职业教育工作，研究解决重大问题。（《国务院关于大力发展职业教育的决定》）

例 2 三个分句中反复使用了“要”一词，使对各级人民政府提出的要求非常明确具体，且层次清楚，富有节奏感。

例 3　必须以宽广的眼界观察世界，正确把握时代发展的要求，善于进行理论思维和战略思维，不断提高科学判断形势的能力；必须坚持按照客观规律和科学规律办事，及时研究解决改革和建设中的新情况新问题，善于抓住机遇加快发展，不断提高驾驭市场的能力；必须正确认识和处理各种社会矛盾，善于协调不同利益关系和克服各种困难，不断提高应对复杂局面的能力；必须增强法制观

念，善于把坚持党的领导、人民当家做主和依法治国统一起来，不断提高依法执政的能力。(《中共十六大报告》)

例3用四个“必须……，不断提高……的能力”的排比构成重复，气势磅礴，词语本身阐明了党的任务和要求，行文兼备错综美、整齐美和韵律美。反复手法的运用使公文的脉络分明，说理透彻。

例4　我们将遵循“和平统一、一国两制”的方针和现阶段发展两岸关系、推进祖国和平统一进程的八项主张，坚持一个中国原则决不动摇，争取和平统一的努力决不放弃，贯彻寄希望于台湾人民的方针决不改变，反对“台独”分裂活动决不妥协，牢牢把握两岸关系和平发展的主题，真诚为两岸同胞谋福祉、为台海地区谋和平，维护国家主权和领土完整，维护中华民族根本利益。(《中共十七大大报告》)

例4用四个“决不”，强烈表达我们党解决台湾问题、实现祖国完全统一的坚定立场和巨大决心。语言节奏感强，富有感染力，加深了人们的印象。

例5　深入贯彻落实科学发展观，要求我们始终坚持“一个中心、两个基本点”的基本路线……

深入贯彻落实科学发展观，要求我们积极构建社会主义和谐社会……

深入贯彻落实科学发展观，要求我们继续深化改革开放……

深入贯彻落实科学发展观，要求我们切实加强和改进党的建设……(《中共十七大大报告》)

例5在段首反复使用“深入贯彻落实科学发展观”一句表明段落的内容，不仅语意突出，节奏感强，而且行文条理分明，衔接自然。

八、设问

设问是明知故问、自问自答，或提出问题不需回答的修辞方式。设问的基本特点是“无疑而问”，公文中设问句用在一个句群或段落的前面，用以引起读者的注意，启发他们的思考，然后再用回答问题的方式来阐明自己的看法。

例1　现在是什么形势呢？我们自从实行对外开放和对内搞活经济两个方面的政策以来，不过一两年时间，就有相当多的干部被腐蚀了，卷进经济犯罪活动的人不是小量的，而是大量的。犯罪的严重情况，不是过去“三反”、“五反”，那个时候能比的。那个时候，贪污一千元以上的是“小老虎”，一万元以上的是“大老虎”，现在一抓往往就是很大的“老虎”。对有严重问题的党员，开除党籍，开除公职，不就是整党吗？贪污分子，贪污数量很大的，就是坦白从宽，再宽大，党籍总要开除吧……(邓小平1982年《坚决打击经济犯罪活动》讲话)

这里运用设问的修辞方式，强调了打击经济犯罪活动中尤其是干部、党员被腐蚀犯罪的严重情况。设问句语气更强烈，进而引起人们的重视。比一般叙述表达的效果更好，而且表达形式也生动活泼。

九、反问

反问又叫反诘，是用反问的句式表示确定的意思，也是一种无疑而问。反问所表达的意思，跟它表面的形式正好相反，即肯定的形式表示否定的意思，否定的形式（含否定词）表示肯定的意思。

例 1　国家这么大，这么穷，不努力发展生产，日子怎么过？我们人民的生活如此困难，怎么体现出社会主义制度的优越性？（《邓小平文选》卷三）

例 1 中前句是用否定句反问，表达肯定的意思。它说明“国家大、穷”，如果要“过日子”，就要“努力发展生产”。后句是用肯定句反问，表达是否定的意思，它说明了“人民的生活如此困难”是不能“体现社会主义制度的优越性”的。可以看出，反问句的意思是确定的，同平铺直叙的表达比较起来，反问这种方法语气强烈，加重了语言的力量，给读者留下深刻的印象。

十、借代

借代是不直接说出人和事，而用另外一种与本体密切相关的事物名称来代替的修辞方法。它使语言表达更加活泼、鲜明、形象，从而加深人们的感受。本体和借体事物之间存在不可分离的关系，借体有充分的代表性。事物的特征、标志以及事物的所在、产生、材料等都可用来作借体，事物本身所呈现的各种对应现象，如部分和整体、结果和原因、抽象和具体、特指和泛指等也可相互代替。公文中一般采用可以突出事物特征的借代，让人一看即晓，获得形象化的感受。

例 1　增加生产、保障供给。继续把抑制食品价格过快上涨作为稳定物价的重点。落实好“米袋子”省长负责制和“菜篮子”市长负责制，保障主要农产品供给。（2012 年《政府工作报告》）

其中用“菜篮子”代蔬菜和副食品，用“米袋子”代粮食，语言鲜明生动形象，通俗易懂。

例 2　今后要尽量压缩各种纪念、庆祝活动，必须举行的要本着勤俭节约的原则办事，提倡“清茶一杯”，不搞铺张浪费。（《国务院关于节减行政经费的通知》）

例 2 中“清茶一杯”为借代辞格，语言言简意赅，表意明晰，具有鲜活的表达效果。

注意，公文中的借代，要以保证公文语体特点为前提，不够庄重严肃和不为人们所熟悉的借体，不适于在公文中运用。

十一、层递

层递，指将结构相似、语气一致的语句段章逐层列举，以使语义事理得以层层推递，推递的方向可进可退。层递能使要表达的思想逐层加深，使要表达的感情渐次强烈，可使读者的感触逐渐达到顶点。公文中主要采用加深语义的层递方式。如：

例 1　实现全面建设小康社会的目标还需要继续奋斗十几年，基本实现现代化还需要继续奋斗几十年，巩固和发展社会主义制度则需要几代人、十几代人甚至几十代人坚持不懈地努力奋斗。(《中共十七大报告》)

例 1 中“十几年”、“几十年”与“几代人、十几代人甚至几十代人”构成层递，时间由短到长；“几代人、十几代人甚至几十代人”也是层递，数量由少到多。

例 2　巩固全国各族人民的大团结，加强海内外中华儿女的大团结，促进中国人民同世界各国人民的大团结。(《中共十七大报告》)

例 2 也运用了层递方法，团结的范围由小到大，表达的感情渐次加强。

上述两个层递都是递升，语意逐层加强，具有较强的感染力。

例 3　治国必先治党，治党务必从严。

例 3 短短 12 个字却运用了顶真、层递结合的手法，是辞格的并用。“……治党，治党……”是顶真，治国之道，核心和关键是治党。上半句说“治国也是治党”，下半句进一步强调要“从严”，意思更进一层。

例 4　要形成与社会主义初级阶段基本经济制度相适应的思想观念与创业机制，营造鼓励人们干事业、支持人们干成事业的社会氛围，放手让一切劳动、知识、技术、管理和资本的活力竞相迸发，让一切创造社会财富的源泉充分涌流，以造福于人民。(《中共十六大报告》)

例 4 的前半段“……干事业……干成事业……”是明显的层递；句子的后半段“……活力竞相迸发，……源泉充分涌流……”是比喻。总的说，此例是层递与比喻的连用，使要表达的思想逐层加深，表达的感情渐次强烈。

十二、回环

回环是指相邻的两个短句或词组在词序上互相颠倒，在意思上也形成回环往复的一种形式。它可使语句整齐匀称，能揭示事物的辩证关系，使语意精辟、警策。常用以揭示事物之间相互关联、相互转化的关系。

例 1　坚定正确的政治方向，是与艰苦奋斗的工作作风不能脱离的，没有坚定正确的政治方向，就不能激发艰苦奋斗的工作作风；没有艰苦奋斗的工作作

风，也就不能执行坚定正确的政治方向。（胡锦涛《坚持发扬艰苦奋斗的优良作风，努力实现全面建设小康社会的宏伟目标》）

例1中偏正短语“艰苦奋斗的工作作风”的回环使用，论述了“正确的政治方向”和“艰苦奋斗的工作作风”之间互相依存、互相促进的密切关系。

例2 党的领导是人民当家做主和依法治国的根本保证，人民当家做主是社会主义民主政治的本质要求，依法治国是党领导人民治理国家的基本方略。（《中共十六大报告》）

例2用三个并列分句阐述“三项原则”的内在联系。三个原则各为话题，互为述语，交相错综，极其透辟创新地揭示了“三者”的统一关系，句子回环往复，串联周始，可谓精妙绝伦。

总之，在公文中，主要运用上述几种积极修辞方法。但不管运用哪一种修辞方法，都要恰到好处，不能脱离公文语体特点随心所欲地使用，否则不仅不能收到增强语言表现力的效果，反而会弄巧成拙，使公文变得不伦不类。

第四章 公文句法

句子是语言的基本单位。句子的类型，从句子内部结构分，有主谓句、非主谓句；从句子成分的完整程度分，有完全句、省略句；从分句组合的结构层次分，有单句、复句。综观公文各文种常用的句型，可以看出它具有以下五大特点：

用陈述句多，用疑问句、感叹句少；用完全句多，用省略句少；用泛指性无主句多，用其他无主句少；用限制性附加语多，用描写性附加语少；用较复杂的单句多，用多重复句少。

这“五多五少”，是公文句型的总体特征，是公文准确、鲜明、简洁等语言特色在句型选择上的具体体现。当然，这种多与少是相对的，不同文种又有其特殊的句型要求。如《中华人民共和国宪法》、《中国共产党章程》等法规性条文中，不仅省略句极少，连泛指性的无主句也不多。领导的讲话，特别是事后根据录音整理的讲话，比较自由，不仅多重复句极少，连复杂的单句也不多，无主句、省略句却大量使用。这种特殊现象又自当别论。本章着重探讨公文常见句型的运用规律。

第一节 公文句类

句子是能表达一个比较完整的意思并有特定语调的语言单位。所谓特定语调，指陈述、疑问、祈使、感叹等不同语气，在书面上则用句号、问号、感叹号表示。句类，即句子类型，就是按照句子的语气功能划分出来的类型系统。一般分为陈述句、疑问句、祈使句和感叹句四类。任何公文都是由句子组成的，句子运用正确与否，直接关系到公文意思的表达。因此，熟练地遣词造句，恰当地选择句型，是公文工作者的一项重要的基本功。

一、陈述句

陈述句是用来叙述或说明事实的具有陈述语调的句子。陈述句是各种文体的基本句式。各种结构不同的句子，只要能够起到告知对方一件事的作用，都可以叫陈述句。在撰写报告、请示、通报等文体的过程中，为了表达主旨的需要，在陈述情况时常用陈述句。

陈述句一般有三种表达形式：

1. 表肯定的陈述句，就是在谓语部分没有否定词的直述句，一般有表示肯定的判断词“是”。如：

例1　过去的一年，是农村社区建设迈出坚实一步的一年。（《李学举在全国民政工作会议上的讲话》2007年12月27日）

例2　这次会议是贯彻中央经济工作会议和省委十一届二次全会精神的一次重要会议。（《赵正永在全省发展和改革工作会议上的讲话》2007年12月28日）

例3　城镇化率超过50%，这是中国社会结构的一个历史性变化。（2012年《政府工作报告》）

上例中，例1是表示说明的肯定陈述句，例2是表示强调重要性的肯定陈述句，例3是对某一工作成绩的肯定陈述句。

有一部分肯定陈述句中不带判断词“是”。如：

例1　7月23日，奥运火炬传递活动将在我市正式开始。（《张建国在济南市奥运火炬传递工作会议上的讲话》2008年6月26日）

例2　我们认真开展债务清理整顿和规范工作，严格控制增量，积极稳妥解决债务偿还和在建项目后续融资问题。（2012年《政府工作报告》）

例3　继续推进农村危房改造，解决了6398万农村人口的饮水安全和60万无电地区人口的用电问题，农村生产生活条件进一步改善。（2012年《政府工作报告》）

以上三个例子，例1是说明某种情况的肯定陈述句；例2是表工作方法的一种肯定陈述句；例3是陈述工作成绩的肯定句式。

2. 表否定的陈述句式，也就是在谓语部分用了否定词的陈述句。如用“不”、“没有”、“无”、“否”等。如：

例1　土地承包经营权、宅基地使用权、集体收益分配权是法律赋予农民的财产权利，任何人都不能侵犯。（2012年《政府工作报告》）

例2　节能减排、物价调控目标没有完成。（2012年《政府工作报告》）

例3　不能统一，便要受害。（《胡锦涛在纪念辛亥革命100周年大会上的讲话》2011年10月9日）

以上三例，都是表否定的陈述句，一般都用“不”、“没有”等否定词作标志。

上述两种形式可以在一个复句里同时使用。如：“市长同意设立物价局物价检查所，但不同意增加人员编制。”

3. 双重否定形式，就是在直述句的谓语部分使用“没有……不”、“不能不”、“不得不”、“不……无”、“无不”、“不难”、“免不了”等词语，而所表达的则是肯定的意思。如：

例1　一切关心国家和民族前途命运的人们无不痛切感到，要实现民族独立、人民解放和国家富强、人民富裕，就必须推翻封建专制统治，对中国社会进行根本变革。(《胡锦涛在纪念辛亥革命100周年大会上的讲话》2011年10月9日)

双重否定形式比直接肯定形式的语气要强。比较这两个句子：

甲、全厂职工都赞成这个改革方案。

乙、全厂职工没有一个不赞成这个改革方案的。

两相比较，乙比甲语气要强得多。

二、疑问句

提出一个问题，有一个表示疑问语气的语调，这种句子叫疑问句。在公文中，疑问句运用极少。

疑问语气分为两大类：

(一) 有疑而问

就是提出问题，要求回答，按照发问方式的特点，又分为“是非问”、“特指问”、“选择问”三种。

1. 是非问。它要求得到肯定或否定的回答，句末常用语气词“啊、吧、吗”。在公文和公文工作中常用这种疑问方式。

2. 特指问。是对具体问题提出疑问，希望针对疑问代词给出回答。特指问如果用疑问语气词，只能用“呢”或“啊”，不能用“吗”或“吧”。

3. 选择问。是提出两种或几种看法，希望听话人选择其中一项来回答。选择问句如果用语气词，只能用“呢”，不能用“吗”。

(二) 无疑而问

1. 反问句，即发问人心目中并没有真正的疑问，只是在用疑问句的形式曲折地表达自己对事情的看法。通常用肯定形式表示否定的意思，用否定形式表示肯定的意思。

2. 设问句，又叫自问自答句，发问人心中其实已经有了明确的意见，但并不直接把自己的意见说出来，而是先用一个问句引起对方的注意，然后再顺势引出自己的看法。如：

例1　在“十一五”新时期，我们应当怎样认识林业？我看至少可以从以下三个方面来分析。(《陈光国在全市林业工作会议上的讲话》2006年2月26日)

例2　当前，广大人民群众最根本的教育需求是什么？主要是对更加公平、更高质量、更为多样教育的需求。(《袁贵仁在教育部2010年度工作会议上的讲话》2010年1月14日)

三、祈使句

祈使句是要求听话人或别的人做某事或不做某事的句子，表示请求、命令、禁止、劝阻等语气。祈使语气在各类公文中都有不同程度的应用，在命令（令）、决定、通告、章程、条例、规定、规则、公约、守则等文种应用较多。常用的祈使句有一般祈使句和带特定词语标志的祈使句两种。

（一）一般祈使句

在句子结构中不带有特定词语的标志，只提出贯彻执行的一般要求。如：

例1 省科技厅、省知识产权局要主动与省经委、发改委、版权局、工商局、质监局、人事厅、财政厅、商务厅等部门合作，认真研究制定实施知识产权战略的相关配套政策，加强知识产权的政策导向，将知识产权管理与保护切实融入科技管理、项目管理、人才培养、科研评价和展会举办等工作之中。（《郝远在全省知识产权工作会议上的讲话》2009 年 2 月 24 日）

（二）带特定词语标志的祈使句

是指在句子结构中带有特定标志的词语所形成的祈使句。由于这种祈使句所带的特定标志词语不同，其表达作用也不同。一般有以下三种：

1. 带有命令语气的表肯定的句式。如：

（1）坚持预防为主，切实抓好隐患排查治理。

（2）必须坚决执行国务院关于流动资金管理的规定。

（3）各级党委和人民政府要切实加强领导。

（4）《公安机关督察条例》已经 2011 年 8 月 24 日国务院第 169 次常务会议修订通过，现将修订后的《公安机关督察条例》公布，自 2011 年 10 月 1 日起施行。

（5）以上命令，请立即贯彻执行。

以上五个例句，都是带有命令语气的表肯定的祈使句，言辞肯定，态度严肃，要求对方必须服从，一般是上级对下级行文时使用。这种句式，用词上经常冠以“必须”、“坚决”、“要”、“请”等词语；在结构上，有的是完全句，有的是动宾结构的省略句。这种句式，在行文中，经常作段落的小标题，如例（1）、（2）、（3）；有的置于文件的末尾，如例（4）、（5）。

2. 带有请求语气的表肯定的句式。如：

（1）以上报告，如无不当，请批转各地区、各部门贯彻执行。

（2）可否，请批示。

（3）是否可行，请予回复。

（4）请研究并予函复为盼。

（5）希予接洽为荷。

以上五个例句，都是下级对上级或平级或不相隶属机关的行文。“可否”、“是否”、“请”、“希”，都带有请求语气，这种语气，正是上述的行文关系所使然。所谓表肯定，就是这种句式在“否”、“是”之间以“是”为主。如：“是否可行，请予回复”，立足点在“是”在“行”上，在要求上级给予肯定、给予“回复”上。因此，这种句式多少带一点“外柔内刚”的味道。

3. 带有禁止语气的表否定的句式。如：

（1）金融机构不得为违法证券期货交易活动提供承销、开户、托管、资金划转、代理买卖、投资咨询、保险等服务。

（2）必须取得双方当事人同意，不得强迫调解。

（3）不准党政机关干部在各类企业中兼职。

（4）本判决为终审判决，不准上诉。

（5）对于违反财经纪律的事件，一定要查明情况，严肃处理，决不能以“下不为例”为借口，姑息纵容。

以上五个例句，都是带有禁止语气的祈使句，言辞强硬，态度坚决，明确表示禁止对方做什么事情。这些句式常用的否定词是“禁止”、“不得”、“不准”、“不能”等。这种句式，有时单独成句，如例（1）、（3）；有时与另一分句对称运用，否定分句在后，如例（2）、（4）、（5）；这种对称句，有的意思相反，如例（2）、（5）；有的后句是前句的进一步引申，如例（4）。

祈使语气在正文中也常用，特别是在布置任务时用得较多。例如：

这四项是：第一，必须坚持社会主义道路；第二，必须坚持无产阶级专政；第三，必须坚持共产党的领导；第四，必须坚持马列主义、毛泽东思想。

使用祈使语气要注意两点：

一是要注意文种和内容要求，正确把握“严”和“缓”的分寸，应使用严厉口气的不可用委婉口气，应使用缓和口气的不可用严厉口气。

二是注意祈使句结构，特别是有主语的祈使句，主语只能是“你”、“你们”、“您”、“咱们”、“我们”，不能是第一人称的代词“我”和第三人称代词“他”、“他们”，否则就使祈使句改变性质成了陈述句。公文中的祈使句常常是泛指性的无人称句。

总之，在公文中，不管是带有命令语气表示肯定的祈使句还是带有禁止语气表示否定的祈使句，其共同特点是文字简洁明白，语气庄重严肃，给人一种掷地有声、一言九鼎的感觉，使公文的权威性得以充分体现。

四、感叹句

感叹句主要是表达感叹语气的句子。感叹词、感叹语气词、某些副词、某些句式、语调等都可构成感叹句。

口号、祝词可看作感叹句，一般没有语气词。一般出现在文章开头和结尾，用于表示感谢、慰问、祝贺、发出号召等。

例 1 向与会各位代表，并通过你们向全国广大文艺工作者，致以崇高的敬意和诚挚的问候！（《胡锦涛在中国文联第九次全国代表大会上讲话》）

该感叹句用在开头，向全国广大文艺工作者表达慰问，拉近了领导人与文艺工作者的距离，感情充沛，热情洋溢，语言富有亲和力。

例 2 我们呼吁，全体中华儿女携起手来，坚定实现中华民族伟大复兴的理想，努力作出无愧于孙中山先生和辛亥革命先驱、无愧于我们伟大民族的贡献，在时代进步洪流中奋力实现中华民族伟大复兴！（《胡锦涛在纪念辛亥革命100周年大会上的讲话》2011 年 10 月 9 日）

例 3 回顾过去，我们拼搏奋进，取得显著成就；展望未来，我们任重道远，仍须不懈努力。让我们紧密团结在以胡锦涛同志为总书记的党中央周围，解放思想，开拓创新，扎实工作，奋力开创社会主义现代化建设新局面！（2012 年《政府工作报告》）

例 4 全会号召，在马克思列宁主义，毛泽东思想的伟大旗帜下，全党、全军、全国各族人民紧密团结在党中央周围，继续发扬愚公移山的精神，同心同德，排除万难，为把我们的国家逐步建设成为现代化的、高度民主的、高度文明的社会主义强国而奋斗！我们的目的一定要达到！我们的目的一定能达到！（《关于建国以来党的若干历史问题的决议》）

上述三例的感叹句用在文章末尾，使文章富有号召力、感染力，大大增强了人们为实现目标而努力奋斗的信心和力量。

第二节 公文句型

句型，即按照句子的结构模式划分出来的类型系统。公文的句型首先可以分为单句和复句两类。单句可以根据整体结构是不是完整的主谓短语这一标准分为主谓句和非主谓句两类。在公文中，运用不同的句型可以起到不同的修辞效果，既体现公文语言的庄重性，又使公文具有生动性。下面就常见的公文句型进行分析。

一、主谓句与非主谓句

由于公文对语句的要求具有高度准确、十分严谨的特点，因此主谓句的使用频率相当高，非主谓句的运用则受到一定限制，主要是使用一些无主句。

主谓句，即含有主语和谓语两部分的句子，在公文中是最常用的；非主谓句一般包括无主句和独语句两类，独语句常见于文学作品，公文中几乎不用。所谓无主句是指没有主语并且不需要或不可能补上主语的句子。由于公文具有定向表述的特点，一些意愿（禁止、希望等）的发出者和情况问题的发现者是不言自明的，因此，一旦需由其作主语时，往往可不必交代。

在公文中常用的无主句有下列几种：

（一）表示出现、存在、消失（某种现象、情况、问题等）的无主句

例1　任命梁振英为中华人民共和国香港特别行政区第四任行政长官，于2012年7月1日就职。（《中华人民共和国国务院令第616号》）

（二）表示禁止、祈使、召唤的无主句

谓语常用“禁止”、“严禁”、“请”、“让”等动词。如：

例1　严禁将武器、凶器、弹药和易爆、易燃、剧毒、放射性物品以及其他危害飞行安全的危险品带上飞机或夹在行李、货物中托运。（《中华人民共和国公安部通告》）

（三）表示必要、可能、意愿或某种态度的无主句

谓语的形式是：“能愿动词+动词”或“形容词：坚决、积极、努力等+动词”。这是一种泛指性的无主句，可以补出“我们”、“大家”一类的主语来，但没有必要补出。这类无主句，在各种公文中比比皆是，大量使用，因为大多数公文都具有必须照办的行政约束力，具有很强的权威性，而用这种句型恰恰能更好地突出公文的这种特性。例如：

例1　坚决治理交通运输领域乱收费乱罚款，纠正大型零售商业企业违规收费行为。（2012年《政府工作报告》）

例2　必须立足人口大国的基本国情，充分考虑当地经济社会发展水平和城市综合承载能力特别是容纳就业、提供社会保障的能力；必须尊重农民意愿，切实保障农民合法权益；必须坚持统筹规划，着力完善配套政策；必须坚持分类指导，做到积极稳妥、规范有序。（《国务院办公厅关于积极稳妥推进户籍管理制度改革的通知》国办发〔2011〕9号）

（四）表示祝愿的无主句

这类无主句在祝贺性的讲话、函电中常用。例如，“诚恳邀请贵校领导在方便时来唐山参观考察。”（《关于组织我校骨干教师赴贵校参观考察的函》）

（五）某些格言、谚语

这类无主句表示某种普遍的现象，公认的道理，有泛指性质，无须补出主语。例如：

（1）留得青山在，不怕没柴烧。

(2) 吃一堑，长一智。

二、主动句和被动句

句子的主语是动作、行为的发出者，这种句子就是主动句，而主语为动作、行为的接受者时，句子就是被动句。在公文中，这两种句子是兼而有之的，在具体写作实践中采用哪一种，一般决定于需要强调哪一方面。如果要强调动作或行为的发出者就采用主动句，反之则采用被动句。公文中一般多用主动句。主动句和被动句中常使用一些标志性词语，如“将”、“把”等介词常用于主动句，“被”、“为”等介词常用于被动句，要注意正确选用句式，尤其是选用被动句时要立足于它的表意功能，把握其使用的语境，如为了说明或强调，或者为了统一前后分句的叙说角度、贯通语义，使表达更加紧凑等。如“凌晨5点，犯罪嫌疑人被抓获”。在行政公文中带“把”字的主动句常将“把”字换成“将”字，以更鲜明地表示庄重、严肃的色彩。如：

例1 现将《国家行政机关行政公文处理办法》发给你们，望认真遵照执行。(《国务院办公厅关于印发〈国家行政机关行政公文处理办法〉的通知》)

三、长句与短句

长句一般附加成分长，结构复杂，具有容量大、叙事具体、说理严密、节奏舒缓的功能。公文中阐发道理，说明事物的性质、状态时，多用长句。短句一般容量较小、表意单一、结构简明、节奏紧凑，表示命令、要求、禁止和希望等时，则多用短句。公文要根据表意的需要来灵活选用长句和短句，或者二者搭配使用。如：

例1 坚持和完善公有制为主体，多种所有制经济共同发展的基本经济制度，坚持和完善按劳分配为主体，各种分配方式并存的分配制度，坚持和完善社会主义市场经济体制，实施科教兴国和可持续发展战略，推动社会主义物质文明、政治文明和精神文明的协调发展，实行依法治国，建设社会主义法制国家，实行依法治国和以德治国相结合，是我们党在建设中国特色社会主义实践中取得的重大成果。

上面例句是一个长主语句，几个并列的述宾结构共享一个谓语“是我们党在建设中国特色社会主义实践中取得的重大成果”。几个述宾结构当中，前三个均用“坚持和完善”作述语，排比整齐匀称，后三个则用“实施、实行、实行”，显得整齐中有变化。长句中一般联合成分较多，包含着丰富的内容，因而能准确而严密地概括行文意思。这是长句的优越性所在。

例2 巩固和加强农业基础。

加快产业结构优化升级。

推进节能减排和生态环境保护。

促进区域经济协调发展。

持续提升科技创新能力。

扎实推进教育公平。

大力加强文化建设。(2012 年《政府工作报告》)

上面例文中使用的都是短句，行文中心突出，语言简要概括，表意简洁清晰有力。

四、完全句与省略句

在具体的语言环境中，省去一些不说自明的成分，这样的句子叫作省略句。在公文中，完全句是主要的，只有在为使语言简洁且又不会对语义造成破坏的情况下才使用省略句，而且主要是省略主语，也有适当省略谓语和宾语的。

例 1　国内生产总值 47.2 万亿元，比上年增长 9.2%；公共财政收入 10.37 万亿元，增长 24.8%；粮食产量 57121 万吨，再创历史新高；城镇新增就业 1221 万人，城镇居民人均可支配收入和农村居民人均纯收入实际增长 8.4% 和 11.4%。(2012 年《政府工作报告》)

例 2　第二十三条：出口食品生产企业有下列情况之一的，直属检验检疫机构应当撤销《备案证明》，予以公布，并向国家认监委报告：

（一）出口食品发生重大安全卫生事故的；（二）不能持续符合我国食品有关法定要求和进口国（地区）法律法规标准要求的；（三）以欺骗、贿赂等不正当手段取得《备案证明》的；（四）向检验检疫机构隐瞒有关情况、提供虚假材料或者拒绝提供其活动情况的真实材料的；（五）出租、出借、转让、倒卖、涂改《备案证明》的；（六）拒不接受监督管理的；（七）出口食品生产、加工过程中非法添加非食用物质、违规使用食品添加剂以及采用不适合人类食用的方法生产、加工食品等行为的。(《出口食品生产企业备案管理规定》)

在意思明确不产生歧义的前提下，例 1 省略了主语，例 2 省略了谓语和宾语，使语言表达更加简洁。

注意在法律条例的正文中，很少使用省略句。如《宪法》中许多相连的条文，主语都是“国家”，但《宪法》竟不厌重复，一个也不省略，从而使这个国家的根本大法严肃、庄重、精确、无懈可击。

五、紧句与松句

紧句是指句子结构紧凑的句子；松句则是句子结构松弛一些的句子。二者可形成不同的表达效果。前者简洁有力，给人以集中概括的印象，有助于突出句中的某一个重点；后者则语气舒缓，感染力强，有助于表明几层意思，突出几部分重点。从一般规律来看，公文中紧句更多一些，只有当表述的事物有多层意思且有并列的几个重点方面时，方可用松句予以强调。如：

例 1　职业院校和培训机构要为就业再就业服务，面向初高中毕业生、城镇失业人员、农村转移劳动力，开展各种形式的职业技能培训和创业培训，提高他们的就业能力、工作能力、职业转换能力以及创业能力。（《国务院关于大力发展职业教育的决定》）

例 1 中有四个分句，第一个分句中的主语以及第二、三、四个分句中的宾语都使用了联合词组，整个句子精练严密，高度概括。

例 2　广泛宣传职业教育的重要地位和作用，宣传优秀技能人才和高素质劳动者在社会主义现代化建设中的重要贡献，提高全社会对职业教育的认识，形成全社会关心、重视和支持职业教育的良好氛围。（《国务院关于大力发展职业教育的决定》）

例 2 为避免句子臃肿，增强行文感染力，强调宣传的内容，其中“广泛宣传……地位和作用，宣传……重要贡献”就采用了松句句式，突出宣传的几个重点，使语意得以加深。

六、单句与复句

单句是可表示一个完整意思而不可再分解成几个分句的句子；复句是由两个或两个以上单句组合而成的句子。在公文中多用单句，旨在言简意赅，便于理解和执行。而一旦被表述的事理过于复杂时，也用复句取代复杂化的单句。公文中使用频率较高的有表示目的、原因、条件、递进、并列等形式的复句。在使用复句时大都选择以虚词表明分句间关系的句型。如：

例 1　由于现××公路和规划××公路之间是自来水八厂的水源补给区，因此，在选择工业项目时，必须注意保护环境。（《××规划建设委员会办公室关于××县拟建工业开发区的报告》）

例 1 使用因果复句，具体说明保护环境的原因，运用连词“因此”，既使文章逻辑性强，又凸显了要求的合理性。

例 2　选派国家机关干部深入基层开展扶贫工作，不仅能够促进贫困地区的经济发展，改变贫穷落后的面貌，而且有利于机关干部了解国情民意，改变工作作风。

例 2 是一个递进复句，用关联词“不仅……而且”连接，不仅语义严密，也更突出了选派国家机关干部深入基层开展扶贫工作的重要性和必要性。

七、较复杂的单句

一般公文，特别是周知性公文，宜多用单句与短句，使广大群众听得清楚，看得明白。但是很多公文，尤其是说理性较强的文种，要表述的概念和事理往往比较复杂，而复杂单句具有叙述具体、说理严密的功能，因而被大量运用。单句的复杂主要表现为句子成分的扩大化。公文常见的复杂单句有如下几种：

（一）含复杂主语的句子。句子的主语由复杂词组构成。复杂主语句是公文中比较常见的句式。如：

例 1　实行对外开放，是我国的长期基本国策。

例 1 主语“实行对外开放”是一个动宾词组，动宾词组作主语陈述一种做法。

例 2　各级发展改革、城乡规划、国土资源、环境保护、建设、统计等部门要切实负起责任，严格管理，强化对新开工项目事中、事后的监督检查。（《国务院办公厅关于加强和规范新开工项目管理的通知》国办发〔2007〕64 号）

例 2 的主语是由一连串名词性短语组成。

例 3　促进残疾人事业发展，改善残疾人状况，已成为全面建设小康社会和构建社会主义和谐社会一项重要而紧迫的任务。（《中共中央　国务院关于促进残疾人事业发展的意见》2008 年 3 月 28 日）

例 3 是由两个顺承关系的动宾短语构成的小句作主语。

由此可见，公文单句的主语是很复杂的，可以是词组、也可以是复杂的短语和小句，不仅形式多样、类别繁多，其结构也相当复杂。

（二）含复杂谓语的句子。公文中大多数句子的谓语部分结构比较复杂，结构层级较多，大量运用连谓结构等。如：

例 1　我们将继续深化同周边国家的睦邻友好关系，积极参与周边各种合作机制，推动区域合作深入发展，共同营造和平稳定、平等互信、合作共赢的地区环境。(2012 年《政府工作报告》)

例 1 谓语部分结构比较复杂，句中以“深化”、“参与”、“推动”、“营造”4 个动词作谓语，共同陈述一个主语“我们”。

例 2　发展改革委要会同有关部门依据国家产业结构调整的有关规定，抓紧细化、完善服务业发展指导目录。（《国务院办公厅关于加快发展服务业若干政策措施的实施意见》国办发〔2008〕11 号）

例 2 的谓语是一个由能愿动词“要”支配的述宾结构，宾语部分则是由三个动词性短语构成的连谓结构，而其中第三个动词性短语又是一个连谓结构，由“抓紧”和“细化、完善服务业发展指导目录”两部分组成，而后一部分的述语中心语又由两个动词构成一个联合结构“细化、完善”。

（三）含复杂宾语的句子。句子的宾语由复杂词组充当，它可以比复杂主语更复杂，由多重复句词组、句群词组充当。

例1 各级党组织要充分认识：社会主义的物质文明和精神文明一齐抓，是我们党的长期战略方针。

此句宾语是一个主谓句子形式，该句子形式的主语“社会主义的物质文明和精神文明一齐抓”是一个主谓短语，宾语“我们党的长期战略方针”是一个定中词组。

例2 证券公司进行行政重组，可以采取注资、股权重组、债务重组、资产重组、合并或者其他方式。（《证券公司风险处置条例》，《国务院公报》2008年第15号）

此句宾语部分由六个并列关系的名词性短语充当。

例3 各地区、各部门要把发展服务业作为贯彻落实科学发展观、促进经济又好又快发展的重要工作任务。（《国务院办公厅关于加快发展服务业若干政策措施的实施意见》国办发〔2008〕11号）

例4宾语部分是一个偏正结构，其偏语部分又是由两个并列的述宾短语构成。这种在宾语前带有多种修饰限制成分的形式也是宾语复杂化的表现。

（四）含复杂定语的句子。所谓复杂定语，指多项多层定语和以较长的词组作定语。

例1 总的看，我国国民经济继续朝着宏观调控预期方向发展，抗风险能力不断增强，呈现增长较快、价格趋稳、效益较好、民生改善的良好态势。（2012年《政府工作报告》）

此句中，“良好态势”前有四个定语“增长较快、价格趋稳、效益较好、民生改善”。这四个定语形式整齐，语言简洁，增强了公文语言的表达力。

例2 中华人民共和国是工人阶级领导的、以工农联盟为基础的、人民民主专政的社会主义国家。（《中华人民共和国宪法》）

此句的中心词“国家”之前，有一个长达30多字的多层次定语，它既从“领导”和“基础”这两个主要方面说明了人民民主专政的性质，又限定了我们国家的性质，使人们对人民民主专政的性质和我们国家的性质有了明确的认识。

（五）含复杂状语的句子。状语有限制性和描写性两类，公文常用的是限制性状语。状语的复杂，也表现在多项与多层上。如：

例1 在外交事务属中央人民政府管理的原则下，澳门特别行政区可以以“中国澳门”的名义，在经济、贸易、金融、航运、通讯、旅游、文化、科技、体育等适当领域，单独同世界各国、各地区及有关国际性或地区性组织进行交

往。(《中华人民共和国政府对澳门的基本政策的具体说明》)

例1中的几个状语分别从原则、名义、范围、方式及对象等方面对澳门的对外关系作了限定，意思非常明确。

例2　我部为了适应加快建设法治政府、全面推进依法行政的要求，按照《立法法》规定和国务院工作安排，对现行劳动和社会保障规章进行了全面清理。(《关于废止部分劳动和社会保障规章的决定》，《国务院公报》2008年第20号)

例2谓语部分前有三个分别表示原因、依据、对象的状语。这些复杂的状语虽然层次繁多，但是条理清楚、表意明确，体现了公文的严谨性和逻辑性。

在使用时，要注意状语的位置，比如含“关于”、“至于”、“对”介词结构作几个分句的共同状语，一定要放在主语之前。如：

例3　对国务院已确定的其他改革任务，要按照有关部署稳步推进。(《关于2012年深化经济体制改革重点工作的意见》)

公文中使用的复杂的句首状语还表现在两个以上的介宾短语接连使用，表示目的、对象、范围、依据等不同的方面。如：

例4　为规范大陆居民赴台湾地区旅游，依据《中国公民往来台湾地区管理办法》和《旅行社条例》，特制定本办法。(《大陆居民赴台湾地区旅游管理办法》)

例5　为进一步加强安全生产工作，有效防范和坚决遏制重特大事故，切实维护人民群众的生命财产安全，经国务院同意，现就继续深入扎实开展“安全生产年”活动有关事项通知如下。(《国务院办公厅关于继续深入扎实开展“安全生产年”活动的通知》国办发〔2012〕14号)

例4、例5都是由两个以上的介词短语连用，构成复杂的句首状语，这在公文中也是比较常见的。

(六) 含多项同位语的句子。同位语，又叫复指成分，在公文中应用广泛，例如“中共中央总书记、国家主席、中央军委主席胡锦涛7月23日在省部级主要领导干部专题研讨班开班式上，发表重要讲话……”(人民网2012年7月27日)

在公文中使用这种职务称谓的同位语要注意两点：(1) 按先党内后党外，由大到小的次序排列；(2) 分清性质，看准场合恰当使用。例如，李鹏同志率领党政代表团访朝，应该用“中共中央政治局委员、书记处书记、国务院副总理李鹏”；他如果带领政府代表团访日，只能用“国务院副总理李鹏”；他主持教育工作会议，就要用“国务院总理兼教育委员会主任李鹏”。在讲话、便函中，则多用某某同志，既亲切又尊重，不宜生硬地加上一大堆职务同位语。在为某同志的去世发讣告时，则要把他的全部党内外职务依次排列，并用全称，把逝世者的政治身份、社会地位准确地告诉公众，还能为讣告增添庄严肃穆的色彩。

八、公文中复句的运用

复句由两个或两个以上意义上相关、结构上互不作句子成分的分句组成。公文中经常要阐述比较复杂的事理，反映事物间的多种复杂的关系，这就需要使用表意容量大的复句来表达。特别是在一些说理性、议论性较强的公文中。

（一）复句运用特点

公文中的复句运用主要呈现以下特点：

1. 联合复句占优势。根据分句间的意义关系划分，复句可以分为联合复句和偏正复句两大类。联合复句内各分句间意义上平等，无主从之分，包括并列、顺承、解说、选择、递进五类。

公文中联合复句使用比较广泛，并且多为并列、顺承关系的复句。如：

例 1　稳增长，就是要坚持扩大内需、稳定外需，大力发展实体经济，努力克服国内外各种不稳定不确定因素的影响，及时解决苗头性、倾向性问题，保持经济平稳运行。控物价，就是要继续采取综合措施，保持物价总水平基本稳定，防止价格走势反弹。调结构，就是要有扶有控，提高经济增长质量和效益，增强发展的协调性和可持续性。惠民生，就是要坚持把保障改善民生作为工作的根本出发点和落脚点，把促进社会公平正义放在更加突出的位置，切实办成一些让人民群众得实惠的好事实事。（2012 年《政府工作报告》）

例 2　加强农村环境保护是落实科学发展观、构建和谐社会的必然要求；是促进农村经济社会可持续发展、建设社会主义新农村的重大任务；是建设资源节约型、环境友好型社会的重要内容；是全面实现小康社会宏伟目标的必然选择。（《国务院办公厅转发环保总局等部门关于加强农村环境保护工作意见的通知》国办发〔2007〕63 号）

例 1 是由四个分句组成的并列复句，例 2 是四个“是”字句并列，完整阐述“加强农村环境保护”的意义、作用和必要性。这些分句间都不相包容，没有主从之分，语义上是平等的。

2. 多为意合复句。复句由若干分句组成，分句之间的关系有时用关联词语来表示，叫关联法。不用或不能用关联词语，靠语意组合的，叫意合法。公文中很多复句都是不用关联词语，而是靠语意组合在一起的。如：

例 3　我国改革开放和社会主义现代化建设已进入新的历史时期，经济社会快速发展，一些深层次的矛盾和问题逐步显现，人民群众的民主法治意识和政治参与积极性日益提高，维护自身合法权益的要求日益强烈，政府工作需要进一步提高依法行政水平。（《国务院关于加强市县政府依法行政的决定》国发〔2008〕

17号）

例4 市县政府及其部门要定期组织对行政执法人员进行依法行政知识培训，培训情况、学习成绩应当作为考核内容和任职晋升的依据之一。（《国务院关于加强市县政府依法行政的决定》国发〔2008〕17号）

以上两例都没有使用关联词语，而是靠语义关系组合成复句。例3第一层是因果关系，第二层是递进关系。例4是递进关系的单重复句。这些例句虽然没有关联词语，但都做到表意明确、层次清楚。

3. 单层复句较多。公文语言力求简洁明快，因此其复句层次也较为简明清晰，多重复句使用比较少，多为只有一个层次的单层复句。

例5 国资委要会同有关部门积极推动国有服务企业股份制改革和战略性重组，将服务业国有资本集中在重要公共产品和服务领域，鼓励中央服务企业和地方国有服务企业通过股权并购、股权置换、相互参股等方式进行重组，鼓励非公有制企业参与国有服务企业的改革、改组、改造。（《国务院办公厅关于加快发展服务业若干政策措施的实施意见》国办发〔2008〕11号）

此外，公文中的复句还具有逻辑严密、层次清晰、关系明确、论证性强等特点。

（二）运用复句应注意的问题

写公文的目的是为了指导现实工作，解决实际问题，这就要求语言要准确、精炼、严谨、规范，而复句中包含的内容比较多，各分句间的关系也比较复杂，要想准确表达语意，做到逻辑严密、表意清晰，还必须注意以下三点：

1. 准确使用关联词语。复句由若干分句组成，分句之间有并列、顺承、解说、选择、递进、转折、条件、假设、因果、目的等关系，各种关系都有相应的关联词语。关联词语是复句内部关系的重要标志，关联词语不同，表达的意思也完全不同。无论是错认关系还是误用、滥用、缺用关联词语，都会造成表意的混乱，达不到公文的目的。所以要注意关联词语的使用，避免造成歧义和错误。

2. 恰当放置关联词语。有的关联词语位置相当固定，有的关联词语位置较为灵活，可以放在主语之前，也可以放在主语之后，但有一定条件。如果关联词语的位置错了，句子就会不通，影响表意。

公文常用关联词语的位置，主要有下列三种情况：

（1）关联词语中的副词，常用的只有“就、还、也、都、才、却、越”等几个，它们身兼两职，既起关联作用，又充当句中的副词状语，因此位置固定，放在后一个分句主语之后谓语之前。

（2）关联词语中的连词，只起关联作用，无实际意义，当几个分句有共同主语时，它放在第一分句的主语之后；如果各分句的主语不同，它放在句首。后一分句的关联连词，一定放在句首。

（3）有的关联连词，位置很固定，如倒因果句中的“之所以”、“所以”，一定要放在主谓之间。

3. 注意各分句的语序。一般来说，并列关系和选择关系分句的语序比较灵活，承接关系和递进关系的分句语序比较固定。如：

例 7 各级经办机构要严格执行社会保险基金财务会计制度，建立完整的城镇居民基本医疗保险基金收入、支出账目，切实做好城镇居民基本医疗保险基金管理工作。（《劳动和社会保障部关于印发城镇居民基本医疗保险经办管理服务工作意见的通知》劳社部发〔2007〕34 号）

这是表递进关系的意合复句，各分句间虽然没有关联词语但其内部也有一个逻辑先后关系，语义上是层层递进的，严格执行制度是基础，建立完整账目是措施，切实做好管理工作是目的、成果，语序上必须是“基础”在前，“措施”其次，“成果”在后。

第三节 公文句式

句式是根据句子的不同特点归纳出来的句子类型。句中词语类别、配置方式等不同，就构成各不相同的句式。不同句式不仅语法结构不同，而且有各具特色的修辞功能。在公文写作中常用的句式有以下几种：

一、“是”字句

“是”，是表示肯定判断的动词。用“是”作谓语的判断句，是陈述句的一种，各种公文文体都大量使用这种句型。

“是”字句的谓语部分由“是”加“宾语”构成，有两种情况：

1. 宾语由名词（包括各种名物化的实词）或名词性词组（包括主谓词组甚至复句词组）充当。表示主语和宾语两事物之间是相等关系或相属关系。例如“这是社会的巨大进步。”指示代词“这”指代的内容与“社会的巨大进步”是相属关系。

2. 宾语由非名词或非名词性词组充当，其后要加“的”字，形成“是……的”形式。公文常用这种形式来表达行文者对陈述对象（主语）的见解、看法、态度或注释。例如：

（1）2010 年的财政工作，是在中央关于稳健的财政工作的总方针指导下进行的。

（2）与会同志一致认为，召开这次会议是适时的、必要的。

（3）人口普查，是查清我国国情、国力的一项重要工作。

（4）一切从事工业品生产、农产品采购、外贸进口、商业零售、交通运输和服务性业务的单位或者个人，都是工商统一税的纳税人。

（5）重视日常工作是便利年终收支清理及编好年度决算的先决条件。

以上五个例子，都是带判断词“是”，表肯定的陈述句。在公文写作中，有时需要陈述某项工作的背景，有时需要对某项工作加以说明，有时需要总结工作的经验，有时需要对某项工作或事情作出评价。上述例（1）是陈述工作的背景；例（2）是对会议的评价；例（3）、（4）是对某一工作或某一概念的说明；例（5）是总结写作中表经验的一种写法。这些都有一个共同特点，就是以判断词“是”构成肯定的陈述句式为其特征。

二、“为了”句

以介词“为”、“为了”作语言标志，以自我说明为特征的目的句式。在公文开篇交代行文目的，是公文的一种普遍而又基本的写法。其突出的特征就是以介词“为”或者“为了”作为语言标志，由发文主体直接阐述行文的目的。

在公文中“为了”句的具体运用形式有两种：

1. 在文章的开头（篇首或导语段中），用“为了（为）”句式直接引出目的状语，交代行文的目的和缘由，这是大多数公文都普遍采用的一种基本的写法，这类句子的主语一般都省略。如：

例 1　为防范金融风险，规范市场秩序，维护社会稳定，现作出如下决定。（《国务院关于清理整顿各类交易场所切实防范金融风险的决定》国发〔2011〕38 号）

例 2　为了减少和解决女职工在劳动中因生理特点造成的特殊困难，保护女职工健康，制定本规定。（《女职工劳动保护特别规定》）

2. 在开头或正文中，运用介词“为”或“为了”引导目的状语，说明动作行为发出的目的，这类句子的主语一般不省略。如：

例 3　为了加强对此项工作的组织和领导，国务院将成立第二次全国经济普查领导小组，负责普查的组织和实施。（《国务院关于开展第二次全国经济普查的通知》国发〔2007〕35 号）

例 4　为深刻汲取“7 · 23”甬温线特别重大铁路交通事故教训，进一步加强铁路安全生产工作，着力促进高速铁路安全发展，国务院决定开展高速铁路安全大检查。（《关于开展国务院高速铁路安全大检查的通知》国办发〔2011〕28 号）

三、“要”字句

“要”字句是能愿句的一种，在公文中使用比较普遍，表示希望、提醒、命令或要求去做某件事，采取某项行动。使用“要”字句可以增强公文的论断性、坚定性和原则性，使观点明确，文字简洁，句子干净利落，有很好的表达效果。

“要”作为能愿动词在句中做述语，支配谓词性宾语。如：

例 1 各地区、各有关部门要按照国务院要求，切实把推进 2012 年重点改革工作与全面实施“十二五”规划有机结合起来，加强组织领导和统筹协调，狠抓贯彻落实，确保各项改革取得实质性进展。(《国务院批转发展改革委关于 2012 年深化经济体制改革重点工作意见的通知》国发〔2012〕12 号)

在具体的公文写作中，“要”前面的主语经常省略。如：

例 2 对国务院已确定的其他改革任务，要按照有关部署稳步推进。牵头单位对任务实施负总责，各参与单位要积极配合，加强协作。(同上)

另外，“要”与其所支配的动词之间还可以插进一些别的成分，如：

例 3 发展改革委要进一步完善统筹协调推进改革的工作机制，切实加强对重点改革工作的协调指导和督促检查，及时将进展情况和重大问题报告国务院。(同上)

四、“应当”句

由能愿动词“应”、“应当”做述语，所支配的谓词性宾语有的由动词做中心语，有的由形容词做中心语，根据“应（应当)”后接成分词性的不同，可以分成两种表现形式：

(一) 主语+应（应当） +动词

例 1 占用耕地建房或者从事非农业建设的单位或者个人，为耕地占用税的纳税人，应当依照本条例规定缴纳耕地占用税。(《中华人民共和国耕地占用税暂行条例》,《国务院公报》2008 年第 1 号)

(二) 主语+应（应当） +形容词

例 1 化妆品标识内容应清晰、醒目、持久，使消费者易于辨认、识读。(《食品标识管理规定》,《国务院公报》2008 年第 14 号)

“应（应当)”作为能愿动词放在动词、形容词前面表示客观的必要性，是一种原则性的规定或要求。

五、“必须”句

能愿动词“须”、“必须”位于动词前，支配这个动词，做述语。如：

例 1 施工现场的安全防护用具、机械设备、施工机具及配件必须由专人管理，定期进行检查、维修和保养，建立相应的资料档案，并按照国家有关规定及时报废。(《公路水运工程安全生产监督管理办法》中华人民共和国交通部令

2007年第1号)

例2 各地区、各部门必须深入贯彻科学发展观，转变经济发展方式，下大力气解决危害人民群众健康和影响经济社会可持续发展的突出环境问题，努力建设环境友好型社会。(《国务院关于印发国家环境保护“十一五”规划的通知》国发〔2007〕37号)

“须（必须）”后面也可以插入其他成分，如上例的“必须深入贯彻”。

六、“在”字句

“在”字句是一种存现句，“在”和名词性成分组成介宾短语。和大多数介词一样，介词“在”是由动词嬗变来的，今天“在”有时仍可作为动词。如“他在这儿”，在简单主谓句中，“在”可以充当谓语动词，直接带宾语。作为介词的“在”与宾语组合时往往丧失其独立性，如“他在水瓶中放茶叶”。

在公文语言中，这种情况尤为明显，只不过“在”后面的名词性成分表义上比较抽象罢了。主要表现为“在”和宾语是用来表时间、地点、过程、条件、范围等。

（一）用来表时间、过程的

例1 在工业化和城镇化发展进程中，要更加重视农业现代化。必须坚持把解决好“三农”问题作为各项工作的重中之重，进一步加大强农惠农富农政策力度，巩固和发展农业农村好形势。(2012年《政府工作报告》)

例2 我国发展仍处于重要战略机遇期，在较长时期内继续保持经济平稳较快发展具备不少有利条件。(同上)

（二）用来表地点

例1 今年在京津冀、长三角、珠三角等重点区域以及直辖市和省会城市开展细颗粒物（PM 2.5）等项目监测，2015年覆盖所有地级以上城市。(2012年《政府工作报告》)

（三）用来表示条件，常用“在……下”

例1 过去的一年，面对复杂多变的国际政治经济环境和艰巨繁重的国内改革发展任务，全国各族人民在中国共产党领导下，同心同德，团结奋进，改革开放和社会主义现代化建设取得新的重大成就。(2012年《政府工作报告》)

例2 在全球通胀预期不断增强，国际市场大宗商品价格高位波动，国内要素成本明显上升，部分农产品供给偏紧的严峻形势下，我们把稳定物价总水平作为宏观调控的首要任务，坚持综合施策，合理运用货币政策工具，调节货币信贷增速，大力发展生产，保障供给，搞活流通，加强监管，居民消费价格指数、工业生产者出厂价格指数涨幅从8月份起逐月回落，扭转了一度过快上涨势头。

(2012年《政府工作报告》)

例3 继续推进保障性安居工程建设，在确保质量的前提下，基本建成500万套，新开工700万套以上。抓紧完善保障性住房建设、分配、管理、退出等制度。采取有效措施，增加普通商品住房供给。(同上)

(四)用来表示范围，常用“在……内”、“在……上”、“在……方面”

例1 在全国范围实施原油、天然气资源税从价计征改革，出台营业税改征增值税试点方案。(2012年《政府工作报告》)

例2 抓改革，就是要以更大的决心和气力推进改革开放，着力解决影响经济社会长期健康发展的体制性、结构性矛盾，在一些重点领域和关键环节取得新突破。(同上)

例3 提出居民消费价格涨幅控制在4%左右，综合考虑了输入性通胀因素、要素成本上升影响以及居民承受能力，也为价格改革预留一定空间。(同上)

例4 要在有效实施宏观经济政策、管好货币信贷总量、促进社会总供求基本平衡的基础上，搞好价格调控，防止物价反弹。(同上)

例5 认真落实西部大开发新10年的政策措施，加大实施中部地区崛起战略的力度，加快推进东北地区等老工业基地振兴，积极支持东部地区转型发展、在更高层次上参与国际竞争与合作。(同上)

(五)“在”组成的介宾短语也可以作定语

作定语时，“在”组成的介宾短语一般修饰名词性词组，介宾结构后加“的”。如：“在不同年龄、经历和教养的人身上，情况可以不同。”

七、“将”字句

以“将”字结构组成的宾语提前句式。现代公文写作中常有许多双宾语，往往用“将”或“把”字把谓语动词的受事宾语提前，突出所强调的表述对象，引起受文对象注意，使所表达的内容更确切。在批转、转发性通知以及充当“文件头”的报告、通知的开头起笔处，常采用这种句式。如：“现将省公安厅《关于加强当前安全保卫工作的通知》转发给你们，请认真贯彻执行。”（这是一份转发性通知）“现将我局《2011年工作计划》送上，请审示。”（这是一份文件头）

以上两个例句都是经过修辞处理的宾语提前句式，即“将”字结构的第二宾语提前。假若我们不作修辞，按照它的同义内容应写作“现转发给你们省公安厅《关于加强当前安全保卫工作的通知》，请认真贯彻执行”。“现送上我局《2009年工作计划》，请审示”。相比之下，我们看到前者语言刚劲有力，因为它运用“将”字把第二宾语（文件名称）前置，而后者就显得语言相对平淡。实际它们在字数上并无什么差异，只是宾语前置，显然，这种“将”字提宾的句式要比诸如“现在发给你们……”之类的正规陈述句具有较强的修辞表达效果。

八、“的”字句

“的”字句是指含有“的”字短语的句子。所谓“的”字短语是指由助词“的”附着在实词或短语后面组成，属于名词性短语。

（一）“的”字句种类

公文中的“的”字短语主要有以下几种：

1. 状中短语+的，如：

例1　已经减缓的，全部或者部分追缴。（《关于规范专利申请行为的若干规定》，《国务院公报》2008年第11号）

2. 动宾短语+的，如：

例2　对历史建筑实施原址保护的，建设单位应当事先确定保护措施，报城市、县人民政府城乡规划主管部门会同同级文物主管部门批准。（《历史文化名城名镇名村保护条例》，《国务院公报》2008年第15号）

3. 主谓短语+的，如：

例3　情节严重的，可以处以人民币200元以上1000元以下的罚款或者暂停执照持有人行使执照权利3至6个月。（《航空安全员合格审定规则》，《国务院公报》2008年第5号）

不论是状中短语、动宾短语还是主谓短语，加“的”之后都构成名词性短语，具有名词性特征，可以充当主语、宾语。

（二）“的”字句的运用特点

公文中“的”字句运用非常广泛，“的”字短语在句中主要作主语、宾语。例如：

例4　在中华人民共和国境内以招标、拍卖或者挂牌出让方式在土地的地表、地上或者地下设立国有建设用地使用权的，适用本规定。（《招标拍卖挂牌出让国有建设用地使用权规定》，《国务院公报》2008年第14号）

例4中的“的”字短语位于句首，作整个句子的主语。而且“的”字短语内部还有一个动宾短语。

例5　对存在重大安全事故隐患但拒绝整改或者整改效果不明显或者发生重特大安全事故等不再具备安全生产条件的，公路水运工程安全生产监督管理部门应当向安全生产许可证颁发部门通报，建议暂扣或者吊销安全生产许可证。（《公路水运工程安全生产监督管理办法》，《国务院公报》2008年第1号）

例5中“的”字短语作介词“对”的宾语，共同组成介宾短语作状语，表示对象。

例6 第十条 有下列情形之一的，直属检验检疫机构应当对出口食品生产企业实施现场检查：

（一）进口国（地区）有特殊注册要求的；

（二）必须实施危害分析与关键控制点（HACCP）体系验证的；

（三）未纳入食品生产许可管理的；

（四）根据出口食品风险程度和实际工作情况需要实施现场检查的。（《出口食品生产企业备案管理规定》）

例6中“的”字短语是做动词“有”的宾语，并且其中还包含了一个提示句。这种用法在公文中，特别是法规和规章性公文中比较常见。

九、省略句式

（一）省略句的形式

公文语言的最大特点就是简要精练、言简意赅，为了达到行文简洁，避免冗繁累赘，公文中经常运用省略句式，一些可说可不说的部分都省去不说，如：

例1 若无监测数据（或监测频次不足），可根据上述适用范围，火电厂选用物料衡算法，钢铁、化工、造纸、建材、有色金属、纺织等行业企业选用排放系数法。（《主要污染物总量减排统计办法》，《国务院公报》2008年第1号）

例2 按照排放强度法对统计数据进行核算（详见附件）。（同上）

这两个例句都是省略句，但它省去的成分根据上下文可以补出来，并不影响收文者准确理解行文意图，省略句与完全句一样，能够表达完整的意思。

（二）省略句的分类

1. 承前省略。

（1）主语承前省略。在公文中，主语承前省略是最常见的。如：

例3 人民银行、金融监管机构等要引导和鼓励各类金融机构开发适应服务企业需要的金融产品，积极支持符合条件的服务业企业通过银行贷款、发行股票债券等多渠道筹措资金。逐步将收费权质押贷款范围扩大到供水、供热、环保等城市基础设施项目。（《国务院办公厅关于加快发展服务业若干政策措施的实施意见》国办发〔2008〕11号）

例3是并列关系的复句，后面的分句与前一分句的主语相同，为避免重复，后一分句承前省略了主语，使语言表达更加简洁精练。

一般来说，复句中几个分句的主语不同，是不能省略的。但是，只要不造成理解的困难和错误，在公文中也可以省略，例如：

例4 各级人民政府应当加强对地震灾后恢复重建工作的领导、组织和协调，必要时成立地震灾后恢复重建协调机构，组织协调地震灾后恢复重建工作。

(《汶川地震灾后恢复重建条例》,《国务院公报》2008 年第 19 号)

例 4 前一分句的主语是"各级人民政府",最后一句的主语应该是"地震灾后恢复重建协调机构",是承前句宾语省略。

还有的是承前句状语省略,如:

例 5　知识产权局、发展改革委、教育部、科技部、工业和信息化部、财政部、商务部、工商总局、版权局、中科院《关于加强战略性新兴产业知识产权工作的若干意见》已经国务院同意,现转发给你们,请认真贯彻执行。(《国务院办公厅转发知识产权局等部门关于加强战略性新兴产业知识产权工作若干意见的通知》国办发〔2012〕28 号)

例 5 中"现转发给你们"和"请认真贯彻执行"的主语应该是国务院,这里是承前句状语省略。这种用法在批转性通知、令、公告等文种中使用比较多。

(2) 宾语承前省略。公文句式中,如果宾语前面出现,后续分句的宾语也可以承前句省略,例如:

例 6　为规范管理高等学校学生勤工助学工作,促进勤工助学活动健康、有序开展,保障学生的合法权益,帮助家庭经济困难学生顺利完成学业,教育部、财政部联合制定了《高等学校学生勤工助学管理办法》,现印发给你们,请遵照执行。(《教育部、财政部关于印发〈高等学校勤工助学管理办法〉的通知》教财〔2007〕7 号)

例 6 中"印发"和"遵照执行"的宾语是"《高等学校学生勤工助学管理办法》",这是承前句宾语省略。

公文句式中一般不省略谓语。公文中的主语承前省略,可以承前句主语省略,也可以承前句宾语省略,还可以承前句状语省略。同样,宾语也可以承前省略,这种种省略都是汉语灵活性的表现。

2. 蒙后省略。蒙后省略通常是前句蒙后句的主语省略,如:

例 7　从事公路水运工程建设活动,从业单位应当具备法律、行政法规规定的安全生产条件。(《公路水运工程安全生产监督管理办法》中华人民共和国交通部令 2007 年第 1 号)

上例中前一分句的主语与后一分句的相同,前句主语蒙后省略。公文中蒙后省略的句子比较少。

3. 兼语省略。公文句式中,常常见到兼语省略句,这可以看作是特定语境中的省略。例如:

例 8　现将《国家知识产权战略纲要》印发给你们,请认真贯彻实施。(《国务院关于印发国家知识产权战略纲要的通知》国发〔2008〕18 号)

例 8"请"后面省略了兼语"你们"。兼语通常是受文对象,无须说出,不言自明，因此就构成了兼语省略句。

十、缩合句

缩合句是指把两个或两个以上的句子通过结构上的减缩，合成一个句子。公文为了使语言简洁，常常使用缩合句。缩合句，不仅可以使句子简洁凝练，还可以增强语势，使句子明快有力。如：

例 1　重整计划未获人民法院批准的，人民法院裁定终止重整程序，并宣告证券公司破产。（《证券公司风险处置条例》，《国务院公报》2008 年第 15 号）

例 1 是用连词“并”将两个表并列关系的复句缩合在一起，如果把它们分开，变成“……人民法院裁定终止重整程序。”“……人民法院宣告证券公司破产。”这样一来，句子就会显得拖沓松散，软弱无力。

公文中运用缩合句的形式是多种多样的。

（一）兼语句和联合复句缩合

例 2　积极引导和鼓励农民使用生物农药或高效、低毒、低残留农药，采取灌排分离等措施控制农田氮磷流失。（《国务院办公厅转发环保总局等部门关于加强重点湖泊水环境保护工作意见的通知》国办发〔2008〕4 号）

例 2 是把兼语句和联合结构的复句缩合成一个句子，即兼语的陈述部分是一个联合复句的结构形式。兼语句一般表达使令意义，即甲使（责令、鼓励）乙做什么、怎么样，复句一般表达的内容比较复杂，将两者结合起来，缩合成一句话，可以使语言简短凝练，明快有力。

（二）去掉分句或短语中的某些重复部分，然后组合成联合短语进入句子

例 3　《2012 年全国打击侵犯知识产权和制售假冒伪劣商品工作要点》已经国务院同意，现印发给你们，请认真贯彻执行。（《国务院办公厅关于印发 2012 年全国打击侵犯知识产权和制售假冒伪劣商品工作要点的通知》国办发〔2012〕30 号）

例 4　市县政府及其部门要建立健全公众参与重大行政决策的规则和程序。（《国务院关于加强市县政府依法行政的决定》国发〔2008〕17 号）

例 5　宣传、贯彻、执行有关安全生产的法律、法规，按照法定权限制定公路水运工程安全生产管理规章和技术标准。（《公路水运工程安全生产监督管理办法》，《国务院公报》2008 年第 1 号）

这种缩合句是“五四”以后吸收外语中有用的东西，首先在政论、公文、科技等语体中发展起来的。这种缩合句的缩合部分一般是做状语或谓语。

（三）采取句中成分共用方法组成缩合句

这种缩合句在公文中，特别是在法规和规章性公文中使用较为普遍。法规类

公文在语言组织上多用条款式的表达方式，成分共用后，就可以利用分列的形式概括和列举较为复杂的内容。例如：

例 6　这次灾害性天气正值春运高峰，持续时间长、影响范围广、危害程度深。（《国务院批转煤电油运和抢险抗灾应急指挥中心关于抢险抗灾工作及灾后重建安排报告的通知》国发〔2008〕6 号）

例 6 是共用主语的缩合句，这样的表达既简洁精练又相当紧凑严密。

十一、提示句

（一）提示句的表现形式

公文中常常使用大量的提示成分来概括一些复杂的情况。公文中的提示成分是指句子中分列的各成分，它与句中的某一成分构成总括关系或复制关系。这样的句子称之为提示句，提示句中带有标志性的词语有“下列”、“以下”、“如下”等。

例 1　电力监管机构工作人员在编制发布电力监管报告工作中有下列情形之一的，依法追究其责任：

（一）有意隐瞒或者夸大事实的；

（二）玩忽职守造成信息、数据严重失实的；

（三）违反规定擅自对外公布报告内容的；

（四）违反国家有关保密规定的。（《电力监管报告编制发布规定》，《国务院公报》2008 年第 13 号）

提示句与缩合句的区别在于，提示句中的提示成分并不是共用句子的某一成分，而是句中某一成分所概括的具体情况的列举。如例 1 中的四项具体条款是定语“下列情形”的提示成分。

（二）提示句的运用特点

公文中提示句的运用比较广泛，具体可以分为以下几种情况：

1. 主语提示句。分列的具体条款是句中主语的提示成分。如：

例 2　取得校车使用许可应当符合下列条件：

（一）车辆符合校车安全国家标准，取得机动车检验合格证明，并已经在公安机关交通管理部门办理注册登记；

（二）有取得校车驾驶资格的驾驶人；

（三）有包括行驶线路、开行时间和停靠站点的合理可行的校车运行方案；

（四）有健全的安全管理制度；

（五）已经投保机动车承运人责任保险。（《校车安全管理条例》）

2. 宾语提示句。分列的具体条款是句中宾语的提示成分。如：

例 3　第七条　申请借展大熊猫，应当提交下列书面材料：

（一）野生动物保护管理行政许可事项申请表；

（二）借展双方的法人证书、组织机构代码证等单位证明材料；

（三）借展双方具有大熊猫物种的国家重点保护野生动物驯养繁殖许可证；

（四）借展双方签订的借展协议；

（五）借出方大熊猫圈养种群状况说明材料；

（六）借展大熊猫个体谱系号、标记等身份证明材料；

（七）借入方借展活动及大熊猫饲养管理、科普教育方案；

（八）借展双方省级人民政府林业行政主管部门对借展活动的书面意见。（《大熊猫国内借展管理规定》）

3. 谓语提示句。分列的具体条款是句中谓语的提示成分。如：

例 4 增值税起征点的幅度规定如下：

（一）销售货物的，为月销售额 5000 ~ 2 万元；

（二）销售应税劳务的，为月销售额 5000 ~ 2 万元；

（三）按次纳税的，为每次（日）销售额 300 ~ 500 元。（《中华人民共和国增值税暂行条例实施细则》）

4. 状语提示句。分列的具体条款是句中状语的提示成分。如：

例 5 海事管理机构在监督检查过程中对下列事项应当在船舶签证簿中予以记载，并通报船籍港海事管理机构：

（一）船舶受到海事行政处罚的；

（二）船舶发生水上交通事故和船舶污染事故的；

（三）船舶被禁止离港的。（《中华人民共和国船舶签证管理规则》，《国务院公报》2008 年第 5 号）

5. 定语提示句。分列的具体条款是句中定语的提示成分。如：

例 6 具备下列条件的城市、镇、村庄，可以申报历史文化名城、名镇、名村：

（一）保存文物特别丰富；

（二）历史建筑集中成片；

（三）保留着传统格局和历史风貌；

（四）历史上曾经作为政治、经济、文化、交通中心或者军事要地，或者发生过重要历史事件，或者其传统产业、历史上建设的重大工程对本地区的发展产生过重要影响，或者能够集中反映本地区建筑的文化特色、民族特色。（《历史文化名城名镇名村保护条例》，《国务院公报》2008 年第 15 号）

十二、兼语句

兼语句是由兼语短语充当谓语或独立成句的句子。兼语句中述宾短语和主谓短语套叠，述宾短语的宾语兼作主谓短语的主语。公文中常用到兼语句。如：

例 1　鼓励和支持有条件的企业到台湾投资兴业，推动建立两岸产业优势互补的合作机制，促进两岸经济共同发展。

例 2　扶持有条件的中医药企业、医疗机构、科研院所和高等院校开展对外交流合作。

十三、连谓句

即由连谓短语充当谓语的主谓句，或者是由连谓短语直接构成的非主谓句。连谓句的主要特点是：两个或两个以上的谓词性词语连用，中间没有语音停顿，也没有关联词语，它们在意义上都能与同一主语发生主谓关系，即都是陈述同一主语的。公文中的连动句中常用的动词有“贯彻落实”、“研究制定”、“制定落实”、“编制实施”等。例如：

例 1　适时研究制定有关少数民族文化保护和发展的法律法规和政策措施。

例 2　研究制定有利于公立中医医院发挥中医药特色优势的具体补助办法。

公文句式运用中应注意的几点问题：

1. 根据不同文种，合理运用各种句式。不同的文种，有其特定的写作形式和要求，在具体写作过程中，要根据文种特点，结合实际情况，合理运用各种句式。例如“要”字句和“应该”句，两者都属于能愿句式，但后者语气更强一些，表现一种强制力和规定性，适合于法规和规章性公文，而在通知、意见、批复、公告等一般性公文中，则不宜过多使用语气比较强硬的“应该”句。

合理运用句式还表现在各种句式的灵活交叉运用，这样可以使单调、程式化的公文语言多元化，使随意繁冗的语言简洁化、规范化，充分发挥各种句式的表达作用，从而展现公文语言丰富多彩的一面。

2. 长短句搭配使用，使行文富于变化。长句是指形体长、词数多、结构比较复杂的句子；短句是指形体短、词数少、结构比较简单的句子。长句表意严密、气势畅达，短句简明活泼、刚劲有力。长句和短句各有其特点，如果一味地只用短句，会使文章气势减弱，流于繁琐。但如果过多运用复杂的长句，又会使行文显得臃肿，难于理解。因此，公文写作中既不能单纯使用长句，也不能一味使用短句，而应将二者有机地结合起来。长短句交替运用，兼容并取、错落有致，可以使行文富于变化，从而增强其表达效果。

3. 尽量少用无主句，以免造成理解困难。公文中大量运用动词性非主谓句，这种动词性非主谓句的运用，虽然使结构更顺畅，语言更简练，但是如果频繁连续地运用，就会造成行为主体不明确，具体措施、意见和要求难以真正得到贯彻执行，甚至有些说空话套话的嫌疑。因此，无主句必须在语意明确，不会引起混乱和误解的前提下运用，必须能够表达完整的意思，保证公文的明确性和现实可行性。

4. 尽量缩减修饰语，使行文简明畅达。公文中绝大多数句子都是复杂的主谓句，在主语、谓语、宾语前面都带有多个修饰限定成分，包括整个句子前面带有复杂的全句修饰语，这是由公文表达内容的复杂性所决定的。但如果修饰语过长，时间、目的、意义、对象、依据等方方面面，一一道来，重要的主句部分很短，而次要的修饰语部分却很长，这样必定会使句子头重脚轻，重点不突出，表意不明确。因此，在实际写作过程中，要尽量缩减不必要的修饰成分，有些带有普遍性的，可说可不说的就省去不说，还可以通过调整位置，变换形式来使句子更匀称，表达更清晰。

第五章　公文词语

第一节　公文专用词语

一、什么是公文专用词语

公文专用词语，是在长期的公文写作和处理中经常使用且约定俗成的、具有特定的内涵、固定的结构和稳定的用途的词语。它在公文写作中使用率高，实用性强。

公文专用词语的运用不具有强制性，可以根据公文内容和行文目的而恰当选用。这样不仅使公文表意精当得体、庄重典雅，而且还可以增强公文的可读性，使阅文者容易理解，便于执行，从而提高公文制发和处理的质量和效率。

二、公文专用词语分类

（一）称谓指代用语

是指在公文中表示指代称谓关系的词语。

称谓指代用语分为第一人称、第二人称、第三人称三种，主要用于帮助明确表达公文内容的指定称谓，使行文准确、简明、清晰。

第一人称有“我”、“本”，其后加上“部”、“委”、“局”、“公司”、“校”等机构名称代字。“我”常表示发文作者与受文机关属于同一组织系统，二者关系比较密切。“我”与第二人称的“你”可以对称使用。“本”与“我”有时也可以通用，但“本”比“我”更具郑重、严肃的色彩，常用于比较庄重的正式场合。例如：

例1　我校今年的招生工作已结束。

例2　本国与贵国政府通力合作，确保此事得到圆满解决。

第二人称有“贵”、“你”，其后加上“部”、“委”、“局”、“公司”、“校”等机构名称代字。“贵”与“你”不能完全通用。“贵”表示行文双方具有正式的工作关系，并特别表示对对方机关的尊敬和礼貌，常用于涉外公文和不相隶属机关的正式行文中。“你”比较平易随和，多用于下行文或平行文中。例如：

例1　真诚希望能与贵公司携手合作，共同发展。

例2 你省《关于申请将蓬莱市列为国家历史文化名城的请示》(鲁政发〔2009〕101号)收悉。

第三人称有“该”，其后加上表示人、机构、事物的名称代字，用来指代上文中提到的人、机构、事物。“该”的使用可以减少重复并有助于增添公文的郑重色彩。公文中第一次使用“该”时，必须在上文中已出现过所指代的人、机构或事物的全称，以避免指代不明，造成公文歧义。例如：

例1 该公司已超额完成了今年的生产任务。

例2 对煤矿安全监察分局作出的具体行政行为不服的，向该分局所隶属的省级煤矿安全监察局申请行政复议。

此外，还有一种是带敬意的涉外称谓词，如“陛下”、“殿下”、“夫人”等。

(二)开端用语

用来表示行文的目的、缘由、依据、范围，或用来表示时间等。

常用的开端用语有：据、兹、兹因、兹有、兹将、兹奉、兹派、承蒙、鉴于、查、据查、近查、为、为了、为使、根据、遵照、按照、鉴于、由于、关于、欣值、为了……特等。例如：

例1 同意有必要在业已存在的传统友好合作关系基础上，进一步发展两国更加紧密的战略合作伙伴关系，兹达成协议如下。

例2 兹有我部同志前赴贵县参技术观摩表演，请予接洽。

例3 承蒙一些单位、个人提供材料和采访方便，谨在此表示谢意！

例4 遵照集团军党委的要求，我们圆满完成了全年的装备更新工作任务。

例5 为积极稳妥推进户籍管理制度改革，经国务院同意，现将有关事项通知如下。

例6 鉴于阿富汗反恐的大规模军事行动已经告一段落，上海合作组织成员国认为，反恐联盟有关各方有必要确定临时使用上海合作组织成员国上述基础设施及在这些国家驻军的最后期限。

例7 根据《中华人民共和国民法通则》第一百零六条第一款的规定。

(三)引叙用语

用以开宗明义地引出制发公文的根据、理由或公文的具体内容。使语言表达直截了当，开门见山。

常用的引叙用语有：接、前接、顷接、近接、现接、悉、近悉、欣悉、信悉、电悉、阅悉、获悉、痛悉、惊悉、已悉、均悉、收悉、谨悉、详悉、知悉、闻、近闻、惊闻、欣闻、喜闻、查、奉、值此、根据、依照、本着、收、前收、近收、现收等。例如：

例1 欣悉你们进行的“长征三号甲”运载火箭首次飞行试验获得成功。

例2　顷接有关部门函告。

例3　你省《关于抢修塔尔寺古建筑群的请示》收悉。现就有关问题批复如下……

例4　值此广西壮族自治区成立30周年之际……

例5　惊悉中国国民党主席蒋经国先生不幸逝世。

例6　电悉贵部装备技术项目革新取得成功，特表祝贺。

例7　本着实事求是的原则，调查并处理好此次事故。

例8　欣闻莫言先生荣获2012年诺贝尔文学奖，我们表示热烈祝贺！

（四）经办用语

主要引出对有关事件办理过程的叙述和说明。用来交代工作开展条件，简单介绍工作过程，表明处理时间及其他相关情况。使用时要注意其在表达次数和时态方面的差异，以便有选择地使用。

常用的经办用语有：经、业经、已经、兹经、即经、并经、复经、前经、后经、报经、拟等。例如：

例1　检验报告经检验人员签字后，由检验机构负责人签署。

例2　兹经考虑，认为扩大的波兰临时政府，应得到各同盟国政府的承认。

例3　代表们所提全部提案，均经大会秘书处汇编完毕，并已交有关部门研究处理。

例4　关于我校扩建计划，业经市教委批准。

（五）承启用语

主要用于使公文从对事实的介绍述说转为对问题的阐发概括，从而起到过渡作用，使行文简明，便于上下文前后呼应、彼此关照，为公文的有效阅读提供便利。

常用的承启用语有：为此、对此、据此、故此、就此、因此、综上所述、总之、总而言之、有鉴于此、由此可见、以上各条，为了（根据）……特……，现将（特）……如下等。例如：

例1　为此，国务院决定，在坚持中央与地方共同负担出口退税的前提下完善现有机制。

例2　希望两国研究机关就此继续进行深入探讨，在两年内如期完成研究报告并向政府提出政策建议。

例3　有鉴于此，扩建体育场的项目，拟待明年再行安排。

例4　综上所述，我公司出售留残白芀，开发综合利用，符合国家有关部门的规定。

例5　为了丰富群众文化生活，促进社会主义精神文明建设，特制订计划如下。

例 6 为规范大陆居民赴台湾地区旅游，依据《中国公民往来台湾地区管理办法》和《旅行社条例》，特制定本办法。

（六）期请用语

主要用于向受文者表示请求或希望，是一种尊重对方，语气和气的公文礼貌用语。除法规公文外，大多数公文可以用这类词语。

常用的期请用语有：请、请予、拟请、恳请、敬请、谨请、务请、烦请、望请、敦请、务、务即、望即、敬希、希予、希望、尚望、切望、盼、切盼、急盼、渴盼等。

例 1 得先生复电，兹为团结大计，特先派周恩来同志前来进谒，希予接洽，为恳。

例 2 以上问题，恳请领导尽快解决。

例 3 是否同意合作，烦请尽快回复。

例 4 接此通知后，望即组织领导干部认真学习。

（七）表态用语

主要用于表示对事物的认识、态度、主张等。

常用的表态用语有：应、应将、应予、应即、应以、理应、确应、本应、迅即办理、拟予、准予、特予、不予、定予、希予、缓议、再议、同意、不同意、原则同意、拟同意、原则批准、可行、不可、供参考、照办、责成、准予备案、存案备查、业已颁布、贯彻执行、遵照执行、参照执行、比照执行、研究办理、照此办理、酌情处理、立即试行、以供参考等。例如：

例 1 世界上的事情应由各国平等协商解决，发展中国家在国际事务中理应享有平等参与权与决策权。

例 2 美国理应正视自己在价码方面存在的问题，反省自己在人权问题上的错误立场。

例 3 到会成员对任免事项，应当发表同意、不同意或缓议等明确意见。

例 4 对蓄意破坏电力设施者，定予严惩。

例 5 校团委拟于五月二日举行“五四”演讲比赛。

例 6 同意将新疆维吾尔自治区库车县列为国家历史文化名城。

例 7 原则同意《东北振兴“十二五”规划》（以下简称《规划》），请认真组织实施。

例 8 国务院同意发展改革委《关于 2012 年深化经济体制改革重点工作的意见》，现转发给你们，请认真贯彻执行。

（八）结尾用语

主要用于表示行文目的、要求，包括执行要求；或表示感激、盼望、训诫等方面的公务实用特色，同时也给阅文者以正文已结束的明确认识。

常用的结尾用语有：此复、此令、此布、特此函复（函达）、特此报告、专此报告、特此通告、特此通知，特此批复、自……起施行，敬希届时出席为盼，现予发布实施，以上报告如无不妥，请批转各地执行，为荷、为盼、为要、为宜、为妥、谨此等。例如：

例1 以上事项，请尽快函复为盼。

例2 《女职工劳动保护特别规定》已经2012年4月18日国务院第200次常务会议通过，现予公布，自公布之日起施行。

例3 旅党委扩大会议提出了强化基层装备工作的一系列重要措施，望各级认真贯彻为要。

例4 兹介绍我部王诚等三同志前去贵校学习电脑多媒体制作技术，请予接洽为荷。

（九）征询用语

主要用于体现公文的行文关系及高度的组织观念，同时也表示有礼貌地征求意见，带有探询、商洽、请求的语气，表示对上级的尊重。

常用的征询用语有：妥否、当否、可否、能否、定夺、斟酌、酌情、酌量、是否可行、是否妥当、如无不妥、请予批转、是否同意、意见如何、有无意见、请批示等。例如：

例1 此事已请示刘仁同志同意，当否，请批示。

例2 请酌量支援一批图书资料。

例3 关于我团着眼高科技战争，立足现有装备，开展技术革新一事，请师领导予以定夺。

例4 贵部支援我部的装备工作录像资料，能否在5月5日前送到，望告。

（十）时态用语

是在公文中用来表示时间状态或时间要求的词语。不同的时间状态要选用不同的时态词语。

常用的时态用语主要有：兹、现、顷、即将、行将、即行、一向、一直、届时、届此、值此、定于、希于、定期、如期、按期、先期、限期、为期、预期、逾期、亟待、已、已经、立即、即刻、即日、日内、日前、不时、不日、日趋、日益、他日、改日等。例如：

例1 目前，本市人、畜饮水问题亟待解决。

例2 该厂订购的机械设备，已如期运抵目的地。

例3 定于12月29日晚七时半举行迎新年晚会，请届时参加。

例4 定于周六下午召开学生工作座谈会，望准时出席。

例5 希于接此通知的一个月内，将应参加“基层装备建设研讨会”的人员名单报装备处。

例6 要定期召开基层装备工作形势分析会，以切实加强部队基层装备工作。

例7 CH4号“星火工程”的全面开工已为期不远，请抓紧全面完成准备事宜。

例8 今后凡发生大事、要事，一律依照《大事报告制度》的有关规定按期、按要求如实上报，不得有误。

（十一）报送用语

主要用于表示公文或者有关资料上报过程、方式或要求。

常用的报送用语主要有：呈请、呈报、呈文、呈送、呈交、呈上、谨呈、报请、报经、径报、送达、报批、申请、申报、送达、送审、送请、提请、提交等。例如：

例1 公司章程由发起人制订，交法院或公证人认可，呈报政府有关部门进行登记，申请批准，并在指定的报刊上予以公布。

例2 此问题事关重大，将我们的意见呈请上级批准后再作答复。

例3 对此间发生重大问题的处置，事先一律报请党委审定，不得自作主张、擅自处理。

例4 我团《关于××体制的改革方案》，已报经集团军批准。

例5 一般纳税人纳税申报的具体办法如下。

例6 你公司的文件，本公司将在一小时内送达。

例7 请于7月15日前，将第二季度的生产情况统计报表报送我处。

（十二）颁行用语

主要用于文件颁发、执行方式、办理过程或要求。

常用的颁行用语有：颁布、公布、发布、颁发、颁行、宣布、制定、制订、条文、条目、对照、参照、参考、奉命、奉、转发、下发、下达、批转、审批、阅批、暂行、试行、施行、履行、执行、遵照执行、参照执行、暂缓执行、酌情执行、研究执行、认真执行、贯彻执行、切实执行等。例如：

例1 从1949年建国开始到1957年7月止，由中央国家机关颁布的法律、法令、条例、规章等法律、法规件。共有4018件。

例2 现将《中国人民解放军房地产管理条例》颁发全军执行。

例3 居民的身份证，由公安机关负责颁行和管理。

例4 《新兵行政管理暂行规定》。

例5 此项办法可以先在小范围内做些试行，待摸索总结经验成熟后再普遍推行之。

例6 最近一个时期，我们单位相继制订了防火、门卫等安全管理制度。

例 7 关于你库防火设施建设的验收标准，可与 × × 库的验收标准相对照，不必另制标准。

例 8 《女职工劳动保护特别规定》已经 2012 年 4 月 18 日国务院第 200 次常务会议通过，现予公布，自公布之日起施行。

例 9 知识产权局、发展改革委、教育部、科技部、工业和信息化部、财政部、商务部、工商总局、版权局、中科院《关于加强战略性新兴产业知识产权工作的若干意见》已经国务院同意，现转发给你们，请认真贯彻执行。

例 10 《2012 年全国打击侵犯知识产权和制售假冒伪劣商品工作要点》已经国务院同意，现印发给你们，请认真贯彻执行。

（十三）查办用语

用于表达对公文的核对、核定、审查、办理要求等。

常用的查办用语有：核发、核定、核对、核算、核实、核准、核销、审议、审核、审定、审查、审订、审批、审阅、查询、查证、查实、查明、查照、查办、查收、查点、查复、存查、存档、备查、备案、酌定、酌办、催办、承办、注办等。例如：

例 1 请办公室对此文稿作进一步审订。

例 2 同意军械科的工作计划，请旅首长审定。

例 3 对 2003 年的旅装备经费预算，请财务科审核后拿出初步意见，一并提交旅首长办公会议审定。

例 4 对密级文件要认真进行查点，按期清退。

例 5 兹将年度报表一式六份送上，请查收。

例 6 关于你旅 6 月 17 日发生的弹药事故，请速查复。

例 7 应届毕业生报考高校的有关问题，请向 × × 市招生办查询。

例 8 该车使用的汽车牌照，已于 2010 年被核销。

三、使用专用词语应注意的问题

公文常用的专业词语，各有其特定的功用，在公文写作中应特别注意以下三点：

1. 仔细辨析相近专用词语的词义，严格区分它们的使用界限，准确选用合适的词语。上述公文专用词语，各有其特定的含义，具有不同的用途。因此，公文写作中必须做到正确使用，要真正弄清每一专用词语的确切含义，不可混淆错用。例如，何处应用“为荷”，何处应用“为要”，何处应用“为盼”，均有特定的使用要求。再如“签发”与“签署”；“应该”与“必须”；“申请”与“申报”；“审核”与“审签”；“拟定”与“拟订”等，这几组专用词语乍看颇为相近，但其各自的使用功能却有严格限制，不容随意滥用。如果错用滥用，就会影响乃至损害公文内容的正确表达，因此，必须予以充分重视。

2. 根据不同的行文关系和职权范围，恰当选用专用词语。上述诸种专业词语的使用，在很大程度上取决于发文机关的职权范围和不同的行文关系。对上级机关的行文，在专业词语的使用上应当做到尊重、诚恳，如“妥否，请批示”、“以上报告如有不妥，请指示”等；对下级机关的行文，在专业词语的使用上则应做到坚决、肯定，如“此令”、“此复”、“希认真贯彻执行”、“特此通知”等；对平行机关或不相隶属机关的行文，在专业词语的使用上应当做到委婉、谦和，如“盼函复”、“为荷”、“为盼”等。对此，公文写作中如有忽视，造成错乱，将直接影响公文的内容质量及其效用，甚至使行文目的和意图落空，招致不应有的麻烦或损失。

3. 根据不同公文结构的需要，开头、主体、结尾应当分别选用不同的公文专用词语。另外，还必须遵循约定俗成的原则，不能随意更改。

四、公文常用词语汇释

A

[按期] 按照规定或预定的期限。

[按时] 按照规定或预定的时间。

[按语] 发文单位批转或转发公文时所做的说明或提示。

[案卷] 分类保存以备查考的文件。

B

[颁布]（郑重地）发布。颁：发下；布：公布。一般用于党政领导机关及领导人公布法令、条例及其他重要的法规性文件。

[颁发] ①发布。②授予。一般用于上级机关发给下级机关或个人奖章、奖金及其他奖励物品。

[颁行] 颁布施行。

[报经]（向上级）报告并经由（上级处理）。

[报批]（向上级）报告并请求予以批准。

[报请]（向上级机关或有关部门）报告并请示。

[报送]（将有关材料向上级机关）呈报并发送。

[报呈] 用公文向上级报告。如“报呈上级备案”。

[备案] 向主管机关报告事由存案以备查考。如“此事已报上级备案”。

[备查] 准备好文件、案卷、图表等以供查考。如“存档备查”。

[比照] 按照已有的（法规、制度、标准、方法、格式等）相比拟对照着

行事。

［必需］一定要有的，不可缺少的。

［必须］表示事理上和情理上的必要，一定要。

［并经］并且经过。

［不时］随时。如“不时之需”。

［不予］不准许；不给。

［不宜］不适宜。如“不宜操之过急”。

［不胜］非常；十分（用于感情方面）。如：不胜感激。

［不致］不会引起某种后果。

［不至于］表示不会达到某种程度。

C

［参看］读一篇文件时参考另一篇。

［参阅］同“参看”。

［参考］利用有关材料帮助了解情况。

［参照］参考并仿照或依照。如“参照执行”。

［草拟］起草和撰拟。如“草拟文件”。

［查办］①检查办理情况并加以督促。②查明犯罪事实或错误情况加以处理。

［查处］①调查处理。②检查处罚。

［查复］调查了解后作出答复。

［查收］检查或清点后收下。

［查究］调查并追究；检查追究。如“对此须认真查究”。

［查对］清查核对。如“业经查对，正确无误”。

［查询］调查询问。

［呈报］用公文报告上级。如“呈报省政府批准”。

［呈请］用公文向上级请求或请示。

［承蒙］受到（客套话）。如“承蒙指教”。

［此复］就此答复。用于复函、批复等公文的后面，另起一行，不加标点。

［此令］就此命令。用于命令性文件正文的后面，另起一行，不加标点。

［此致］在此致以（祝愿性的话语）。一般用于信函正文的后面，另起一行，不加标点。

［存疑］把疑难问题暂时搁置起来不做处理。如“此事存疑，留待后决”。

［存案］在有关机关登记备案。

［存查］保存起来以备查考。如“交财务处存查”。

［存档］把已经处理的公文、资料归入档案，供以后查考。

D

［大概］不十分精确或不十分详尽；大致的内容或情况。

［大体］大致；就多数情形或主要方面说。

［当即］当时；立即；马上就。

［当否］是不是恰当合适。

［电悉］通过电报（电话）了解到。

［定予］一定给予。

［定夺］对事情做可否与取舍的决断。如“此事待讨论后再行定夺”。

［定案］案件、方案等做最后的决定。

［敦促］诚恳地催促。

［敦请］诚恳地邀请。如“敦请届时光临指导”。

E

［额外］超出规定的数量或范围。

［讹误］（文字、记载）错误。

F

［发布］发布（命令、指示、新闻等）。

［反应］某种事物所引起的意见、态度或行动。

［反映］①反照，比喻把客观事物的实质表现出来。②把客观情况或别人的意见等告诉上级或有关部门。

［奉告］告诉。奉：敬词，用于自己的举动涉及对方时。如：无可奉告（常用于外交辞令）。

［付诸］“把它用在……”或“用它来……”。付：交给；授予。诸：文言词，是“之于”的合音词。如应用文中常用的“付诸实施”，“付诸行动”。

［非经］除非经过。

［复核］复查核对。

［废止］取消、不再行使（法令、制度等）。

［废置］认为没有用而搁置一边。

G

［该］指代词。指上文说过的人或事。

［贵］敬辞，对对方的地域、单位及其他与之有关事物的尊称。在与平行机关或不相隶属单位之间公文往来时，常以“贵”代替“你的”、“你们的”，表示对对方的尊重。常见于信函中。

［规约］经相互协议规定下来共同遵守的条款。

［果系］果然是。如“经查，此事果系误传”。

［给以］“给之以……”的省略，后面必须带宾语，其宾语多为抽象事物。如奖励、帮助等。

［公布］公开发布，使大家知道。多用于政府机关的法律、命令、文告及团体单位的通知事项。

H

［函复］通过信件进行答复。常用作结束语。

［函告］用书信告知有关情况。

［核拨］审核后拨发。

［核定］审核决定。

［核对］审核查对。

［核减］审核后决定减少。如“核减行政经费 10%”。

［核实］审核查实。

［核准］审核后批准。如“该计划业经市政府核准”。

［会签］指与文件内容有关的主管部门负责人共同在发文稿上签注意见和姓名。

J

［见谅］原谅（我）。如“敬希见谅”。

［接洽］联系洽商。

［径报］直接报送。如“有关材料请径报市政府办”。

［鉴于］觉察到；考虑到。

［届时］到时候。如“请届时参加”。

［谨启］恭敬地陈述。用于信函下款末尾的敬辞。如“××公司谨启”。

［谨悉］恭敬而慎重地了解到。

［惊悉］知道了（这个消息）十分震惊。如“惊悉××同志病逝”。

［具名］在文件上签名。

K

［考查］用一定的标准来检查衡量（行为、活动）。

［考核］考查审核。

［可否］可不可以。

［恳请］诚恳地邀请或请求。如“恳请拨冗出席”。

L

［另行］另外进行（某种活动）。如“另行通知”。

［列席］参加会议有发言权而没有表决权。

［滥用］胡乱地、过度地使用。

［莅临］来到；来临（多用于贵宾）。

［屡次］多次；一次又一次。

M

［明文］用文字表达出来的；见于文字的（规定），明文规定一般指见于文字，业已公布的法律、规章等。

［面洽］当面接洽。如“详情请与来人面洽”。

N

［拟定］起草制定。

［拟订］起草制订。如“拟定计划”。

［拟用］准备采用；打算使用。

［拟稿］起草文稿。

［拟于］打算在。

P

［批复］对下级来文的批示答复。

［批阅］（领导人）阅读文件并加注批语。

［批件］带有上级批示的文件。

［批示］（上级对下级的公文）以书面形式表示意见。

［批转］把下级来文批示转发给其他单位执行和参阅。

Q

［签订］订立合同或条约并签字。

［签发］由主管人审核同意后，签名正式发出（公文、证件等）。

［签署］在重要文件上正式签字。

［签收］收到公文信件后，在送件人的发文簿上签字，表示文已收到。

［签章］在文件上签名盖章。

［签注］在文件上批注意见。

［迄今］到现在。

［启用］开始使用（印章）。

［切勿］千万不要。如“切勿等闲视之”。

［清样］最后一次校改后的校样。

［请予］请给予。如“请予审批”。

［顷接］刚才接到。

［顷闻］刚才听到。如“顷闻××同志不幸病逝”。

［确系］确实是。如“经查证，此案确系错判”。

R

［任免］任命和免职。如“任免名单”。

［任命］下命令任用。

［任用］委派人员担任职务。

［任期］担任职务的规定期限。如“任期 5 年，连任不得超过两届”。

［如期］按照规定的日期或期限。

［如实］按照客观实际的本来面目。

S

［擅自］超越权限，自作主张。

［收悉］收到并已了解。

［缮写］抄写。

［上报］向上级报告。

［申报］用书面形式向上级或有关部门报告。

［事由］本件公文的主要内容。

［事宜］事情的安排和处理。

［审批］审查批示。如“报请上级审批”。

［审阅］审查阅读。如“审阅报告”。

［审核］审查核定。

T

［台鉴］即请您审阅。台：旧时对别人的敬称，鉴：审阅的意思。一般见于信函。

［提案］向会议提出的议案。如“本次大会共收到提案××件”。

［提请］提出要求或议题，请会议或上级研究讨论，做出决定。如“提请大会讨论通过”。

［特予］特地给予。

［妥否］是不是恰当。

W

［为荷］表示感谢。荷：承受别人的恩惠。常见于公函祈请语末尾，不单独使用。如：请接洽为荷。

［为盼］希望受文者按来文要求去办。多用于函、介绍信末尾处。

［为宜］是妥当或适当的。

［为要］是重要的。多用于下行文，提醒下级单位务必按文件规定办理。如“望认真研究，妥善解决为要”。

X

[下达] 向下级发布或传达（命令、指示等）。

[现行] 现在正在执行的；现在正在发生效力的。

[希即] 希望立即。

[希予] 希望给予。

[详悉] 详细地知道。

[须即] 必须立刻。

Y

[业经] 已经。如“业经呈报在案”。

[业已] 已经。如“业已调查属实”。

[逾期] 超过所规定的期限。

[预期] 预先所期望的。

[阅悉] 看过并知道。如“来函阅悉”。

[印鉴] 供核对的印章底样。

[印信] 公章。

Z

[暂行] 暂时实行的。

[制定] 定出。如“制定宪法”、“制定学会章程”。

[制订] 创制拟订。如“制订方案”。

[专此] 专门在这里。用于报告的结尾。如“专此报告”。

[遵行] 遵照实行。

[兹] 现在。

[兹因] 现在因为。

[兹介绍] 现在介绍。

第二节 公文常用模糊词语

一、什么是模糊语言

模糊语言，是指自然语言中带有模糊性的语言，亦即指意义清楚但表达概念外延不确定、内涵无定指的弹性语言。它具有伸缩性、概括性、灵活性和委婉性的特点。模糊语言与语言表达上的模糊不清有着根本的区别：前者的模糊出于客观事物自身以及表述者思维的客观需要；后者的模糊则是对客观事物精确表述需要的背离。

二、公文常用模糊词语分类

模糊词语有多种分类标准。概括起来大致有以下几类：

（一）表示时间的模糊词语

如：近些年来、今后、将来、曾经、同时、及时、多年、长久、以来、最近、近日、近期、近来、目前、当前、以前、从前、过去、将来、将要、正在、一度、一直、一贯、许久、良久、长期、偶尔、有时、临时、前后、前几天、前些年、一段时间、适当时候、一个时期以来、今后几年、大部分时间等。

在公文语体中，对前期工作和情况进行概述，经常需要用到“近来、近些年来、长期以来、曾经”等表示时间的模糊词语，如：

例 1　经过坚持不懈的努力，**近些年来**我国市县政府依法行政已经取得了重大进展，但是与形势发展的要求还有不小差距。（《国务院关于加强市县政府依法行政的决定》国发〔2008〕17 号）

例 2　**长期以来**，森林公安和林业检法机关为保护森林及野生动植物资源、保护生态安全、维护林区社会治安秩序作出了突出贡献。（《国务院办公厅关于解决森林公安及林业检法编制和经费问题的通知》国办发〔2005〕42 号）

说明现状，往往要使用“当前、目前”等模糊词语。如：

例 3　**当前**，恢复生产工作已经取得阶段性进展，但任务仍十分艰巨。（《国务院办公厅印发关于地震灾区恢复生产指导意见的通知》国办发〔2008〕52 号）

展望未来、安排下步工作，经常使用“今后、将来”等模糊词语。如：

例 4　2008 年增加受灾地区 200 亿元再贷款（再贴现）额度，**今后**根据实际需要可再适当增加支农再贷款额度，并相应拓宽其使用范围。（《国务院关于支持汶川地震灾后恢复重建政策措施的意见》国发〔2008〕21 号）

（二）表示范围的模糊词语

如：其他、每、数、各、个别、部分、大部分、全部、局部、有关、相关、一些、某些、有些、以上、以下、以内、以外、广大、广泛、一般、周围、特殊、有的、某种、主要、基本、总的、一部分、方面、某方面、少数、多数、大多数、绝大多数、许多、不少、几个、任何、相应、将近、其余、适当、大于、小于、左右等。

公文语体中经常涉及所指范围，所指内容包括类别、领域、地区、单位、人员等，由于许多范围不能也无须明确详细表示，就采用以上表示范围的模糊词语。如：

例 1　国务院**有关部门**要尽快落实好相关政策措施，并加强指导和监督检查。（《国务院关于支持汶川地震灾后恢复重建政策措施的意见》国发〔2008〕

21号）

其中的“有关部门”在这里指灾后重建指挥部门及财政、卫生、教育等与建设灾区有关联的部门，没有必要一一点出，但并不会出现遗漏的情况，因为在发文中相关部门都会收到这一公文。

例2　去年以来，各地加快廉租住房建设，对解决城市低收入家庭住房困难起到了积极作用。但有**个别地区**对廉租住房质量工作重视不够。（《住房城乡建设部关于加强廉租住房质量管理的通知》建保〔2008〕62号）

“个别地区”在此是指少数地区，并未点出具体名称，是因为加快廉租房建设并非强制措施，这里的发文目的不是批评和指责，而是督促工作、布置任务，所以没有必要将这少数地区罗列出来。

（三）表示程度的模糊词语

如：进一步、重大、严重、巨大、显著、十分、非常、明显、比较、紧紧、紧密、相当、更加、积极、大力、基本上、完全、充分、特别、极其、迫切、深刻、略、略微、很、最、极、极其、一定、异常、充分、足够、特大、普遍、一段、几乎、逐步、有所、深入、差不多、长足的、大力的、高度的、难以估量的、大体上、基本上、原则上、程度不同等。

公文语体中常用一些表示程度的副词或形容词来修饰某种行为或某类事物。对未来工作进行安排和要求，会用到“进一步、积极、大力、迫切”等表示程度的模糊词语。如：

例1　**进一步**强化重点行业安全生产监管，坚决遏制重特大安全事故发生。（《国务院关于落实〈政府工作报告〉重点工作部门分工的意见》国发〔2009〕13号）

强调某项工作的重要性，对某项工作成果进行评价、概括，常会用到“重大、显著、巨大、明显”等词语。如：

例2　医药卫生事业关系亿万人民的健康，关系千家万户的幸福，是**重大**民生问题。（《中共中央、国务院关于深化医药卫生体制改革的意见》）（2009年3月17日）

句中的“重大”是强调医药卫生工作的重要性。

例3　政府采购在提高资金使用效益，维护国家和社会公益，以及防范腐败、支持节能环保和促进自主创新等方面取得了**显著**成效。（《国务院办公厅关于进一步加强政府采购管理工作的意见》国办发〔2009〕35号）

这里的“显著”是对政府采购工作效果的高度肯定。

（四）表示频率的模糊词语

如：经常、不断、不复、往往、多次、反复、频繁、偶然、偶尔、三令五申、一再、再度、再三、屡次、屡屡、频频、连连、次次、回回、陆续、接近、接二连三、连续不断、三番五次、隔三岔五等。如：

例 1　坚持理论创新、体制创新、管理创新、科技创新，**不断**提高人口和计划生育工作依法行政、社会管理和公共服务水平。(《中共中央、国务院关于全面加强人口和计划生育工作统筹解决人口问题的决定》中发〔2006〕22 号)

例 2　干旱灾害**频繁**发生地区的县级以上地方人民政府，应当根据抗旱工作需要储备必要的抗旱物资，并加强日常管理。(《中华人民共和国抗旱条例》2009 年 2 月)

例 3　标准的适用环境或者条件已**不复**存在。(《中华人民共和国海关行业标准管理办法》2005 年 12 月)

例 4　受突发事件或**偶然因素**影响非计划暂停电子银行服务，在正常工作时间内超过 4 个小时或者在正常工作时间外超过 8 个小时的……，报告中国银监会。(《电子银行业务管理办法》)

例 1 中的“不断”表示未来工作水平是持续的过程，例 2 中的“频繁”是基于以往干旱灾害发生的经验而形成的判断，两者在语义上包含“频率高”的意思；例 3 中的“不复”是预测一种已存在条件的消失，而例 4 中的“偶然因素”则指不确定的频率低的因素。

(五) 表示条件的模糊词语

如：可能、大概、也许、或许、适当、酌情、无论等。

公文语体中较少使用表示条件的模糊词语，尤其在规范性公文中表示条件的词语使用的更少。如：

例 1　在施工中发生**可能**危及人身安全的紧急情况时，作业人员有权立即停止作业或者在采取必要的应急措施后撤离危险区域。(《公路水运工程安全生产监督管理办法》2007 年 2 月)

例 2　证券发行后，保荐机构有充分理由确信发行人可能存在违法违规行为以及其他不当行为的，应当督促发行人做出说明并限期纠正；情节严重的，应当向中国证监会、证券交易所报告。(《证券发行上市保荐业务管理办法》2008 年 10 月)

例 3　国家根据旧机电产品对国家安全、社会公共利益以及安全、卫生、健康、环境保护可能产生危害的程度，将超过规定制造年限的旧机电产品，合并列入上述目录。(《机电产品管理办法》2008 年 4 月)

公文语体中还有表示趋向的模糊词语，如：越来越、逐步、逐渐、增加、增强、加强、加大、减轻、减少、提高、降低、加快、完善、扩大、缩小等。

表示数量的模糊词语，如：若干、广大、多数、绝大多数、少数、大量、少量、许多、很多等。

表示性状的模糊词语，如：新、旧、高、低、大、小、主要、重要、次要、特殊等。

表示语气的模糊词语，如：大约、大概、可能、也许、或许、预计、估计等。

三、公文常用模糊词语的作用

（一）模糊词语使公文表述更简洁精练

公文写作的一个重要原则是简洁精练，尽量长话短说，短话精说。当然这并不等于说只能用精确语言，相反，有些时候越使用精确语言越难说清楚问题，或者虽然说清楚了但语言过于啰唆。这时模糊语言则显示出它高度概括，极具简练的特点。

如“对于那些乱收多收费用的单位，应限期停止，并进行财务清理，对情节严重的要追究领导责任”。这里的“限期”、“情节严重”是模糊语言，如果用精确语言来替代，就需要很多文字才能讲清或者还不一定能讲得清晰。而使用模糊语言显得既简洁洗练，又严谨周密。

又如：“由于种种原因，目前全国尤其农村还有相当数量的校舍，年久失修，破烂不堪”（《国务院关于进一步加强中小学危房修缮和改造的通知》）。此例中的“种种原因”、“相当数量”，高度概括了具有普遍性的问题，但我们并不感到它表述得很抽象很空洞，因为高度概括的模糊语言虚中有实，词义的中心成分是确定的，能给人一个概括地、相对明确的印象。

再如“目前越来越多的国家和地区已经限制塑料购物袋的生产、销售、使用。”（《国务院办公厅关于限制生产销售使用塑料购物袋的通知》国办发〔2007〕72号）其中的“越来越多”也是一种模糊表达，它只是表达一种因环保而限制使用购物袋的趋势，没有必要具体表明到底有多少国家和地区采取了这样的措施，表达简洁而准确。

由此可见，模糊语言的使用，不但不会让文章概念不清、语意模糊，反而能对公文内容进行高度概括，使文章更简练概括。

（二）模糊词语使公文表述更准确严密

公文写作要求使用严密的概念和精确的语言，如科学术语、政治术语、专用术语等。它们的使用可以使公文周密严谨。但公文中也有许多无法用精确语言表达的内容，而用模糊词语表达却能更准确地反映事物。如“不准以任何资金，任何名义，兴建楼堂馆所和计划外基本建设……”该句中“任何”的外延极大，但到底多大，无法说明。可是出现在句子中，却能使概念表达得更完整、更周严，有较强的规范性。在这里如果依然刻意使用精确词语，反而使文章的内容不真实，或者更累赘了。这是因为，在特定的语境中，只有通过使用模糊词语，才能表述出准确的目的，有时“模糊观念要比清晰观念更富有表现力”。

另外，模糊语言与精确语言的配合交叉使用，可以互相补充，相互彰显，使得文章表达更加准确。如：“2月4日17时27分，福建省南平市邵武汽车运输公司一辆号牌为闽HY1151的中型客车（核载19人，实载21人，其中2名儿童），从永安市开往邵武市，当行至邵武市境内316国道297公里550米处时，突遇一辆号牌为闽H1G321的二轮摩托车，从左侧支线驶出强行并入，中型客车驾驶人向右紧急打方向避让，导致客车碰撞公路右侧防护墩后，坠入24.5米深的富屯溪千岭电站水库中，造成12人死亡、9人受伤。据初步分析，事故直接原因是摩托车驾驶人无证驾驶年检过期摩托车，强行并线；中型客车驾驶人采取紧急避让措施不当”。（《国务院安委会办公室关于春节期间两起重大道路交通事故情况的通报》安委办明电〔2011〕10号）

此段文字中既有“2月4日17时27分，福建省南平市邵武汽车运输公司一辆号牌为闽HY1151的中型客车，号牌为闽H1G321的二轮摩托车，316国道297公里550米处，24.5米深，12人死亡、9人受伤”等具体数字、车牌号，又有“过期、强行、不当”等模糊词语，它们的交替配合使用，准确简明地表达出了事故发生的时间、地点、原因及造成的人员伤亡情况，既真实又准确。

（三）模糊语言使公文表达更委婉含蓄

公文是为解决现实生活中出现的问题而制发的，它始终面对现实，为现实服务，所以语言要求平实直露。但有时因情况复杂，或者出于礼貌，或者考虑到行文关系、目的、内容和对象的心理因素等，常用“某些单位和个人”、“诸多因素”等模糊语言，这些词语虽委婉含蓄，但与观点的鲜明并不对立。它只是为了某种准确表达的需要，而不直截了当地说出本意而已。

如：“香港特别行政区政府在必要时，可向中央人民政府请求驻军协助维持社会治安和救助灾害”（《中华人民共和国国务院中华人民共和国中央军事委员会公告》）。其中“必要时”这个模糊词语，既表达了尊重香港特别行政区政府自主处理地方事务的权力，又保留了香港特别行政区政府隶属于中央人民政府的意味。点到为止，既保证了公文清楚明了，又能使阅读对象会从看似虚化、模糊的语义中，看出其真实、确切的意义和指向。

再如：“鉴于美国贸易代表办公室无视我国在保护知识产权方面所采取的一系列措施，为维护国家主权和民族尊严，对于美国的贸易报复措施，我国将不得不采取相应的反报复措施”（1995年2月4日对外贸易经济合作部公告）。其中“不得不”、“相应”等模糊语言的使用既讲究了原则性，又讲究了策略性和灵活性，还有助于在后文中化模糊为具体，起到了一石多鸟之效。

另外，公文结语中常用“请参照执行”、“请结合本地实际情况认真执行”等，这些柔性的模糊语言都委婉、适度地表达了发文者的态度，便于受文对象理解和接受；在一些请示的结尾用“恳请回复为盼”等委婉含蓄的语言，既可以为公文增加一些模糊色彩，又可以让表达更形象、确切。

（四）模糊语言使公文更机动灵活，留有余地

对未来发展趋势和公务活动的安排及措施等灵活性内容，只有恰当地运用留有余地、富有弹性的模糊语言，才可以准确表达，以便受文对象在具体执行时既能遵循公文的原则和精神，又能结合本部门的具体情况灵活处理各种各样的实际问题，保证公文的可行性。

如：“要健全各类建设用地标准体系，抓紧编制公共设施和公益事业建设用地标准。要按照节约集约用地的原则，在满足功能和安全要求的前提下，重新审改现有各类工程项目建设用地标准。”（《国务院关于促进节约集约用地的通知》）其中“在满足功能和安全要求的前提下”带有极大的策略性和原则性，既具有较强的约束力，同时又不绝对，彰显灵活。

又如：“对农村特别是老、少、边、穷地区的贫困户，纳税确有困难的，适当给予减免税照顾。”（《国务院关于调整农林特产税税率的通知》）这句话在强调执行政策规定的同时，对特殊地区、特殊困难户作出可以“适当给予减免税照顾”的规定，运用“适当”一词，给地方执行“减免税”留下余地，照顾到了各地的不同情况，有效防止了执行政策上的“一刀切”。既有原则，又机动灵活，从而达到准确贯彻执行相关规定的目的。

再如：“对于管理混乱、产品质量长期低劣，用户意见很大的企业，应限期改进，必要时停产整顿，并根据不同情况酌情对企业和企业领导人及直接责任人处以罚款。对上述企业要有一个查一个，决不姑息，以维护广大消费者的合法权益。”（《关于加大查处力度维护消费者权益的通知》）

例句中“限期”、“必要时”、“不同情况”都是模糊词语。造成产品质量问题的原因很多，作出统一明确的整改规定是困难的，因此用模糊词语作出原则性规定并以“有一个整顿一个，决不姑息”的确定语加以强调，体现了原则性与灵活性的结合，便于各下属单位因地制宜进行整改。

总之，只要运用恰到好处，模糊语言能起到准确语言不可替代的作用。

四、使用模糊词语应注意的问题

（一）仔细推敲，准确把握模糊词语内涵

模糊语言的每一类都有许多近义词语，若不仔细区分其间的细微差别，把握每一词语的伸缩程度、适用范围，就不能恰当使用。例如“近日、近期、近来”

三个词的含义就有由近渐远的区别，再如“原则上、大体上、基本上”三个词的含义也有着由轻到重的不同。因此，选用模糊语言一定要确实把握其含义，力求准确地使用模糊语言。

如：“1992 年中国政府开始实行沿边开放战略，确立 13 个对外开放城市和 241 个一类开放口岸，设立 14 个边境经济技术合作区，其中绝大多数在民族自治地方。”（《中国的民族区域自治》2005 年 2 月）其中的“绝大多数”即为模糊语言，其在表量上是模糊的，但表意却是十分明确的。正确使用模糊词语，要理解模糊语言与精确语言的不同，对意思相近的不同模糊词语进行仔细区分。

（二）结合具体语境，正确使用模糊词语

任何词语的使用都要结合具体的语言环境。要综合考虑公文文种、发文目的、发文机关、主送单位等各种因素，来确定模糊词语是否可用。例如命令有简单直接、严肃精确的特点，较少使用模糊词语，使用时需要谨慎，而讲话、通知等公文则经常使用模糊词语。另外，公文模糊语言的使用还必须根据上下文表达的需要及具体的背景因素而定，否则就会导致理解错误。只有在公文表述对象本身属性模糊，实际情况又需进行模糊表达的情况下，才能使用模糊语言。如鉴定和评语一类，就有不少模糊词语。如“思想比较落后”、“工作不够积极”、“学习较刻苦认真”等。因为一个人的政治思想表现、工作态度、认识水平、性格特点等，很难用量化的概念来表达，所以只能借助模糊词语。

还有一些表示时间、数量、程度等的词语，很难用精确的语言表达，或者用精确语言表达反而不精确。如：“广大世博工作者顽强奋战、真情奉献，他们用热情、智慧和汗水铸就了上海世博会的辉煌，涌现出一大批勇挑重担、无私奉献、追求卓越、作出突出贡献的先进集体和先进个人，展现了中华民族为实现民族伟大复兴、共创人类美好未来而开拓创新的文明进步形象。”（《中共中央　国务院关于表彰中国2010 年上海世博会先进集体和先进个人的决定》2010 年12 月 26 日）这里的“一大批”有多少？“突出贡献”贡献到底有多大？是模糊的，但表达的意思却是清楚明白的。因为这里很难用精确的语言表达，并且用精确语言表达反而不精确。

（三）搭配精确词语，避免表达意义有纰漏

公文语言的准确包括精确语言和模糊语言，以精确语言为主，模糊语言为辅，二者相辅相成，并存共用。公文中的模糊语言只有在不留下漏洞的前提下才可以使用，绝不能因为不明事实真相而滥用模糊语言，更不能利用模糊语言搪塞和掩盖工作失误。凡是该用精确概念和数字反映的情况，绝不能用模糊语言。

例如：“原糖储存时间一般不超过 7 年，白砂糖储存时间从加工时间起算，一般不超过18个月。最长储存时间按国家有关标准规定的保质期为准。”（《中央储备糖管理办法》2008年1月）其中的“7年”、“18个月”是精确的，而“一般不超过”是模糊语言，如果用“一般不超过7、8年”，那就会造成理解混乱，给工作带来麻烦。

再如：“因特殊情况需要延长期限的，ATA单证册持证人、非ATA单证册项下暂时进出境货物收发货人应当向主管地海关提出延期申请，经直属海关批准可以延期，延期最多不超过3次，每次延长期限不超过6个月。”（《中华人民共和国海关暂时进出境货物管理办法》2007年3月）其中的“特殊情况”使相关部门在处理业务的时候，既有法可依，又可以灵活处理，如果将各种特殊情况全部列出，一是过于繁琐、不必要，二是容易因遗漏造成麻烦。

（四）注意把握模糊词语的模糊度

所谓“模糊度”是指某个词语的某个意义所具有的模糊程度。模糊语言的词义外延的伸缩性虽然比精确语言大，但它的模糊范围仍然是有一定限度的，不能无限伸缩。如一项工作只完成一半，就不能说“基本完成”；一项活动多数人参加，也不能说“普遍参加”，如果超出这个模糊语的限度，模糊词语就不能准确起到反映情况和传达意图的作用。

第三节 公文语体常用四字格

一、公文语体常用四字格含义

“四字格”也就是常说的四个字组成的短语，大致包括：四音节的成语、熟语、固定短语和临时组织起来的四音节短语，不包括四音节的复合词、单纯词。公文语体中大量使用成语、固定短语以及临时组织起来的四音节短语，有些短语已经逐步成为规范的汉语词汇。

例如：“希望广大文艺工作者始终坚持德艺双馨，更加自觉、更加主动地承担起弘扬文明道德风尚的历史责任。文艺是提高人民精神境界、培育人民高尚灵魂的重要力量。只有自己具有强大精神力量，作家艺术家才能创作出启迪心智、震撼心灵的文艺精品。广大文艺工作者要加强思想道德修养，树立正确的世界观、人生观、价值观，弘扬老一辈作家艺术家的优良传统，始终忠于祖国、热爱人民、奉献社会，秉持崇德尚艺的优良传统，追求真理、反对谬误，崇尚科学、反对愚昧，把实现个人艺术追求和促进社会进步有机结合作为毕生信念。要坚守艺术理想，笃定志向、坚定信念，勤于汲取、善于积累，关注现实、潜心创作，开阔创作视野，提高洞察社会和适应时代能力，增强对艺术的感悟和表现能力，更好传播先进文化、弘扬人间正气、塑造美好心灵。要珍惜人民给予的荣誉，弘扬职业精神，恪守职业道德，认真对待和积极追求作品社会效果，自觉抵制低俗之风，用人格力量赢得社会尊重、赢得人民赞誉。”（《胡锦涛在中国文联第九次全国代表大会上讲话》）

在整段文字中，作者使用了20余个四字格短语，充分表达了胡锦涛主席对文艺工作者的殷切期望，读起来铿锵有力，充满激情，体现了汉语的节奏美和音韵美，有极强的表现力和感召力，同时，这些四字短语也适应了公文语体庄重典雅的风格要求。

二、公文语体常用四字格短语分类

公文语体中四字格的使用频率非常高，使用面也很广，因此四字格短语也非常丰富，数量非常多。在这里按照短语的构词方式进行简单分类。

（一）并列结构四字格短语

1. 并列式A：

能高能低、能上能下、能增能减、自查自纠、自产自销、戒骄戒躁、违法违规、大包大揽、大吃大喝、大操大办、互谅互让、互惠互利、互帮互助、做大做强、克勤克俭、同心同德、群策群力、适时适度

2. 并列式B：

爱岗敬业、廉洁自律、繁荣富强、开拓创新、挤占挪用、打架斗殴、寻衅滋事、徇私舞弊、欺上瞒下、高效低能、公开透明、公正公平、平等互信、合作共赢、统筹兼顾、团结协作、国泰民安、专心致志、吃苦耐劳、发奋图强、同心同德、不屈不挠、团结奋进、强农惠农、节能减排、兴边富民、承前启后、攻坚克难、预调微调、保值增值

3. 并列式C：

坑蒙拐骗、吃喝嫖赌、多快好省、吃拿卡要、老少边穷

（二）主谓结构四字格短语

政治坚定、思想可靠、民主评议、国家富强、秩序稳定、百花齐放、思想僵化、机构臃肿、人浮于事、重点突出、发展民主、健全法制、自强不息、休戚相关、荣辱与共、同舟共济、通货膨胀、经济运行、产业振兴、产能过剩、科技创新、教育公平、文化建设、物价反弹、科教兴国、人才强国

（三）动宾结构四字格短语

胸怀全局、报效祖国、不畏艰险、不怕吃苦、淡泊名利、坚持原则、发扬传统、弘扬精神、统一思想、加强领导、服务百姓、服务社会、玩忽职守、滥用职权 保障供给，搞活流通、加强监管、改善民生、恪尽职守、坚定信心

（四）偏正结构四字格短语

高高在上、世代友好、从严查处、坚决取缔、科学论证、平等协商、相互尊重、共同发展、经济合作、人文合作、政治合作、军事合作、经济建设、以权谋私、以奖促治、按劳分配、锐意进取、艰苦奋斗、勤俭建国、宏观调控、民生工程、安居工程、联动机制、锐意进取、自主创新、带薪休假、绿色消费、美丽中国

（五）连谓结构四字格短语

贯彻执行、贯彻落实、建立健全、调查研究、组织领导、发展规划、统筹管理、和谐稳定、艰难曲折、审慎灵活、有扶有控、兼并重组、调解仲裁、兴旺发达

（六）补充结构四字格短语

常抓不懈、自强不息、执政为民、立党为公、坚持不懈

三、公文语体常用四字格短语特点

公文语体中四字格短语的使用具有明显的特点，主要包括四个方面：

（一）使用范围有规律

四字格短语在通报、决定、意见以及政府工作报告、讲话稿、调查报告中使用较多，而在条例、办法、规定、规则等法规规章性公文中分布较少。这是因为法规规章性公文一般较少有论述、评价、期望之类的内容，而通报、决定等公文经常用于表扬、批评，政府工作报告等则常包含评价内容和工作计划，各文种的内容侧重不同，语体风格不同，用词特点也就不同。

（二）构词方式多样，衍生能力强

四字格构成语素包括名词、动词、形容词、介词、连词等多种词性的语素，结合方式有近义语素对举，如“任劳任怨”，相对语素对举，如“生死存亡”，重叠使用式，如“勤勤恳恳、兢兢业业”，紧缩形成式，如“五讲四美”。由于更多的四字格在词语内部搭配上富有弹性，较为自由，可根据需要结合不同领域的管理特点，因时、因地、因事制宜地结合组成新的四字格，为公文组织词语表达社会事务提供了诸多可资利用的格式。

（三）使用灵活，构成特色句式

四字短语可以单独使用，也可以多个结合使用，还可以同一短语在同一句子重复使用，构成排比。如：“近年来，新开工项目过多，特别是一些项目开工建设有法不依、执法不严、监管不力，加剧了投资增长过快、投资规模过大、低水平重复建设等矛盾，扰乱了投资建设秩序，成为影响经济稳定运行的突出问题。”（《国务院办公厅关于加强和规范新开工项目管理的通知》国办发〔2007〕64

号）其中的“有法不依”、“执法不严”、“监管不力”三个短语，连续使用，语义上相互补充，形式上简洁工整，语气上干脆顺畅。再如：“各地区各部门要认真学习、深刻领会全会精神，坚定不移推进社会主义新农村建设，坚定不移走中国特色农业现代化道路，坚定不移加快形成城乡经济社会发展一体化新格局，切实把《中共中央关于推进农村改革发展若干重大问题的决定》提出的大政方针落到实处。”（《中共中央、国务院关于2009年促进农业稳定发展农民持续增收的若干意见》2008年12月）这个句子连续用了三个“坚定不移”，形成排比修辞，表达了促进农村工作的坚定决心。

（四）加强语体色彩，体现语体风格

公文语体具有典雅、简洁、庄重的特点，四字格是最具汉语和汉文化特点的庄重典雅的形式，它符合汉文化“以偶为佳”、“以四言为正”的审美要求。四字格的庄重典雅，可以使句子形式匀称，增强公文语言的表现力和感召力。

四、公文语体常用四字格短语使用注意问题

公文四字格短语在使用中要避免生搬硬套，在不合适的语境中使用既有短语，还要避免生拼硬凑，创造出不合情理、不合逻辑的四字短语。可多引用、使用中央文件中的具有典型性和代表性的四字格，如：“统筹城乡改革和发展是一项长期艰巨的战略任务，使命光荣，责任重大。重庆市要紧紧抓住历史机遇，进一步解放思想，开拓创新，扎扎实实做好各方面工作，努力开创科学发展与社会和谐的新局面。”（《国务院关于推进重庆市统筹城乡改革和发展的若干意见》国发〔2009〕3号）其中的“使命光荣”、“责任重大”、“解放思想”、“开拓创新”等四字短语在公文中经常使用，此类四字短语值得借鉴和使用。

第四节　正确运用插入语

一、什么是插入语

插入语，又叫插说成分，用在句子的开头、结尾，或插在句子当中。插入语的结构虽独立于句子之外（大都用逗号把它同句子的其他成分分开），但却具有不容忽视的表意功用。恰当运用插入语，可使公文表意更明确、更完整、更严密，从而更好地发挥其应有的效用。

二、插入语的种类

公文中常用的插入语有下列几种：

(一) 表示肯定和强调的插入语

即在行文中运用插入语表示肯定和强调的语气。句中常用“毫无疑问”、“十分明显”、“众所周知”、“不可否认”、“特别是……”、“主要是……”等词语;如:

例1 所以,增强企业的活力,**特别是增强全民所有制的大、中型企业的活力**,是以城市为重点的整个经济体制改革的中心环节。(《中共中央关于经济体制改革的决定》1984年10月20日)

例1中“特别是增强全民所有制的大、中型企业的活力”就是插入语,它是对“增强企业的活力”这个问题的某些方面加以强调,以引起注意和重视。

(二) 总括性插入语

指在行文中运用插入语对前文所述内容加以总结和概括,以便使之更加明确和集中,从而加深人们的印象。句中常用“总之”、“总而言之”、“综上所述”、“由此观之”等词语。如:

例2 **总之**,我们现在赖以进行现代化建设的物质技术基础,很大一部分是在这个期间建设起来的;全国经济文化建设等方面的骨干力量和他们的工作经验,大部分也是在这个期间培养和积累起来的。这是这个期间党的工作的主导方面。(《中国共产党中央委员会关于建国以来党的若干历史问题的决议》)

这段结论性文字,是在全面阐述社会主义改造基本完成以后,到“文化大革命”开始之前的十年时间,我国社会主义建设成就和经验的基础上作出的。运用插入语“总之”加以总结概括,具有很强的论断性,从而使人们对这十年的社会主义建设成就有了充分而又明确的认识。

(三) 注释性插入语

即指在行文中运用插入语对某些内容进行必要的解释和说明。句中常用“就是说”、“也就是”等词组。如:

例3 宗教信仰自由,**就是说**:每个公民既有信仰宗教的自由,也有不信仰宗教的自由;有信仰这种宗教的自由,也有信仰那种宗教的自由;在同一宗教里面,有信仰这个教派的自由,也有信仰那个教派的自由;有过去不信教而现在信教的自由,也有过去信教而现在不信教的自由。(《中共中央关于我国社会主义时期宗教问题的基本观点和基本政策》)

这段文字运用插入语“就是说”进行解释,说明我国社会主义时期宗教政策的具体内涵。这样,使得行文明确具体,便于理解和执行。

(四) 例举性的插入语

就是在行文中运用插入语对有关事理进行举例,使抽象的内容具体化,从而更容易被人们理解和接受。句中常用“正如”,“例如”等词语。如:

例 4　生产周期长的开发性项目，**如果树、林木、荒山、荒地等**，承包期应当更长一些。(中共中央发〔1984〕1 号文件)

例 4 中“如果树、林木、荒山、荒地等”，是对前文“生产周期长的开发性的项目”加以举例说明，这样使表意更加清楚明确。

(五) 补充性插入语

指在行文中运用插入语对有关内容作进一步的补充说明，以便使之更完整、更明确。通常以“包括”一词作为语言标志。如：

例 5　对于一切离休退休的老干部，他们的政治待遇，**包括**阅读文件、听重要报告、参加某些重要会议和重要政治活动等等，应当一律不变。生活待遇，包括医疗和交通工具等等，也应当一律不变。(《中共中央关于建立老干部退休制度的决定》)

例 5 中先后两次运用插入语“包括”，对离休退休老干部的政治待遇和生活待遇内容作进一步补充说明，使之更加明确和具体，从而充分显示出我们党和国家对离休退休老干部的关怀和照顾。

(六) 推测性插入语

即在行文中运用插入语对事物的状态或其发展变化趋势进行预测。通常用“看来”、“算起来”、“我觉得”、“充其量”、“我想”等词语。如：

例 6　**我觉得**，在无论哪一个抗日根据地的地方工作中，都存在有这种官僚主义的作风，都有一部分缺乏群众观点而脱离群众的工作同志。我们必须坚决地克服这种作风，才能和群众亲密地结合起来。(毛泽东《组织起来》)

例 6 中，作者运用插入语“我觉得”来推测抗日根据地的地方工作中多有脱离群众的官僚主义作风，并号召人们起来加以克服。

此外，还有提注性插入语，即在行文中运用插入语以引起阅者注意，使之深刻领会作者的意图。常用“你（们）看”、“请看”、“你（们）想”、“你（们）说”等词组；表示材料的来源和依据的插入语。如“据说”、“听说”、“据报载”、“据……指示”等。

由上所述可以看出，插入语在公文中的运用较为广泛，具有不容忽视的表意功能。

第五节　公文中简称的运用

一、简称的含义

简称是从事物名称或固定词组中抽出有代表性的语素节缩而成。简称是语言简化的一种修辞方式，是人们在实际工作中经多年加工提炼，约定俗成的语言。因为它简便实用，易于记忆，因此，在公文中经常使用。

二、公文写作中简称的形式

一般来讲，公文写作中使用的简称，其构成形式主要有以下几种：

（一）固定型的简称

这主要是一些地名的简称。全国各省、自治区、直辖市都有自己的简称，一般城市也大都有自己的简称。一般说来，地方各级党委、政府的公文，其发文字号的第一个字就是该地方的简称，如“鲁发”的“鲁”是山东省的简称，“烟政发”的“烟”是山东省烟台市的简称。地名的简称大体上可分为三种情况。一是取地名的首字。如：辽宁、吉林、黑龙江分别简称辽、吉、黑；陕西、甘肃、宁夏分别简称陕、甘、宁；城市如沈阳、济南、青岛、苏州、兰州、深圳、厦门、澳门等，都是取首字作为简称。二是取地名的尾字。如江苏简称“苏”；西藏简称“藏”；城市如：北京（京）、天津（津）、香港（港）等。三是既不取首字，也不取尾字，而是取另外一个字。如：河北（冀）、山东（鲁）、山西（晋）、湖南（湘）、广东（粤）、福建（闽）等，城市如上海（沪）、重庆（渝）、广州（穗）、成都（蓉）等。

（二）保留全称首尾型的

即将全称的首字和尾字保留，省略其余的内容，构成简称。例如“中华人民共和国”简称“中国”，“美利坚合众国”简称“美国”，“法兰西共和国”简称“法国”，“扫除文盲”简称“扫盲”，“归国华侨”简称“归侨”，“微型计算机”简称“微机”，“整顿党风”简称“整风”，“外交部长”简称“外长”，“烈士家属”简称“烈属”等。

（三）省略全称首尾型的

即将全称的首字和尾字省略，保留中间的内容，构成简称。例如“快速记录”简称“速记”，“历史地理”简称“史地”，“物理化学”简称“理化”，“人民警察”简称“民警”，“中国移动通信”简称“移动”等。

（四）留前省后型的

就是把一个全称前边的部分保留，省略后面的内容，构成简称。例如“蹲点调查”简称为“蹲点”，“非典型肺炎”简称“非典”，“内蒙古自治区”简称“内蒙古”，“清华大学”简称“清华”，“复旦大学”简称“复旦”等。

（五）留后省前型的

就是把一个全称前边的部分省略，保留后面的内容，构成简称。例如“中国人民解放军”简称“解放军”，“中国人民解放军戒严部队”简称“戒严部队”，

“高致病性禽流感”简称为“禽流感”，“中华人民共和国国务院”简称“国务院”，《中华人民共和国公务员法》简称《公务员法》，“经济技术开发区”简称“开发区”等。

（六）保留全称中有代表性的语素或词的

这是简称中最为常见、最为普遍的一类。例如“中央纪律检查委员会”简称“中纪委”、“全国人民代表大会”简称“全国人大”，“第十八次全国人民代表大会”简称“十八大”，“第十二个五年计划”简称“十二五”，“中共中央宣传部”简称“中宣部”，“中国证券监督管理委员会”简称“证监会”，《中国共产党章程》简称《党章》，“农业银行”简称“农行”，“交通警察”简称“交警”，“首都钢铁公司”简称“首钢”，“调查研究”简称“调研”，“科学技术”简称“科技”，“新型农村合作医疗”简称“新农合”等。国际上如北约（北大西洋公约组织）、阿盟（阿拉伯国家联盟）、世贸（世界贸易组织）。这种简称的一大特点就是简称里的每一个字都取自全称，但是具体选取哪些字来做简称，并没有统一的标准和要求。如同样是四个字的全称，有的简称取第一个字和第三个字（北京大学——北大），有的取首尾两字（师范学院——师院），个别还有取中间两字的（四川大学——川大）。

（七）合并相同成分型的

即省略两个词中的一个相同的语素，如“工业、农业”简称“工农业”，“企业、事业”简称“企事业”，“离休、退休干部”简称为“离退休干部”，“小型、微型企业”简称“小微企业”，“病害、虫害”简称为“病虫害”等。

（八）数字统括型的

这种简称具有多种表现形式，其总的特点是由数词加名词或名词化的词、词组两部分组成，如“讲学习、讲政治、讲正气”简称为“三讲”，“政府部门公务出国经费、公务用车购置及运行费、公务接待费用”简称为“三公经费”，“电信网、广播电视网和互联网”简称“三网”，“农村、农业、农民”简称为“三农”，“乱检查、乱收费、乱罚款”简称为“三乱”，“坚持社会主义道路，坚持人民民主专政，坚持党的领导，坚持马列主义、毛泽东思想”简称为“四项基本原则”等。以上数字概括的形式又可划分为三种类型：一是单重式。这种数字概括简称通常由一个数词加名词或名词化的词、词组构成，例如“两个务必”、“三个代表”、“四个现代化”、“五个一工程”、“五条禁令”、“六项措施”等；二是双重式，即由两个数词加名词或名词化的词、词组构成，如“双增双节”、“一个中心两个基本点”、“一国两制”、“三大纪律八项注意”、“八荣八耻”等；三是多重式，即由三个或三个以上的数词加名词或名词性的词组构成，如“五讲四美三热爱”等。

另外，还有一种临时性或不规范简称。就是为表述简单，临时把全称的一部分内容简化，只保留其中一小部分。如《中国共产党纪律处分条例》可简化为《条例》，《关于建国以来党的若干历史问题的决议》可简化为《决议》，《在延安文艺座谈会上的讲话》可简化为《讲话》，《中共党史大事记》可简化为《大事记》，《中华人民共和国刑法》可简化为《刑法》，《中华人民共和国香港特别行政区基本法》可简化为《基本法》，等等。有时为了行文的方便，对一些普通的文章或作品也可进行标题上的简化，如《高校秘书专业文书学与档案管理学的教学改革研究》一文可临时简化为《研究》，这种情况一般在评论性文章里出现得比较多。这种简称只是一种临时性的简称，在使用时首先要加以说明，并且一般只能在同一篇文章里使用，如《条例》作为一个简称，我们无法知道它到底指的是哪一部《条例》，可能是《中国共产党纪律处分条例》，也可能是《党政机关公文处理工作条例》，还可能是《党政领导干部选拔任用工作条例》，所以只有在具体的文章里，在详细的《条例》全称之后标明“以下简称《条例》”，才可以使用这一简称。

三、公文中使用“简称”应注意的问题

简称可使语言表达简洁凝练，富于概括力和表现力，便于记忆。但在运用中要注意“规范”不能乱“简”乱“缩”。公文中运用简称，应注意以下几个方面问题：

1. 公文中的专业术语、专业性词组不能随意简化；公文中的地名一律用全称。如上海不得写成“沪”。仅可在两个以上著名城市或省份联写，使人一看就明白，如京津、沪宁等，或和其他文字结合在一起，成为流行的特殊用法时才可以使用简称。

2. 使用简称，尤其是新创或较少使用的简称，除“知名度”较高者外，必须先用全称，并用括号标注说明。对此，《行政机关公文处理办法》第二十八条第六项已作出明确规定，“文内使用非规范化简称，应当先用全称并注明简称，使用国际组织外文名或其缩写形式，应当在第一次出现时注明准确的中文译名”。如不予标注说明，就会给人以突兀之感，不知所指。

3. 不必要的场合不要勉强创新一个简称，确实需新创应力求表意准确、清晰，切忌含糊隐约，生僻晦涩，令人难解其意。例如“整办”可以理解为“整顿机关作风办公室”也可以理解为“整顿市容办公室”或者“整顿市场办公室”，这种引起歧义的简称，绝不能入文。

4. 简称要有可接受性。亦即所使用的简称必须是已经约定俗成或者为公众所认可的，否则不宜使用。为使主观理解符合公文本意，最大限度地减少受文者

的误解和曲解，确保公文的严肃性、庄重性，在公文写作过程中，使用简称一定要慎重。

第六节　公文中的介词结构

我们知道，介词属于虚词的范围，它本身没有具体的意义，但它和实词结合起来，却能使词语表达的意义更加明确化、严密化。介词是用于名词、代词前边组成的词组，称为介词结构或介词词组。公文中大量使用介词结构，常常充当状语、定语，并由此形成较为稳定的表达句式，这是公文用语的一大特征。现代汉语中的介词结构，主要用以表达有关的目的、依据、对象、范围、方式、状态、时间等，使公文语言更加明确严密。

一、介词的种类

公文中常用的介词主要有以下几种：

（1）表示目的的："为"、"为了"、"为着" 等。

（2）表示对象的："对"、"对于"、"关于"、"将" 等。

（3）表示依据的："依据"、"依照"、"凭"、"遵照"、"据"、"根据"等。

（4）表示状态的："通过"、"对照"、"参照"、"以" 等。

（5）表示方法的："按照"、"用"、"按" 等。

（6）表示时间的："自"、"自从"、"从"、"到"、"在"、"当"、"于" 等。

（7）表示原因的："由"、"由于"、"鉴于""因"、"因为" 等。如：

例 1　**为了**加强校车安全管理，保障乘坐校车学生的人身安全，制定本条例。

例 2　**对**认真执行财经纪律的，要给予表扬。

例 3　《教育部办公厅**关于**近期几起中小学生溺水身亡事故的通报》（教基一厅〔2011〕5 号）

例 4　现将《××部**关于**严格执行会议费规定的通知》转发给你们，请遵照执行。

例 5　**为**进一步促进语言文字的规范化、标准化，认真贯彻中央关于规范出版语言文字使用的要求，**依据**《中华人民共和国国家通用语言文字法》、《出版物汉字使用管理规定》及新闻出版有关法律、法规、规章，现就进一步加强规范出版文字使用的有关问题通知如下：

例 6　**为了**更好地关切执行国务院国发［2011］29 号文件精神，**根据**地方有关部门的要求，现**将**军队转业干部××路费开支的现行有关标准规定转发给你们，请**参照**执行。

例6这段文字，连续用了四个介词：为了、根据、将、参照，这种多重性的介词结构，在一般文章中是极为少见的，而在公文中，则屡见不鲜。

二、介绍几个常用介词的用法

（一）介词“关于”

“关于”一词在公文中使用位置比较固定，一般是用于标题中，以下是一组含有“关于”的公文标题：

例1 《国务院关于深入推进义务教育均衡发展的意见》（国发〔2012〕48号）

例2 《国务院关于批转社会保障“十二五”规划纲要的通知》（国发〔2012〕17号）

例3 《国务院关于印发卫生事业发展“十二五”规划的通知》（国发〔2012〕57号）

例4 《国务院关于进一步加强和改进最低生活保障工作的意见》（国发〔2012〕45号）

例5 《国务院关于表彰全国“两基”工作先进单位和先进个人的决定》（国发〔2012〕46号）

例6 《国务院关于表扬全国“两基”工作先进地区的通报》（国发〔2012〕47号）

例7 《国务院关于同意建立促进中部地区崛起工作部际联席会议制度的批复》

例8 《国家税务总局大企业税收管理司关于2009年度税收自查有关政策问题的函》

例9 《关于规范控股、参股期货公司有关问题的规定》

例10 《关于转发〈辽宁省人民政府关于取消一批收费项目的决定〉的请示》

从以上例子可以看出，“关于”在标题中的使用，有三个规律：

一是“关于”通常加上发文事由组成的介词结构，这一介词结构使用在公文标题中时，一般后面加“的”字，然后加上公文文种专用词，充当定语，有的在前面加上发文机关。

二是“关于”在标题中运用广泛，常用在通知、决定、意见、批复、规定、请示、函等法定性公文中。

三是“关于”后常搭配动词如“修改”、“印发”、“转发”、“实施”、“加强”、“促进”、“推进”、“规范”、“废止”等。

“关于”在标题中是非常明显的公文语体标识。在“发文机关”与“发文事由”之间使用介词“关于”，可以避免因两者发生直接关系而隔离了与中心词的联系，可以明确“发文机关”对“文种”的直接限制以及“发文事由”对“文种”的直接限制，保证文种词作为中心词的地位，从而明确公文标题的意义。

（二）介词“根据”

例1 《中华人民共和国公路管理条例》根据本决定做相应修改，重新公布。

例2 根据2008年12月27日《国务院关于修改〈中华人民共和国公路管理条例〉的决定》修订……（《中华人民共和国公路管理条例》2008年12月）

例3 房地产开发企业要根据市场变化和需求，主动采取措施……（《国务院办公厅关于促进房地产市场健康发展的若干意见》国办发〔2008〕131号）

例4 根据党中央、国务院关于应对当前经济形势的工作部署，经国务院同意，现就做好当前农民工工作有关事宜通知如下……（《国务院办公厅关于切实做好当前农民工工作的通知》国办发〔2008〕130号）

例1选自《国务院关于修改〈中华人民共和国公路管理条例〉的决定》，是文件的最后一句，从语义来看，“根据”介引的是修改和公布的依据。从句式上看，“×××根据本决定做相应修改，重新公布”已经形成一种固定表达模式，当全国人大常委会或国务院对法规性文件如条例、办法等进行修改时，通常用决定这一文种发布修改内容，并用这一固定的句子结尾，说明法规修改和公布的依据是“本决定”。

从以上四个例子还可以看到，介词“根据”在公文中所介引的依据一般有三个方面的内容，一是法定公文（如例2），二是上级指示、精神、工作要求（如例4），三是现实情况和现实需要（如例3）。

（三）介词“为”

“为”字也是公文语体中常用的介词。

例1 为规范大陆居民赴台湾地区旅游，依据《中国公民往来台湾地区管理办法》和《旅行社条例》，特制定本办法。（《大陆居民赴台湾地区旅游管理办法》2011年6月20日）

例2 为应对国际金融危机的冲击，贯彻落实党中央、国务院关于进一步扩大内需、促进经济增长的十项措施，认真执行积极的财政政策和适度宽松的货币政策，加大金融支持力度，促进经济平稳较快发展，经国务院批准，提出如下意见：（《国务院办公厅关于当前金融促进经济发展的若干意见》国办发〔2008〕126号）

例3 为促进公路、水路交通节约能源，提高能源利用效率，根据《中华人民共和国节约能源法》，结合交通运输行业发展实际，制定本办法。（《公路、水路交通实施〈中华人民共和国节约能源法〉办法》2008年7月发布）

例4 为合理调节石油涨价收入，妥善处理各方面利益关系，继续按相关规

定征收石油特别收益金。(《国务院关于实施成品油价格和税费改革的通知》国发〔2008〕37号)

介词“为”在公文中有其特有的使用规律。

一是大量公文正文第一段会用“为”引出句首状语，经常以正文第一字的形式出现，例1、例2、例3、例4都是所在公文的第一个句子，法规规章性公文中，介词“为”通常是总则中第一条的第一个字；

二是在法规规章性公文中，常用固定句式，通常介引动宾短语，这些短语的动词习惯上是“加强、维护、保护、改善、规范、保证、发挥、适应、提高、促进”等；

三是适用文种广泛，经常用于条例、办法、规则、章程、细则、规程等法规规章性公文，也经常用于通知、意见等法定性公文；

四是介引内容多为长句，以严密、全面、准确的表明发文目的，如例2中，整段93字，“为”介引的内容有80字，句子长、信息量大，连续用了“应对”、“贯彻”、“落实”、“促进”、“执行”、“加大”等动词，表现了国务院办公厅认真贯彻落实党中央、国务院有关文件精神，促进经济平衡较快发展的目的和决心。

篇首用介词“为”加长句组成的介词短语，可以直接表明公文制发的目的，凸显主旨，这种特定模式有利于语言信息处理系统进行相关处理。

第七节　公文中的数词

数词是指表示人、事物的数目或先后次序的用词。随着市场经济的深入发展，数词在公文中的运用也越来越突出。调查研究、介绍情况、提出任务、规定期限等，运用数词表示，比一般文字表述更直观、确切、迅捷，效果更好。

一、数词的种类

数词的种类有许多，主要有：基数，表示数目的多少。如“一、二、三……、千、万、亿……”序数，表示次序的先后。如“第一、第二、首先、其次”等。分数，用“几分之几”表示的数。倍数，能够被另一整数整除的数。如15是3的倍数，也是5的倍数。概数，反映数量的近似值，表示不肯定或不确定的数目。如“大约”、“近”、“左右”、“多少”、“若干”、“……以上”、“……以下”等。

二、数词的使用方法

主要有：倍数、分数表述法。表示增加时用倍数或分数。如“人数增加了一倍”，“产量提高了20%”。表示数量减少时只用分数，不用倍数。如“产量减少50%”，不说“减少一倍”。数量增减表述法。表示数量增加的，包括增长、扩大、提高等，如果带“了”字，只指净增数，不包括底数；如果带“到”、“为”等字，则只指减少后的余额。概数表述法。表示反映数量的近似值，常在数字后面带“以上、以下、左右、上下”等字样，或在数字前面加“约、大约、近”等。

三、数字的运用形式

公文中的数字表达，可分为阿拉伯数字与中文数字两种。公文使用的数字，凡是可以使用阿拉伯数字而且又很得体的地方，均应使用阿拉伯数字。

（一）公文中使用阿拉伯数字

1. 表示物理量，如表示重量、长度、高度、宽度、面积、体积等各种计量的数字等，必须用阿拉伯数字，例如，58kg、300米、800元、190mm、90mm等。非物理量（金额、人数等）一般也应用阿拉伯数字，例如，26人、400美元、60岁等。表示若干万、若干亿的整数，可用“万”、“亿”为单位和阿拉伯数字并用，如写成“10万”、“4亿”。

2. 具有统计意义的数值，如统计表中的正负数、小数、百分数、比例等，必须使用阿拉伯数字，例如：“收益率约为百分之五十”的百分数应改写为“50%”。

3. 公文发文字号使用阿拉伯数字。如“××字〔2013〕36号”。

4. 表示时间概念的数字使用阿拉伯数字。如“会议时间拟定于2013年8月16日下午2：30”。

（二）公文中使用中文数字

在公文写作中，有些地方又不能不使用中文数字。

1. 部分结构层次的序数。公文结构层次序数，第一层为“一、”，第二层为“（一）”，第三层为“1.”，第四层为“（1）”。这样在表述层次时，一、二层次的序数是用中文数字来表示的。

2. 数字作为词素构成定型的词、词组、惯用语、缩略语、成语、具有修辞色彩的语句时，应使用汉字。如一国两制，两个基本点，三大法宝，四平八稳，五湖四海，六神无主，七上八下，八面玲珑，九死一生，十年树木，百年树人，千山万水，“十二五”规划等缩略语以及一刀切，两面派，五线谱，七月七，十、百、千、万、亿等词、词组、惯用语。

3. 邻近两个数字并列连用，用以表示概数时应使用汉字数字。如：一二月、三四天、五六种、七八个、十之八九等。或者用“几”、“左右”、“上下”、“约”等表达约数的，一般使用汉字，例如：房间里有六七个人在开会。教室能够容纳五十人左右。

4. 含有月日简称表示事件、节日和其他意义的词组等要使用汉字，如果涉及一月、十一月、十二月，应用间隔号“·”将表示日月的数字隔开，并外加引号，以避免歧义。如：“一·二八”事变、“一二·九”运动等。

5. 整数一到十，如果不是出现在具有统计意义的一组数字中要使用汉字，但要注意上下文体例的一致性，例如：五种类型、六个百分点、八条意见、二百、三千等。

此外，公文中引用法规中的章、节、条、款、项、目的时候，按照原法规中所用的数字，原文用汉字的引用时就用汉字；原文用阿拉伯数码的引用时就用阿拉伯数码。

四、使用数字要规范

公文写作离不开数字。数字与一些量词结合，用以表示人和事物的数量。目前在我国通用的数字，包括大写的汉字、小写的汉字及阿拉伯数字。数目字在公文写作中的使用，不但是一个严肃细致的工作作风问题，也有一个使用方法问题。数字使用得当，有利于提高公文写作的质量，使用的不好，其后果是不堪设想的。因此，在写作中，正确运用数词至关重要。公文中数字表达一定要确切，含义明确。掌握确切数据，做到精确表述；对同一事物的表述要前后统一，不能互相矛盾；表示数量一般用阿拉伯数字，特殊情况下使用汉字，同一公文中同类数量的表示方法要前后一致。

1. 概数词语的使用要明确。表述“以上”、“以下”、“以内”、“不满”、“不到”、“低于”、“小”、“少于”、“大于”、“多于”、“超过”等与数字密切相关的词语时，应注意与数字的含义相符合，明确界定是否连同本数在内，如表述为“三天以上（不包括三天）”或者“三天或三天以上”；或者给出明确界定，如：“本条文中凡用‘以上’、‘以内’词语表述时，含该数字本身；凡用‘超过’、‘低于’、‘小于’、‘大于’词语表述时，不含该数字本身。”“左右”、“上下”等词语应在基数之后，“约”、“近”等词语则在基数之前；一个句子中只应使用一个表示概数的词语，否则会造成混乱。

2. 数字用于限定成分时，也放在限定的对象之前，以免引起读者歧解。

如“××单位拥有三套使用面积为380平方米的高级套房”，其中“三套”和“380平方米”难以理解，是三套房的总面积一共“380平方米”，还是三套中每一套的面积均为“380平方米”，表达不清，易生歧义，如改为“××单位拥有使用面积共380平方米的三套高级套房”，数字限定就清楚明了了。

3. 公文中使用“提高”、“增加”、“增长”、“上升”、“扩大”、“减少”、

"降低"、"下降"、"缩小"等词语时，要明确是否包括本数在内，严格区分这些词语含义的差别；公文中涉及分数、小数、百分数时一般可以互换，但关于"减少"、"降低"、"下降"、"缩小"等的表述则不能使用倍数，但可使用百分数或分数。

4. 公文中出现的概括性数字应与各部分数字相符，即文中表达总和的数字，应与所概括的各部分数字相符合，总数应是各部分数字之和。

五、与数字表述有关的容易出错的一些词语，使用时要特别注意辨析其含义与用法

（一）"二"与"两"的用法

"二"和"两"除在度量衡单位表示数时可通用外，在表示序数、小数、分数时应用"二"，如"第二位"、"零点二"、"二分之一"，而不能写成"第两位"、"零点两"、"两分之一"。表示一位数的基数和概数时，应用"两"，如"两台机器"、"过两天"，而不能写成"二台机器"、"过二天"。

（二）"倍"的用法

"倍"虽是一个比较简单的词，但在公文写作中误用情况却是多见的。

1. 与"增加了"合用时的误用。某化工厂的工作总结中写道："……本月烧碱产量为120吨，与去年同期的40吨相比，增加了3倍。"这是误用了"增加了"。"增加了"是在原数基础上，向上增加若干个原数。120吨比40吨实为增加了两倍而不是三倍。

2. 与"增加到"合用时的误用。某化肥厂的一份报告材料中写道："……刚投产时，日产化肥28吨，现已日产56吨，增加到过去日产量标准的1倍。"这里误用了"增加到"。"增加到"是包括底数，指增加后的总数，56吨是增加到过去日产量28吨的两倍，而不是一倍。

3. 把"倍"用在降低、减少上。如有的公文中出现"降低×倍"或"减少×倍"的提法，这是不妥的。因为"倍"只能用于增加，不能用于降低或减少。如果说用于减少，就应该加"负"字。减少一倍就意味着一减去一等于零，如果减少或者降低×倍，那是无法理解的。

（三）"以上"与"以下"的用法

"以上"、"以下"等词与前面的数字连用，这种表达方法的数目概念，习惯上应包括前面的本数在内，百人以上即含百人，千人以下即含千人，不应把本数排除在外。假若"以上"、"以下"连用，应将本数单独标出，以防引起歧义。如"考试成绩在90分以上者有69人，90分以下者26人"，这句话数字概念有些欠准，由于"以上"与"以下"均包含本数，那90分的人究竟划入哪个范围

就不明确了。正确的用法应当是："考试成绩在90分及其以上者有69人，90分以下者有26人。"这就标明90分者已含在"以上"的范围内。

另有下列与数字表述有关的容易出错的词语，使用时要特别注意辨析其含义与用法。

【倍】与【番】：数量增加一倍，或翻了一番，都是说增加了100%。但"番"是按几何级数计算的，"两番"的数值比"两倍"多一倍，而且翻的番数越多，与同样多的倍数的量值距离就越大。

【一半】与【一倍】："多一半"是指比原额多出50%，如原额是1，总额就为1.5；"多一倍"是指比原额多出100%，如原额是1，总额就为2。但在表述数量的减少时，不得使用倍数，如"技术革新后燃油单耗量由原来的82公斤降低到43公斤，节约燃油近一倍。"这句话中的"一倍"应改写为"一半"。

【同比】与【环比】：同比是与历史同时期比较，如2013年9月与2012年9月相比称为同比。环比是与上一统计段比较，如2013年9月与2013年8月相比称为环比。常用于比较说明某一对象发展速度的经济统计指标。一般同比与同比相比较，环比与环比相比较，而不能拿同比与环比相比较；为系统反映某一事物的发展趋势，往往要把同比与环比放在一起同时进行对照。例如："今年二季度国内市场钢材价格同比下降0.8%，5月份环比价格上涨1.5%"，其中，同比下降0.8%是与上年二季度相比较的结果，环比价格上涨1.5%是与上年4月份相比较的结果。

【百分点】与【百分率】：在百分数与百分数之间进行比较时，两个分子的差是百分点，如把10%和15%相比较，我们就可说后者比前者多了5个百分点。把两个数的比值用分数的形式来表示，这种比率关系就是百分率，如1/5用百分率表示就是20%。

第八节 公文专用术语

一、公文文种用词

文种，简而言之，就是公文的种类。文种是公文中具有共同内涵、共同使用范围、共同成文格式和最能体现公文内容、标明公文名称的基本分类单位。它能够反映公文的性质、行文关系、行文目的以及公文的特点。在公文的实际撰写过程中，选择合适的公文文种词语意义重大。

（一）文种用词分类

我国公文文种经过历史上无数次的演变，随着社会生产力的发展变化，现代公文文种词也随着社会的发展历经多次调整和修改，在发展变化中趋于规范、统一和实用。本书根据公文的属性将公文划分为四大类：

一是规范性公文文种词。根据中共中央办公厅、国务院办公厅2012年发布的《党政机关公文处理条例》规定，党政机关使用的主要文种为15个，即决议、决定、命令（令）、公告、通告、议案、意见、通知、通报、公报、报告、请示、批复、函、纪要。

二是法规与规章性公文文种词。主要有：条例、规定、办法、章程、细则、规则、规程、规范、公约、守则、制度、通则等。

三是事务性公文文种词。主要有计划、规划、工作安排、工作要点、方案、调查报告、简报、会议记录、总结、讲话、汇报提纲、述职报告、提案等。

四是专用公文文种词。其中经济类公文文种词主要有：经济合同、协议书、意向书、产品说明书、商业广告、经济预测报告、经济活动分析报告、审计报告等；礼仪类公文文种词主要有：表扬信、感谢信、慰问信、贺信、倡议书、申请书、欢迎词、祝词、开幕词、闭幕词、讣告、悼词等；司法类公文文种词主要有：起诉状、上诉状、答辩状、公诉词、抗诉书、刑事判决书、民事调解书、仲裁书、公证书等；外事公文文种词主要有：外交声明、条约、公约、协定、照会、国书、宣言、公报、备忘录、议定书、谈话、换文、全权证书、介绍书、批准书等。

另外，还有军事公文、社团公文等文种词，在此不再一一列举。

公文文种词以其简明统一的表达形式和特定的表达内容而使纷繁复杂的社会事务得到规范有序的公文化处理，确保了公文的规范化和严肃性，有利于更好地发挥公文的管理作用和实施效能，提高管理价值和运作效率。

（二）使用文种用词注意的问题

1. 把握文种的内涵，避免文种混用。在公文写作中，首先遇到的就是文种问题，能否正确使用文种，不仅关系到公文的规范化、科学化，而且也涉及公文的权威和法规作用的发挥。一些机关、单位不注意公文文种的正确使用，滥用文种，造成不良影响。因此，一定要仔细区分，把握文种的内涵与外延，避免混用。尤其要注意几个易混文种的区别，如命令与决定、公告与公报、决定与决议、通知与通报、批示与批复、通告与公告等，虽然只有一字之差，但它们在行文主体、行文内容、行文范围等方面都有着明显区别，因此，只有熟悉各个文种的性质、用途，切实把握文种名称的内涵与外延，才能准确地使用文种，这对发挥公文的应有作用，提高公文处理工作的效能，具有直接的和重要的影响。

2. 要根据行文关系和行文目的来确定文种。如向上级行文，文种只能选用“请示”、“报告”、“意见”等文种，向下级行文，一般用“通知”、“通报”、

"纪要"、"决定"、"决议"、"意见"等文种，向社会公众发布信息，多使用"令"、"公告"、"公报"、"通告"等文种；请求上级给予指示或支持的，就应用"请示"，用于向上级汇报工作、反映情况的，可用"报告"；告知下级应知事项、向下级布置安排工作的，要用"通知"，向平级单位咨询情况、联系事务的，应使用"函"等。因此，必须明确行文目的，掌握公文处理规定，才能避免文种滥用现象的发生。

3. 要依据制发机关的权限使用文种，不可超越职权。如命令（令），公文中最具有权力象征的一个文种，在实际工作中，一般只有国家的高级领导机关、军事机关才可使用，假若某一个基层单位也来发布命令（令），就失去了命令（令）的严肃性和权威性。又如公告，虽属于告知性文种，但它一般由较高级别的国家行政领导机关、法定机关如全国人民代表大会、国务院、各省、市人民政府及人大等发布，或者授权新华社制发，基层单位一般不宜使用。但从目前的实际情况来看，对这一文种的使用很不规范，随意性很强，不但党和国家的高级管理机关使用，就连基层的企事业单位也用，其所涉及的事项既有法规中所规定的重要事项或者法定事项，也有一般性的事项，显得很不严肃。这种滥用"公告"的做法，从实质上说就是一种越权行为。

4. 文种名称的确定和使用，必须按照公文管理法规的统一规定，不能乱用名称。法定公文的15种名称，按规定只能单独使用，不能加以合并。但在一些单位的行文中却出现了"请示报告"、"告示"、"申请报告"、"意见报告"等，把两个不同的文种名称合并或缩减在一起使用，这种做法既不严肃也不规范，必须加以克服。

另外，在现实工作中，还存在一些错用公文文种的习惯，不符合公文处理的规范，需要避免。如一般不得越级行文，不能在报告中夹带请示，向不相隶属单位行文要使用函，而不能使用请示等。如果这些知识不了解，也会影响文种用词的正确使用。

二、公文处理用词

《党政机关公文处理工作条例》规定："公文处理工作是指公文拟制、办理、管理等一系列相互关联、衔接有序的工作。"公文写作需要严格的公文处理规定来进行规范，各级党政机关通常都制定专门用于规范公文处理的文件，这些文件中有许多词语是公文学特定的术语，具有明显的公文语体特征，能够体现公文语体高度规范的特点。

（一）公文处理用词分类

本书大致将公文处理用词分为公文格式用词、公文收发办理用词和归档管理用词三类。

1. 公文格式用词主要有：密级、保密期限、绝密、机密、秘密、紧急程度、发文机关标志、发文字号、签发人、主送、主送机关、附件、附件说明、发文机关署名、成文日期、印章、附注、抄送、抄送机关、印发、印发机关、印发日期、特急、特提、加急、平急、天头、版头、份号、订口、版心、主体、版记、分隔线、页码等。

2. 公文收发办理用词主要有：上行文、下行文、平行文、来文、去文、行文、联合行文、上级机关、下级机关、同级机关、受理机关、相关机关、发文机关、起草、审核、签发、审议、初核、签署、签发、会签、圈阅、登记、分发、封发、封口、投送、拟制、印章、签收、请办、承办、拟请、阅示、机要、暂行稿、试行稿、正本、副本、办理、管理、越级行文、收文办理、发文办理、整理、核对、初审、传阅、催办、答复、复核、登记、印制、核发、审批、签批人、复审等。

3. 公文管理用词主要有：复制、汇编、戳记、翻印、撤销、废止、清退、销毁、归档、存档、移交、签批、暂存等。

（二）公文处理用词的特点

1. 位置固定、使用独立。一些公文处理用词的使用位置是固定的，这是由公文的规范体式决定的，尤其是公文格式用词，使用的位置有严格的规定。如：《党政机关公文格式》中规定“份号”，如需标注份号，一般用6位3号阿拉伯数字，顶格编排在版心左上角第一行；“密级和保密期限”，如需标注密级和保密期限，一般用3号黑体字，顶格编排在版心左上角第二行；“紧急程度”，如需标注紧急程度，一般用3号黑体字，顶格编排在版心左上角；如需同时标注份号、密级和保密期限、紧急程度，按照份号、密级和保密期限、紧急程度的顺序自上而下分行排列。

2. 用词程式严密。公文处理的过程有严格的顺序，《党政机关公文处理工作条例》第二十四条，收文办理主要程序是：签收、登记、初审、承办、传阅、催办、答复等程序，第二十五条　发文办理主要程序是：复核、登记、印制、核发等程序，这些程序具有很强的确定性与不可逆性，所谓确定性，是指这些步骤中的任何一步不能缺少，不可逆性指这些步骤不能颠倒次序。这些要求决定了每一个涉及公文处理过程的文件，在使用这些词语时也要按照一定的顺序。

3. 使用范围特殊。多数使用在专门的公文处理规范性文件里，如政协、人大、法院、各省、市、各部门都参照《党政机关公文处理工作条例》制定了相应的“公文处理办法”或“公文处理办法实施细则”，都要使用到这些公文处理标记词语。党政机关往往使用专门的公文处理单对来文进行处理，文秘部门负责人根据文件内容确定需要阅处的领导，一般在处理单中填写“拟请××（如省长、市长、秘书长等）阅。”部门领导（如办公厅或办公室主任）同意这一意见，就会在相应位置填写：“同意拟办意见。”如不同意，会写出修改意见或理由。这之中的“拟请”、“拟办”等词语的使用范围非常集中。

（三）使用公文处理用词应注意的问题

1. 要正确把握词语含义，对一些意义相近的词要进行区分。如审核与复核、承办与催办、拟办和批办，都有着不同的含义，在使用时要注意区分。

2. 理清公文处理程序，避免顺序颠倒或有所遗漏。如在公文制发过程中不得缺少复核的环节，在公文制发过程中不能“先签后核”，弄错次序。只有明确这些处理程序，在制定相关公文使用公文处理用词时才能准确无误。

第九节　公文中的人名和地名词语

公文写作中，经常涉及一些地名、人名的表述，要注意科学规范。

地名用词，是指表示地方的专用名词。表述时，第一次出现在文中时，如属于国外的，要冠以标准的国家名称，属于国内的，要冠以省、自治区、直辖市的名称、所有国名、地名均要使用国家公布的标准名称。一般不使用别称，国名、地名不用简称。除因特殊需要（如保密等）或在文中无重要意义，公文中的地名大都要精确表述，慎重使用表示地名的代词，以防费解和误解。

人名用词，是指表示人物姓名的专用词。涉及人物的姓名往往同职务相连，表述时，姓名、职务要用全称，如“中华人民共和国主席胡锦涛”、“教育部副部长刘利民”。表示职务时，应当准确表达，副职不得省略“副”字；当一人担任多项职务时，一般只列出与公文内容有关的职务；多个职务并列的，国内的要按先党内后党外、由大到小排列，国外的要尊重对方的习惯或双方的需要。国外人员的姓名应以新华社公布的标准译名为准，译名之后一般用括号注明其外文名称。若干人物姓名并列时，要按职务高低、姓氏笔画多少、姓氏字母的顺序等标准排序。

第六章　公文常见语病

公文语言作为机关、团体和单位在公务活动中所形成的书面语言运用系统，其作用是不言而喻的。公文所使用的语言，应当是规范化的现代汉语，准确、精练、严谨、朴实是公文语言的基本特性。但是在具体写作过程中，语言运用不规范的现象却不时出现在不同级别的公文当中，既影响了工作的正常开展，又损害了发文机关的形象。本章主要对公文语言中的不规范现象进行分析，以期对公文写作人员的实际工作有所裨益，并推动公文语言的规范化发展。

第一节　语法方面

语法，即语言的结构规律，包括词法和句法。语法方面的不规范主要指违反语言正确的结构方式，也就是违反了人们共同理解、共同接受、共同遵守的语言组合法则。在现代汉语中，词划分为实词、虚词。词语的组合主要有两种方式，一是以语序为主要手段的直接组合，一是以虚词联结为主要手段的关联组合。下面，对公文中常见的几种语法不规范现象加以分析。

一、搭配不当

所谓搭配不当，就是在写作公文时，没有按照正确的语法关系把各种词语组成句子。常见的搭配不当主要有：

（一）主谓搭配不当

例 1　在此案的侦查过程中，县公安局克服各种困难和不利因素，顽强拼搏，忘我工作，严密组织，果断决策，充分体现了敢打硬仗、敢于攻坚的工作作风，表现了高度的政治责任感和过硬的业务素质。

例 1 是误解词义造成搭配不当，本句谓语陈述的对象是人，主语“县公安局”可改为“县公安局全体参战民警”。

例 2　今年，全县的小麦生产已经丰收在望。

例 2 是由于陈述对象不明确造成主谓搭配不当。句中“小麦”本应是主语，却让“生产”取代了，应将“生产”一词删去。

例 3　2004 年，在区委、区政府的正确领导下，在社会各方面的大力支持帮助下，经过区科协系统的共同努力，我区创建全国科普示范区通过了验收，荣获

“全国科普示范区”称号，跨入了全国科普工作先进行列，为房山区争得了荣誉。

例3主语“我区创建全国科普示范区”是一种行为，与谓语“验收”不搭配，应该将主语添加虚词“的”，改为“我区创建的全国科普示范区”。

例4　当前，公民和一些行政管理部门执行户籍法规的观念比较淡薄，不按规定申报出生户口的现象屡禁不止。

例4中“公民”与“执行户籍法规”不搭配，行政管理部门有权执行法规，而公民是落实法规的对象，可以把“执行”改为“对于”。

（二）动宾搭配不当

例1　市内的其他一些活动场所也将为孩子们开设一些有意义的活动。

例1动词“开设”与宾语“活动”不搭配。可在句后加上“项目”或将“开设”改为“开展”。

例2　事故的根本原因是镇政府与区办矿忽略国家有关规定和上级政府的决定，不顾采煤农民的生命安全，冒险蛮干，违法办矿，违章作业。

例2是词义把握不准确造成搭配不当，“忽略”是“疏忽，没有注意到”的意思，实际上是镇政府与区办矿故意避开国家规定和上级政府的决定，应将“忽略”改为“无视”。

例3　各级政府和各有关部门必须从立党为公、执政为民的宗旨出发，按照“群众利益无小事”的要求，把这项工作摆在突出位置，抓紧抓好，努力减少生活必需品价格上涨对城乡困难群众生活的影响。

例3“减少”和“影响”不搭配，“减少”多和具体事物搭配。应该把“减少”改为“减轻”。

例4　市领导通过深入实际，现场办公，圆满地解决了群众的许多要求与难题。

例4是由于误解词义造成了动宾搭配不当，“要求”不能用“解决”，只能是“达到”与否，“问题”才能用“解决”。

（三）定语和中心语不搭配

例1　人类已面临日益的水源危机、食物危机、资源危机与生态环境危机。

例1“日益”表示一天比一天更加的意思，是副词，只能作状语，而不能作定语，因此，上例中“日益的水源危机……”不合语法。如保留“日益”，可在“日益”后加“严重”，即“面临日益严重的水源危机……”

例2　随着现代通讯在我国更广、更深范围的普及与发展，对通讯业的管理有必要进一步加强。

例2“范围”是指周围的界限，不能用“深”来形容。“广”是可以形容范围的，前面既然用了“广”，可以直接删掉“更深”。

例3　事实上，这是造成此次事故的最严重的原因。

例 3 “严重”形容程度深、影响大或是情势危急，如“事态严重”、“严重的事件”等。上例“严重”形容“原因”不搭配。应将“严重”改为“主要”或“重要”。

（四）状语和中心语不搭配

例 1　凡国有资产严重流失的企业，一概追究领导责任。

例 1 状语与中心语搭配不当，句中“一概”应改为“一律”。“一概”和“一律”均有表示使用于全体，没有例外的意思，但用法略有不同：“一概”用于动词前仅限于对事物的概括，“一律”则对人对事均可。

例 2　领导们严肃地研究了这个问题，提出了处理意见。

例 2 状语“严肃”和中心语“研究”搭配不当，可改“严肃”为“认真”或“详细”。

例 3　我们要把有限的精力多用在群众急需解决的问题上。

“多”表示数量大或程度高。在例 3 中，既然用了“有限的精力”，那后面就不宜用“多”，应该把“多”改为“都”。

例 4　由于人数过于众多，家具城的工作人员怀疑他们是在非法集会，因此他们被请到了外边。

“过于”表示过分，数量或程度超过限度，近似于“太”。在例 4 中，说“过于众多”不恰当，因为表示很多的“众多”不受程度副词的修饰。如保留“众多”，应将“过于”删去，也可将“过于众多”改为“过多”。

（五）主语和宾语搭配不当

例 1　中国的航空航天技术水平有令世人瞩目的进步。

“进步”指向前发展，比原来好。例 1 中说“水平有……进步”不恰当。可以改为“中国的航空航天技术有……进步”，也可以改为“水平有……提高”。

例 2　本校坐落在大兴区北普陀影视城内，这里环境优美、风景如画，是孩子们学文习武的理想圣地……

“圣地”指宗教徒称与教主生平事迹有重大关系的地方，也指有重大意义或作用的地方。在例 2 中，把一个普通的学校称为“圣地”不合词义。从句意看，把“圣地”改为“所在”和“去处”都是可以的。

（六）关联词语不搭配

在公文写作中，成对搭配使用的关联词语不能随意改换，否则就会出现关联词语搭配不当的问题，而影响语义的准确表达。

例 1　只要搞好党风廉政建设，才能巩固执政党的地位。

例 1 将两种不同类型条件关系的关联词语搭配在一起，显然不妥，应将句中的“只要”改为“只有”。

例 2　搞好社会治安综合治理，不只是执法机关的事，而是整个社会的事。

例 2“不只……而……”，一个表示递进关系，一个表示转折关系，也属于搭配不当，可改为“不只……而且……”

例 3　群众为他鞠躬尽瘁的精神而深深打动。

“为……而……”可以表示目的，如“为实现共产主义而奋斗”。但在例 3 中，从句意看不是表示目的，而是表示被动，那就应该将“而”改为“所”，“为……所……”表示被动。

例 4　我们希望作家、艺术家给孩子们写出越多越好的作品来。

“越……越……”表示程度的倚变关系，但这里却是数量“多”和质量“好”两个方面的并列，故不能用“越”关联。可改为“又多又好”。如目的在于强调数量和质量比原来有所增加和提高，则应改为“更多更好”。

例 5　由于她工作认真负责，一丝不苟，而及时查出了一起文物走私案。

例 5 由于分句含有因果关系，因此，应该把“而”改为“因而”，以与“由于”相呼应。

二、语序不当

语序是指各级语言单位在组合中的排列次序。语序不当，就是指排列错误、次序颠倒，违反语言习惯，以致表达不清或产生歧义等。常见的语序不当包括：

（一）修饰语和中心语错位

例 1　今年底无法实现市政府要求的排污达标。

例 1 属于定语和中心语错位，句中宾语中心语是“要求”而不是“排污达标”，此句可修改为“今年底无法实现市政府有关排污达标的要求”。

例 2　医生发现或者怀疑患严重遗传性疾病的育龄夫妻，应当提出医学意见。

“医生……怀疑患……病的育龄夫妻”，育龄夫妻成了怀疑的对象，这显然不合原意。发现或者怀疑的对象应该是患病的情况，而不是患病的人。语序应该调整为“医生发现或者怀疑育龄夫妻患严重遗传性疾病的……”这是定语和中心语错位。

例 3　关于健全省委同党外人士举行定期座谈会的意见。

例 3 属于状语和中心语错位，句中“举行定期”应改为“定期举行”。

例 4　有些炎症，西医能治，中医照样能治，不仅中药能与抗生素相媲美，而且副作用小，成本也低。

“不仅”与“而且”相呼应，但是位置不对。两个分句的主语相同，后面的分句承前省略，“不仅”应放在主语“中药”之后。这属于状语和主语错位。

例 5　近几年我国的青少年足球队虽然在世界大赛上取得了一点成绩，但报纸宣传对此过头了。

例 5 是述语和宾语错位。不是“宣传对此过头了”，而是“对此宣传过头了”。

例 6　他们共同都有一个特点，就是自我感觉不良好。

“有”前边有两个状语“共同”和“都”，这两个状语放在一起，语义重复，而且“共同都有……特点”的说法也不符合语用习惯。从上下文来看，“共同”应该是“特点”的定语。应该把这句话改为“他们都有一个共同特点……”这是定语和状语错位。

（二）多层定语错位

例 1　屋里陈列着各式各样的鲁迅过去所使用的东西和书籍。

例 1 应将“鲁迅过去所使用的”放到“各式各样的”之前。因为多项定语的顺序一般是领属语在前，数量语在中，形容或描写语在后。

（三）多层状语错位

例 1　为了经济的高速发展，我们必须狠抓科学技术的现代化，把国民经济用先进的科学技术搞上去。

例 1 是多层状语错位。应将“把国民经济”与“用先进的科学技术”互相调换。

（四）联合词组错位

例 1　省委、市委和中央的同志都到这里视察过。

例 1“省委、市委和中央的同志”排列不合逻辑，应按从高到低或从低到高的顺序排列，可改为“中央、省委和市委领导同志”或“市委、省委和中央领导同志”。

例 2　在工作中，我们应该注意培养自己解决、分析、观察问题的能力。

例 2 中“解决、分析、观察”语序不合理，应把“观察”与“解决”位置互换。

例 3　人生的价值和意义，其实并不在于别人对自己如何膜拜、崇敬、羡慕，而在于自己对社会、对历史的进步和发展做出何种贡献。

“膜拜、崇敬、羡慕”三个词在词义上有轻重之分，应该按由轻到重的次序进行排列，所以“膜拜”和“羡慕”必须互换位置。

例 4　从牡蛎和某些棘皮动物中，可以提取抗癌物质，许多海洋生物的药用价值正在被推广和发现。

例 4 句中“推广”和“发现”两个动词排列不合理，应是先“发现”，再“推广”。

（五）复句语序错位

例 1　这个村今年水稻获得大丰收，不但向国家销售了 10 万斤大米，而且不吃国家救济粮。

例1两个分句语序错位。应将“向国家销售了10万斤大米”，和“不吃国家救济粮”位置互换。

例2　西安交通管理局通知，6月1日起凭新准运证上路，更换农用车辆准运证自5月8日起开始办理。

例2按照时间顺序，应当先更换准运证，后凭准运证上路。

例3　报刊、电视和一切出版物，更有责任做出表率，杜绝用字不规范的现象，增强使用语言的规范意识。

例3后面两个分句语序不当，应先“增强”后“杜绝”。因为从逻辑上说，只有“增强使用语言的规范意识”，才可能“杜绝用字不规范的现象”。

例4　由于世界性水危机，地表水和地下水遭到不同程度的污染，水质日益恶化。

例4因果倒置。水遭到污染，水质恶化，是造成世界性水危机的原因，应改为“由于地表水和地下水遭到不同程度的污染，水质日益恶化，造成世界性水危机”。

三、成分残缺

完整的句子，一般由一定的句子成分组成，如果不是语言环境需要和语法规则允许，必要的句子成分是不可缺少的，否则，就会出现成分残缺的毛病。公文中常见的成分残缺的问题主要有：

（一）主语残缺

例1　澳门的民风十分淳朴，待人也很真诚。

例1中谓语暗中改变陈述对象，致使后面分句没有主语，应在“待人”前加上主语“澳门人”。

例2　有的国家规定，对居住在外国的本国公民回国也必须办理入境签证。

例2是由于滥用介词结构而掩蔽了主语。“回国也必须办理入境签证”的主语应该是“居住在外国的本国公民”，但由于“对”的介入，“居住在外国的本国公民”就变成了介词结构的宾语。应把介词“对”删去。

例3　在被患者誉为“救命之家”的肿瘤专家门诊，仅两年的时间就收治了2000多名癌症患者。

例3“在……门诊”是个介词短语，在句首只能作状语，后边“……收治……患者”就没有主语，由于滥用介词造成了主语残缺。应删去介词“在”，让“在”后的定中短语作主语。

例4　通过这次整党学习，使我们县的党员树立了信心，振奋了精神，鼓舞了干劲。

例 4 由于使用了关联词语“通过……使……”使得句中主语缺失，应该把“通过这次整党学习”改为“这次整党学习”，或者删掉“使”。

（二）谓语残缺

例 1　科学技术发展迅猛，越来越强的促进社会发展的能力，引起了世人的普遍重视。

例 1 由于中间句没把“越来越强”放在谓语中心语的位置上，致使谓语残缺，句子很不通顺。此句可改为“促进社会发展的能力越来越强”，即使谓语中心语归位。

例 2　施工人员在不中断大桥行车的情况下，采取南北引桥同时交叉并进的方法。现在列车通过大桥速度可达到每小时 140 公里。

例 2 中，第一个句子有谓语残缺的毛病。这个句子的主语是“施工人员”，主语后有两个状语，“在……下”、“采取……方法”，状语后还没有说出被状语修饰的行为动作来，就结束了该句。应该在“采取……方法”后面补出谓语“进行施工”。

例 3　十一届三中全会以来，我国各行各业的形势，广大人民的精神文明水平迅速提高。

例 3“我国各行各业的形势”怎么样，缺失谓语。可在其后补充谓语“大好”等。

例 4　政府积极参与社会灾害性事故处理，化解风险，安定社会生活的责任。

例 4 误把介词结构当作谓语。在句中，“参与……”、“化解……”、“安定……”这三个动宾短语共同修饰中心词“责任”。为了与宾语中心词“责任”搭配，必须在“参与”前加上“承担”这类动词，充当全句的谓语。

（三）宾语残缺

例 1　当地农民发愁买不到优良品种鸡雏，而县种畜场完全可以满足。

例 1 的“满足”后面缺少宾语，可改成“满足他们的需要”。

例 2　各单位要在节前安排好清扫保洁。

例 2 句子不完整。可在“保洁”后面加上“工作”。

例 3　依据纪律处罚办法，决定给予该队员取消参加今年余下所有甲级队比赛资格，并罚款人民币 4 万元。

例 3 中谓语动词“给予”缺失宾语，应在“4 万元”后添加“的处罚”。

例 4　它向世界表达了中国人民对内致力于构建和谐社会，对外努力建设和平繁荣的美好世界。

例 4 中缺失与“表达”相对应的宾语，可在句末加上“的意愿”。

（四）定语残缺

例 1　要树立起服务意识、开放意识和全局意识，真正使全局的广大党员特别是党员领导干部的思想观念进入一个境界。

例1“进入一个境界”这个短语语意不清。境界有高低之分，新旧之分，因此，应在“境界”前加修饰词“全新”或“崭新”，意思表述得才更准确。

例2　这种新产品具有低耗能、无污染的特点，其性能和质量可以达到国际90年代的水平。

例2毛病与例1相近。“国际水平”不是整齐划一的，也有好、中、差之分，应在“水平”前加上修饰词“先进”。

例3　下岗职工可经营任何行业。

例3“任何行业”缺失定语，可在“任何行业前”添加“法律允许的”。

（五）状语残缺

例1　每逢节假日或双休日，他总是深入到各中小学校，义务给学生们讲革命传统，或搞联欢活动。

例1中的主语是“他”，由于缺少必要的限定，变成了“他……搞联欢活动”，这显然是有悖于原意的。应在“搞联欢活动”前面加上“与学生们一起”这一短语。

例2　中央关于老工业基地改造的战略将是我们市调整结构、加快发展的最好机遇。

例2这句话的主干成分为“……战略是……最好机遇”，主谓搭配不当。应改变判断句式，变成主语一状语一谓语一宾语的句式，可改为“……的战略将为我们市调整结构、加快发展提供最好的机遇”。

例3　在经济转型时期，权力的真空和管理上的漏洞提供了暴富的机会。

例3权力真空和管理漏洞所提供的“暴富机会”不是普遍的，因此必须对其范围进行限定，在“提供”前加上“为少数人”或“为个别人”。

例4　从总体上看，党政机关的工作作风是好的，全市经济发展的环境有了很大改善，但也应该看到，行业不正之风依然存在，经济发展环境不宽松的问题仍很突出。

例4这句话前面是肯定，接着又否定，自相矛盾。应在“行业不正之风”前加上“在个别部门”，在“存在”前加上“不同程度地”，在“经济发展环境”前加上“在个别单位”。

（六）中心语残缺

例1　中央作出的西部大开发将是××尽快发展起来的最好机遇。

例1属于中心语残缺，可在“西部大开发”后面加上“的战略决策”或将主语部分修改为“中央关于西部大开发的战略”。

例2　要坚持学术研究的正确方向，对思想认识问题要积极引导，对事关政治方向、重大原则问题，要旗帜鲜明，分清是非。

例 2“事关政治方向、重大原则问题”残缺定语中心语，可以把句中的顿号改为“的”。

例 3 “能”就是要求有才干，才干靠踏踏实实的实践，靠刻苦认真的学习。

例 3“靠……学习”在句中只是一个表示凭借意义的状语，它后边应该有一个在状语表示的凭借条件下得以发生的动作行为的语义成分。这个成分在句子中残缺了。因此，应该在“才干靠……学习”后加上中心语“去获得”。

四、成分赘余

赘余是指盲目堆砌词语，以至于把词语形式与意义的关系弄反，或词语的铺排淹没了意义的表达，语言变得累赘而令人生厌。犯赘余的错误有时是因为说话、写文章的人生怕别人弄不懂自己的意思，于是把同一个意思翻来覆去地讲，画蛇添足；有时是由于疏忽大意，前面说过的话、用过的词，自己忘了，后面又重复说，造成叠床架屋。常见的成分赘余的毛病主要有：

（一）定语赘余

例 1 要采取各种灵活多样的形式搞好宣传教育工作。

例 1“各种”和“多样”的意思重复，二者只能择其一。

例 2 凡是群众提出的正常的合理的要求，我们都应该尽可能满足。

例 2“正常的”也就是“合理的”，“合理的”也是“正常的”，二者不能并用。

例 3 这次事故给国家财产造成了不必要的损失。

例 3 凡是“损失”都是“不必要的”，应将“不必要的”删掉。

例 4 关于建设与开创改革开放和经济发展新局面相适应的机关作风的意见。

例 4“意见”的定语部分冗长，且语意不清、搭配不当。可以理解“建设与开创”联合词组作中心词，后面是其宾语成分；也可理解为“建设”作中心词，“与开创……”介词结构作机关作风的定语。且“建设……机关作风”一句动宾搭配不当，改为“关于加强机关作风建设的意见”既简洁又明了。

（二）状语赘余

例 1 他们真查实抓、找准抓住了“两风”建设方面存在的突出问题。

例 1“找准问题”和“抓住问题”，二者语意重复，且不能构成加重或递进的语气，因此，应把“找准”删掉。

例 2 民主生活会上，委员们态度坦诚、畅所欲言，互相充分地开展了认真的批评和自我批评。

例2“自我批评”不能用“互相开展”，“充分地”与后面的“认真”语意重复，应将“开展”前的状语删掉，改为“认真开展了批评和自我批评”。

例3　指挥部的领导在一起多次反复地研究，认为专家们提出的这一方案是可行的。

例3“多次”和“反复”语意重复，两者应择其一。

例4　我们应该在青少年中大力地全面地发扬艰苦奋斗的好传统。

例4句中用“全面地”修饰“发扬”多余，可以删掉“全面的”。

（三）其他形式的赘余

例1　统计工作要与时俱进，登上时代的列车，不断地推陈出新，占领决策咨询服务这一制高点，实现统计工作的最高目标、质的飞跃。

例1这段话滥用辞藻，反复铺排、叠床架屋。“登上时代的列车”不符合公文文体。“占领……制高点”指的是什么？“最高目标”、“质的飞跃”又是什么意思？都很令人费解。可修改成“统计工作要与时俱进，努力为领导决策和社会公共事务服务，实现统计工作的不断创新”。会更平实、简洁、明确。

例2　众多的球迷们群情激昂，他们以各种不同的方式来宣泄自己的感情。

例2“众多的”已经表示了复数的意思，后面就不应有“们”，或将其删掉，或将“众多的”删掉。

例3　随着时间的推移，这次干部制度改革的重要意义和深远的历史和现实的作用，将愈来愈被人们认识到它的重要性。

例3“重要意义和深远的历史和现实作用”是这句话的主语，应将“到它的重要性”删掉。

例4　顾客要弄清楚为什么不赔偿的理由。

在例4的这种表达方式中，“为什么”与“理由”在含义上是重复的，仅取其一即可。即改为：“要弄清楚为什么不赔偿”或者：“要弄清楚不赔偿的理由”。

五、句式杂糅

杂糅是把两种不同的句法结构混杂在一个表达式中，结果造成语句结构混乱、语意纠缠。出现杂糅的错误，往往是在组织语言时，先选择一种方式表达，然后又转换到另一种表达方式，这样就给人一种似是而非的感觉，半截是这种结构，半截又属于那种结构。如：

例1　会场设在××会展中心举行商品洽谈会。

例1属于一般形式杂糅，句子把“会场设在……”和“在……举行商品洽谈会”杂糅到了一起。

例2　技术鉴定组不得少于两名成员参加鉴定。

例2属于两句合一杂糅，可改为“参加技术鉴定组的成员不得少于两名”。

例3　近年来，我市公文规范化程度有了很大提高，根本原因是由于我们认真宣传、贯彻和执行了公文管理法规。

例3“根本原因是我们认真宣传……”和“有了很大提高，是由于我们认真宣传……”杂糅到了一起，可去掉“由于”或去掉“根本原因”。

例4　××市在各级财政困难的情况下，动员全社会结合民用建筑建防空地下室，是增加城市防护面积的重要途径。

例4这句话前一个分句的主体是“××市……修建防空地下室”，后一个分句的主体是“修建防空地下室是……重要途径”，应在后一个分句前加代词“这”就没有毛病了。

例5　两位律师指出，根据法庭调查的事实和东城分局刑警队及法制办出具的书面证明材料看，××是在并未被采取强制措施时就交待了自己的犯罪事实。

例5介词短语作状语，表示凭借或依据时，可以有“根据……材料”和“从……材料看”两种说法，但不能把两种说法杂糅混用。此例中“根据……看”正是犯了这类错误。可以删去“看”，或者把“根据”改为“从”。

第二节　修辞方面

修辞，即运用各种表现形式，使语言表达准确、精练、鲜明、有力。修辞是运用语言的艺术，具体说来，它是对语言各要素——语音、词汇、语法的巧妙而有效的运用。好的公文，在语言上必然符合语法规则，同时又言简意赅富有感染力。通过修辞，可使语言达到规范性和艺术性的完美统一。

公文语言在修辞层面存在的不规范现象主要包括词语选用不当、音韵调节不够、修辞格运用不够、用语不够规范等。

一、词语运用不当

在公文写作中，由于对词的意义和用法掌握不够，造成词语运用不当，以致影响表达效果，甚至词不达意。

（一）近义词选用不当

汉语言中，表达同一个意思，有时会有几个甚至几十个意义相同或相近的词语，在选择时一定要注意它们语义的细微差别，确切弄清词义，认真辨析同义词或近义词在词义轻重、范围大小、适用对象、语体色彩、感情色彩等方面的差异，防止用词不当。如关于“死”的词语就有“逝世”、“亡”“夭折”、“英年早逝”、“寿终正寝”、“牺牲”、“殉职”、“咽气”、“老了”、“死了”等，要准确恰当地运用。再如：

例 1　制定干部下基层劳动的计划。

例 1 中“制定”应改为“制订”。这两个词都有创制的含义，但比较而言，“制定”强调“确定下来成为定案”，使用的对象大、范围广，如制定法律、章程。而“制订”侧重创制拟定的行为过程，如制订措施、计划等。

例 2　要大胆启用（起用）精通业务，有开拓精神和决策能力的青年干部。

例 2 中“起用”一般指“重新使用”，如“起用已退职或免职的官员”。“启用”的对象是物，往往指设备、系统、印信等。从句子表达的意思看，用“启用”和“起用”都不妥，改“任用”为好。

例 3　年轻人缺乏经验，需要领导多指示。

例 3 中“指示”往往是上级、长辈对下级、晚辈指出原则、办法或要做的事。“指点”有“点拨、启发”的意味。因此，“指示”宜改为“指点”。

（二）成语使用不当

成语是人们长期以来沿用的、形式简洁而意思精辟的词组或短语。由于成语的结构是定型的，因而不能随意改动或拆开使用。成语错用，主要指因对词义和用法理解有误而错用以及破坏成语结构而错用的情况。如：

例 1　任何发明创造都要付出艰苦的劳动，不可能一挥而就。

例 1 由于对成语意义不理解而造成误用，句中“一挥而就”是“一蹴而就”的错用。

例 2　就在警方步入维谷的时候……

例 2 属于破坏结构而错用了成语，句中“步入维谷”是“进退维谷”的误用。

例 3　只要我们处惊不变，沉着冷静的应对挑战，健康就永远属于你、我、他。

例 3 中的“处惊不变”明显是“处变不惊”之误。“变”是指变故，变难。“变难”是指身处变故之中。“处变不惊”是说身处变故之中而一点儿也不惊慌，是形容一种镇定自若的神态。说“处惊不变”就不通。

例 4　王老师勤勤恳恳，日理万机，在教坛上默默奉献了 30 年。

“日理万机”指的是一天内要处理上万件事物，一般指君主或国家领导人每天忙于处理繁多的政务。该词词义很重，用在普通老师身上，就犯了“大词小用”的毛病。

例 5　监狱领导根据他的特殊情况，对他极尽培养之能事，给他创造了发挥才能的机会。

“极尽……之能事”指采取一切可以采用的手段（达到目的），通常指做坏事。原文中“他”是犯人，监狱领导本着“治病救人”的精神，对他进行教育，不应该这样表达。

（三）堆砌辞藻，叠床架屋

例 1　要千方百计、想方设法、挖空心思、群策群力，圆满地完成工程任务。

例 1 中除“挖空心思”错用外，词义严重重复，可改为“要群策群力，圆满地完成工程任务”。

例 2　江泽民在十五大报告中指出：“我们党是任何敌人都压不倒、摧不垮的。堡垒最容易从内部攻破，绝不能自己毁掉自己。”全党同志一定要牢记这些深切的警策之言。

“警策之言”指简练而含义深刻的督促勉励之话。“警策之言”已含有深刻、警惕、切中要害等意思了，在“警策之言”前再加上“深切”的修饰语，就显得累赘。

例 3　国家在政策上松绑，目的是要激发地方、企业搞好经济的活力……

“搞好经济的活力”讲不通。“搞好”不能与“活力”配合，“搞好”的对象是“经济”，而不是“经济的活力”。“活力”一词画蛇添足。应该把上例中的“的活力”删掉。

（四）介词使用不当

对意义和用法比较接近又有区别的介词辨析不够、把握不准，就容易误用。如“对、对于”、“对于、关于”、“经过、通过”这几组公文中常用的介词，用法或功能相近，共性较强，但是否可以通用，要斟酌实际情况，避免误用。以“对于”和“关于”为例，表示关涉用“关于”，指出对象用“对于”；“关于”有提示作用，组成介词短语可以做标题，尤其在公文标题中不可缺少，“对于”则没有这个功能。

例 1　财政部基建司对于 13 个省的部分不正常在建工程进行了调查。

“对于……进行了调查”不符合语用习惯，应该把“对于”改为“对”。“对”是由动词虚化来的介词，其词义仍保留了一些动词的意味。“对”什么事进行了调查，这里的“对”有“针对”的意味，不能说成“对于”。

例 2　如何重新就业对下岗职工存在着很大的认识差异。

运用“对”和“对于”要弄清楚谁对谁的关系，关系弄错了，就会出现主客倒置的错误。例 2 中“如何重新就业对下岗职工”这个短语犯了主客颠倒的错误，应该是“下岗职工对如何重新就业”，因为“下岗职工”才是具有主观能动性的，才能主动对其他事物怎么样。

例 3　据统计，中头奖的大部分以得奖资金来添置家具、装修房屋或旅游。

“得奖资金”是花费、开销的对象，而不是一种“依据”的对象，所以，上例中的“以”应该改为“用”。

例4　国防工业出版社最近推出的《潜艇与战争》一书，由此，可以让读者了解我国核潜艇发展过程中的一个插曲。

例4中的“由此”，意思是“由文章中”，但这种用法不对。“由此”中的“此”不是用来指事物，而是用来指事件，“由此”是“由这件事”、“由这种情况”的意思。如果要表示从某事物中可以了解到什么，规范的说法是“从……中”。上例中的“由此”，应该改为“从书中”，另外，“可以”应移到“读者”后边去，“让”要删去。

例5　世界卫生组织明确提倡人们“低糖饮食”，一般来说，每人每日的食糖量为每公斤0.5克左右为宜。

例5中“食糖量为……为宜”中的第一个“为”应该改为“以”。“以……为宜”才是正确的。如果要保留第一个“为”，则应删去后边的“为宜”。另外，“提倡人们‘低糖饮食’”中，“每公斤”指什么事物没有交代，根据上下文可以看出指的是身体的重量，所以应在“每公斤”后加上“体重”。

（五）指代不明

公文写作中使用代词，既要使句子连续、结构紧凑，还要保持代词的前后一致。否则就会指代不明。如：

例1　我厂经过治理整顿，面貌一新，该厂领导班子对未来充满信心，对这个厂制定了十年发展规划。

例1中“我厂”、“该厂”、“这个厂”前后不统一，犯了指代不明的错误。

除此之外，在公文写作中，名词、动词、形容词、量词、数词、副词、连词、助词等几类词也存在使用不当的现象。

二、音韵调节不够

公文虽然不像韵文那样要求押韵和讲求抑扬顿挫，但为了增强语言的表现力，离不开必要的修辞手段。好的公文，音节匀称协调、错落有致，声调平仄相间、和谐优美，读起来朗朗上口。一些公文之所以读起来平平淡淡，甚至很不流畅，听起来让人感觉单调乏味，很重要的原因就是不会用修辞手段调节音节、音韵，以致语句缺乏匀称性、节奏感和音韵美。如：

例1　学习好，贯彻好，落实好。

例1这种表达，在语法上称为“命令式”，力度要到位，仅仅使用一个“好”字，是软弱无力的。因此，应当改为“深入学习，认真贯彻，严格落实”以便强化其力度。

例2　领导思想统一、明确方向。

例2中联合结构的两个成分，前者是主谓词组，后者是动宾词组。使它们一致起来表达效果会更好。可改成“思想统一、方向明确”或者“统一思想、明确方向”，使语音协调。

例 3　盖上基层工会公章和财务人员签章后速寄县总工会。

例 3 中两个并列关系的词组结构不同，音节混乱，语言拖沓。修改时可调整结构，改为：“盖上基层工会公章及财务人员印章后速寄县总工会。”

三、修辞运用不当

修辞，是在一定的语言环境中，通过语言的巧妙运用而形成的具有特定结构形式，能取得特殊表达效果的方式。公文一般只是叙事说理，不必塑造形象，不必抒发作者的感情，因此，一般不宜使用描绘类的修辞手法和各种艺术性的描绘手段，也不搞华而不实的形容与渲染，否则会弄巧成拙。如：

例 1　某外贸公司对港商发出的一封介绍服装的信函，这样写道：

我公司出口的女式服装，品种繁多。有美如垂柳的长裙和睡衣，有艳比玫瑰的旗袍和裙衫，有花团锦簇、五彩缤纷的绣衣、大衣和短衫，有富丽如牡丹、淡雅如幽兰的罩衫和衬衣。艳而不凡，美而不俗，无论在选用衣料、设计款式以及一针一线均精心加工制作。

此函言辞艳丽，华而不实。像“美如垂柳”、“艳比玫瑰”、“富丽如牡丹”等修饰性词语均属空话、废话。作者刻意堆砌辞藻，描绘渲染，反而没对服装的规格、用料、款式、适用对象等具备实质意义的事项作具体说明，未能给对方提供必要的商业信息。

例 2　为了使人民真正体会到“天大地大不如党的恩情大”，深刻感受有中国特色社会主义制度的无比优越性，为了早日让山区脱贫致富，过上天堂式的幸福生活，我们决心像愚公一样，发动群众，大打一场通向县城的筑路战争。现在我们正组织群众捐资捐物，充分调动大家搞好社会主义建设的积极性。可是，“巧妇难为无米之炊”，一张白纸难以描绘社会主义蓝图，无钱是建不成社会主义大厦的。经计算，我们可以集资 35 万元，还差 45 万元左右，才能把线路长、坡度大的筑路工程完成，现请求县人民政府及有关部门拨款 45 万元，协助我们实施这一筑路计划。（××镇关于要求拨款修筑公路的请示）

此请示的语言同样用了很多华而不实的形容与渲染。向上级机关请求事项和提出要求，只要把理由、情况实事求是地交代清楚就行了，切忌含糊、笼统，也不必抒情渲染。什么“天大地大不如党的恩情大”、“决心像愚公一样”、“巧妇难为无米之炊”、“一张白纸难于描绘社会主义蓝图”、“无钱建不成社会主义大厦”，这些带有修辞色彩、华而不实的语言，用在请示中是不恰当的。请示的语言应平实、简洁，理由充分。

另外，公文的表达方式主要是叙述、议论和说明，在一般情况下不宜用描写和抒情，偶尔用之也应妥帖、得体。

四、公文用语不够规范

用语规范，是公文写作的一项特殊要求。用语不够规范，主要表现在以下几个方面：

（一）规范性用语使用不当

公文有很多规范性用语，如标题用语、称谓用语、期请用语、表态用语、批转用语、结尾用语等，并大量使用介词短语、无主句，这都是由公文的文种特点和语言风格决定的。从公文规范化用语使用方面所反映出的问题来看，主要是不善使用、不会使用，甚至随意使用。有的公文用语很不规范，往往造成文种不合的情况。较严重的是在请示的开头和结尾使用报告用语，有的也在报告的结尾使用请示用语等。如：

例 1　本市劳动局制订的《关于外出劳工的管理办法》，经市人民政府同意，现发给你们。此通知当否，请各地在执行中提出具体意见。

此通知结合内容分析，应该是发布性通知。发布性通知的一个特点是带有指导性，尤其是发布法规、规章、部署布置工作，批转和转发文件等，一方面需要明确阐述处理某些问题的原则与方法，另一方面要说清楚做什么事、怎样做、达到什么要求等，意见要明确，有关方面才知道怎样执行。这里把“当否”与“执行”、“提出意见”混在一起使用是不恰当的，因此，通知既要求“贯彻执行”、“提出意见”，又问“当否”这种写法，违背了“通知”这个文种的写作要求。

例 2　你们收到此函后，务必在 12 月 5 日前派员前来洽谈，不得有误，否则，一切后果我们不负责任。

此公函结尾用“务必”和“不得有误”这种命令式的语气，与公函这种文体的写作要求是不一致的。公函作为同级机关或不相隶属机关之间相互商洽工作、询问和答复问题，向有关主管部门请求批准的公文，语言表达要有礼貌，要以诚恳合作的态度平等待人，不可盛气凌人。此例的语言未用平等协商的语气，语言不得体。

例 3　县人民政府关于批转《××省人民政府关于学习宣传〈中华人民共和国森林法〉的通知》的通知

该标题拟定不当。首先，制文机关必须使用全称或规范简称。其次，当被转发的公文标题中事由部分已有“关于”时，现标题的事由部分应省略“关于”，以避免重复。再次，批转是用来批转下级机关的公文的，作为县人民政府不能批转省人民政府的公文，只能用转发。另外，只有当被转发的文件是法规或办法时才能用书名号，除此之外，任何被转发的文件在标题中都不能用书名号。最后，当被转发的是通知时，为避免“通知套通知”，一般省略现公文的标题文种。因此，此标题可改为“××县人民政府转发×省人民政府关于学习宣传《中华人民共和国森林法》的通知”。

（二）模糊用语使用不当

在公文中，适当使用模糊用语是必要的，它能起到确切词语所起不到的表达效果。然而，有些情况必须准确具体，是不能用模糊语言的。公文中不适合出现“大概”、“可能”、“或许”之类似是而非的词语。如：

例 1　2012 年×月×日，××高速公路××路段发生塌方事故，造成一定伤亡后果。

例 1 表述的事实和情况不清楚。说事故“造成一定伤亡后果”，“伤”多少？“亡”多少？应该分开来说，并要有准确的数字。

（三）缩略语使用不当

缩略语是一种特殊的组词方法，在公文中运用得当可使语言达到简洁、凝练、生动的效果。一般采用的方法有缩合、数概、注释等。缩略语使用不当，主要包括：（1）不管语言习惯，不考虑是否约定俗成，而主观臆造。（2）不顾语言环境，随意使用，以致引发歧义。（3）不加必要注释，令人费解。这不符合规范化要求，即使当时特定范围内的人能理解也不宜提倡。如：

例 1　公司组织“三比”、“四比”竞赛。

“三比”、“四比”之类的简称，在特定的语境中是允许出现的。但例 1 所在的公文前后都未作诠释，这是不妥的。

例 2　加强精神文明建设以来，我单位的职工积极开展“四查四比四对照”活动，全公司出现了“四多四少”的新气象，公司领导也做到了“三带头”。

例 2 滥用简称，好像在做文字游戏。什么是“四查四比四对照”、“四多四少”、“三带头”，文中未写清楚，让人难以理解。

例 3　全厂通过学习 54 号文件，开展了轰轰烈烈的“五四三”活动，单位的面貌大为不同。

此例与上例相同，一看“五四三”几个字，人们不知道什么内容，其实是“五讲四美三热爱”这几个字节缩而来的。按公文的语言要庄重、严肃的要求，这几个字应写全称。

另外，人名、地名、年月日等不能滥用简称。年份写法应用全数，不得省略。而且要注意的是，公文中简称词语不能过多，多则滥，滥则有损文风。

第三节　逻辑方面

一、自相矛盾

文章里出现自相矛盾的现象，有时是对词语的概念没有明确的认识，有时是由于疏忽，前后没有照顾周到。如：

例1　全局干部先后深入到各县、区的49个乡镇，走遍了60%的行政村，使基层基础工作得到了跨越式发展。

例1“走遍了”是指全部，而“60%”只是一部分，二者不能并用；“基础工作……发展”搭配不当，应将“跨越式发展”改为“加强”。

例2　在民主生活会上，班子成员围绕加强“两风”建设这个主题，互相做了深刻的批评和自我批评。

例2“自我批评”的主体是“自我”，人们可以“互相批评”，却不能“互相自我批评”。此句应把“互相”删掉。

例3　几年来，我们局坚持开展党风廉政教育，建立健全各项制度，完善监督和制约机制，基本上根除了以权谋私的不正之风。

例3“基本上”说的是大部分，不是百分之百；而“根除”则是连根刨掉，一点也不剩，这两个概念是矛盾的，二者只能根据实际情况保留其一。

例4　全村所有党员，除外出打工的外，都积极参加了这次党员奉献日活动。

例4句中先是全称肯定，然后是特称否定，互相矛盾，应把“所有”删掉。

例5　参加这次会议的有将近500人左右。

例5“近500人”和“500人左右”矛盾，只能选择其一。

例6　我站自成立以来，在有关部门的大力支持下，各方面的工作开展很顺利。但有些工作由于经费不足，已处于瘫痪状态。

例6属前后句自相矛盾。前句说“各方面的工作开展很顺利”，后句又说有些工作“处于瘫痪状态”，前后不一致，违反矛盾律。

二、概念的范围混乱

概念的范围是指概念的外延所反映的事物的量。这类逻辑错误一般表现为属概念和种概念并列使用，种概念不包含在属概念之中以及子项相容、概念关系交叉等。

在一般情况下，不能把事物的大类（属概念）和该大类中的小类（种概念）聚合成联合结构。更应注意的是，运用联合结构分类列举事物时，只能使用一个标准。不然，这些词语所表达的概念的外延就会相容，造成语意混乱。如：

例 1　同志们严肃指出了他存在的严重个人主义、自由主义和非无产阶级的思想意识。

例 1“非无产阶级的思想意识”是大概念，已包括“个人主义”和“自由主义”等在内，三者不能并列。可将“和”改为“等”，或者在“和”后面加“其他”。

例 2　××局党委关于转变工作作风、纠正行业不正之风，切实加强党风和廉政建设情况的报告。

例 2“加强党风和廉政建设”已包括了“转变工作作风和纠正行业不正之风”的内容，应将后者删掉。

例 3　我们共召开了妇女干部、党团员、专业户、合格母亲、一般群众五个层次的代表座谈会。

例 4　全体党员和各级党员领导干部要自觉遵守《党内政治生活的若干准则》，带头端正党风。

例 3、例 4 都犯了子项相容、概念交叉的逻辑错误。“妇女干部”中有“党团员”，有“合格母亲”；“全体党员”中包括“党员领导干部”。

例 5　由外区及市属单位的艺术行家组成五至十人的评委会。

例 5 的“外区”与“市属单位”，前者按不同的地区分，后者按不同的隶属关系分，因此混淆不清。改成“外区与本区内的市属单位”，读者就一目了然了。

三、判断不当

例 1　拿我们铁路部门来说，它是社会主义的企业，是国民经济的动脉，是人民的铁路。

例 1 说“铁路部门”是“社会主义企业”是对的，而说“铁路部门”是“动脉”、是“铁路”就不对了，因为这三者是完全不同的概念，也不是大类和小类的关系。可修改成“我们铁路部门是社会主义企业，人民铁路是国民经济的动脉”。

例 2　春节过后，要集中一段时间整顿机关作风，解决上班像上班的样子、工作像工作的样子、领导像领导的样子的问题，在全市树立一个良好的党政机关形象。

例 2“解决……问题”是否定判断，而“三个像样子”是肯定判断，二者是不相容关系，应把“解决”改为“做到”，把“的问题”三字删掉。

例 3　他们看在眼里，气在心里，无时无刻都希望党和政府向腐败现象和不正之风做斗争。

例3“无时无刻”是指没有哪一个时刻的意思，虽然用了两个“无”，但却属一次否定，可将“都”改成“不”，用双重否定来表示肯定，或将“无时无刻”改成“每时每刻”。

例4　没有谁不承认，今年农村形势这样好，不是落实了党的农村经济政策、调动了农民积极性的结果。

例4这句话的本意是肯定判断，“没有谁不承认”，是双重否定，表示肯定的意思，后面又加了一个否定词“不是”，就把整个意思弄反了，应将“不”去掉。

例5　能否搞好党风廉政建设，是关系到社会政治稳定、经济健康发展的大问题。

例5“能否搞好党风廉政建设”是由“能搞好党风……”和“不能搞好党风……”两个判断组成，其中“不能搞好党风……，是关系到……”不能成立，因此这个判断是错误的，应将“能否”删掉。

四、推理不合逻辑

例1　领导经常利用节假日进行走访，有病的探病，有困难的给予补助，保证了企业职工生活水平的不断提高。

例1领导探访病人、补助困难职工是救急济困行为，根据这一前提条件，推导不出“保证了企业职工生活水平不断提高”这一结论，只能推导出“密切了干群关系”、“调动了困难职工的工作积极性”之类的结论。因此，这句话的条件和结论之间缺少必然的联系。

例2　只要你努力去做，就一定能够成功。

例2“努力去做”是“成功”的必要条件之一，而不是“成功”的充分条件，因为“成功”除了努力之外，还有天赋、机遇等要素。这句话应将“只要……就……”改成“只有……才……”，并把“一定”删掉，由充分条件假言判断改为必要条件假言判断。

例3　搜集材料不丰富，就无法进行比较鉴别，就发现不了典型事例，甚至会造成数字不准、名称不符。

例3只有经过比较鉴别，才能发现典型事例，而“材料不丰富”，无从比较鉴别，自然难以发现典型，这一推理是符合逻辑的。但是“材料不丰富”和“数字不准、名称不符”没有必然联系，因为数字是否准确、名称是否相符，是材料的可靠性问题，而不是材料多少的问题。

例4　由于我们领导干部是执行党的各项方针政策的带头人，干部的模范作用如何，直接影响群众，因此，干部能否置于群众的监督之下，对于我们做好各项工作关系极大。

例 4 这句话有两层意思：第一层意思说明干部为什么要起模范作用，第二层意思强调干部必须置于群众的监督之下。两层意思不是因果关系，不能用“由于……因此……”连接，第一层意思只能推出“领导干部必须严于律己、以身作则”之类的结论。

例 5　如果他是中文系本科毕业，就一定能写好机关公文。

例 5 这个假言判断的前件是后件“一定能写好机关公文”的必要条件，而不是充分条件，中文系本科毕业，也不一定就能写好公文。

例 6　过去决定这类重要问题，都是一把手一个人说了算，现在都由领导班子集体讨论决定，这就极大地提高了工作效率。

例 6 加强领导班子的民主集中制建设有利于决策的民主化、科学化，也有利于防止消极腐败现象的发生，但不一定“就极大地提高了工作效率”。此例的因果关系显得不够充分。

五、语意冗杂

语意冗杂是指句子之间缺乏符合逻辑的联系，或者出现断层，或者出现跳跃，或者偷换概念而造成的表述含混。

例 1　对服务公司 4 名职工工作时间打麻将问题，对该公司进行了全区通报，取消了该公司“七一”评优资格，该公司主要领导向区委做出深刻检查，并对 4 名责任人给予全区通报。

例 1 这句话虽然不长，但涉及了多个主体和客体，互相混杂在一起，层次不清，表述混乱。实际上很简单的一句话，“区委对服务公司 4 名职工工作时间打麻将的问题进行了通报，并责成该公司主要负责人做出深刻检查”就行了，取消评优资格是题中应有之意，不是处罚，应删去。

例 2　让丰富多彩的文化生活保证职工心情舒畅地执行各项规章制度。

例 2“执行各项规章制度”，要靠宣传教育、靠监督检查、靠对违规行为的批评处罚，怎么能靠“丰富多彩的文化生活去保证”，二者是毫无联系的事。

例 3　利用重大节日以歌咏、猜谜、篝火晚会、到部队驻训等形式与部队联欢，向部队学习严格管理、雷厉风行的作风。

例 3 这句话的本意是以篝火晚会的形式，“与部队联欢”；以“到部队驻训”的形式，“向部队学习……作风”却把形式放在一起、把目的又放在一起，就搞得语意混杂；另外，“篝火晚会”是形式，“歌咏、猜谜”是内容，也不能并列起来。

例 4　居民治保委组织的作用发挥得不够，对居民治保委的工作缺乏坚强有力的领导，工作职责不完备。

例 4 第一层意思的主语是“治保委组织的作用”，第二层意思又转换了主语，第三层意思的主语不清，另外，把问题的表现和原因搅在一起，使人搞不清作者要表述的准确意图。

例 5　各总支、支部和全体共产党员，为迎接“七一”党的生日，在以优异成绩完成两个文明建设目标的同时，秘书科、工程科两个支部的党员和积极分子，又主动参加了省妇联发起的“救助千名春蕾女童”的活动。

例 5 这句话的主语是“各总支、支部和全体共产党员”，接着是表示目的的状语，然后是表示时间的状语，再后是由“秘书科、工程科两个支部的共产党员和积极分子”为主语组成的句子。如果这句话是复句，那么第一个分句没有谓语，两个分句之间是什么关系？如果不是复句，两个主语间又是什么关系？让人费解。

可修改为“全体共产党员，都在以两个文明建设的优异成绩迎接‘七一’党的生日，特别是秘书科、工程科……”，将“又”改成“还”。另外，“完成……目标”搭配不当，应改为“完成……任务”，或“实现……目标”。

第七章　规范性公文

第一节　概　　述

一、规范性公文的含义

规范性公文，就是党和国家明文规定的公文文种，它是“党政机关实施领导、履行职能、处理公务的具有特定效力和规范体式的文书，是传达贯彻党和国家的方针政策，公布法规和规章，指导、布置和商洽工作，请示和答复问题，报告、通报和交流情况等的重要工具”。

中共中央办公厅、国务院办公厅2012年4月16日印发，2012年7月1日起施行的《党政机关公文处理工作条例》中规定的规范性公文共15种，即决议、决定、命令（令）、公报、公告、通告、意见、通知、通报、报告、请示、批复、议案、函、纪要。

二、规范性公文的特点

规范性公文的特点是指规范性公文区别于其他文体的特殊性，是其内在本质特征的具体体现。从总体上讲，主要表现为如下几个方面：

（一）制发主体的法定性

规范性公文与一般文章和文学作品不同。在制作主体方面，一般文章和文学作品，其主体具有随机性，不受任何限制。只要有这方面爱好，并具备一定的写作能力，即可进行写作。其作品能否发表，得到社会承认，取决于其内容质量的高低和价值的大小。而规范性公文则不同，它只能由法定的社会组织制成和发布，具有职述和专任的特征。法定作者之外的其他任何组织和个人都不得擅自制发公文，这是受国家法律和有关的组织纪律保护的。

（二）内容效用的权威性

规范性公文与报纸杂志上所刊载的文章不同。一般文章和文学作品代表作者个人对客观事物的认识、评价和态度。其中所体现出来的观点、主张和见解对读者没有任何约束和指令性作用，仅是对其产生间接的和潜隐的影响，或陶冶性情，或启迪智慧，或增长见识等，不一而足。而规范性公文则不同，它是法定的社会组织机构协调运转的工具，是推动国家、集体公共事务的中介。一经制发，即具有法定的权威性和效力，有关的组织和个人必须认真遵循、执行和参照处理，任何组织和个人都不得违反，这也是受国家法律和有关的组织纪律保证的。

（三）结构模式的程式性

在结构模式上，规范性公文与一般文章和文学作品也有所不同。一般文章和文学作品的写作讲究“大体则有，定体则无”，“文无定体”。一部作品，究竟需要采用何种结构形式加以体现，绝无固定限制，可谓多姿多彩。而规范性公文则不同，它是“文有定体”，其在行款规格、内容项目的排列乃至用纸幅面规格以及印制装订等方面均有固定的格式规定。就应用文而言，虽然也讲究固定格式，但它不如规范性公文那样要求严格。规范性公文写作必须依照这些特定模式进行，绝不能自行其是，独出心裁。这是使公文办理和处理趋于准确、迅速、及时、有效的需要，也是公文的规范化、科学化建设所必需的。否则，势必造成混乱状态，直接影响公文的质量和办文的效率。

（四）语言表达的特定性

规范性公文以实用为目的，以传递治理国家的策令为内容，因而，在语言表达上除具有一般文章的基本特点之外，还有其独具的特性和要求。

1. 准确。准确是法定公文语言的生命线，是其写作的最基本要求。毛泽东同志指出：“文章和文件都应当具有这样三种性质：准确性、鲜明性和生动性。”（《工作方法六十条》）可以说，一篇公文的准确性程度如何，直接关系到其内容质量的高低和价值的大小。

2. 明白。这是法定公文用语的又一基本要求，也是由其自身的性质和特点所决定的。叶圣陶先生在《公文写得含糊草率的现象应当改变》一文中指出：“公文不一定要好文章，可是必须写得一清二楚，十分明确，句稳词妥，通体通顺，让人家不折不扣地了解你说的是什么。”为此，在写作时就要做到观点鲜明，叙述清晰，逻辑分明，结构严谨，论述周密；贵用直笔，忌用曲笔；要直截显露，忌含混隐讳；也不要文白夹杂，拐弯抹角。

3. 简洁。法定公文重在实用，故在语言表达方面，在准确明白的基础上还应力求简洁。要用极省俭的文字表述尽可能丰富的内容，做到以少胜多。为此，就需要养成一种精雕细刻的写作作风，首先要在语言表达上认真推敲，反复锤炼，竭力删掉那些可有可无的字词句段，达到“句中无余字，篇内无赘语”的境界。其次，在允许的情况下可适当运用简称（缩略语）等，可使公文的语言表达趋于简洁。再次，适当地运用一些文言词语和文言句式，也可使公文的语言表达趋于简洁。

4. 庄重。法定公文是法定社会组织处理公务的工具，具有高度的政策性和法定的权威性，因而，要求其用语必须做到庄严、郑重。为此，在行文中就应注意运用规范的书面语言，少用或不用口语和俗语；要使用现代汉语通用的标准语言，不用方言土语以及表意模糊的社会流行语；要做到避“虚”就“实”，多用叙述性、陈述性语言，忌用描绘性、抒情性语言。此外，适当地运用一些文言词语和文言句式，在使公文的语言表达趋于简洁的同时，还可使之显得庄重。

三、规范性公文的作用

（一）领导与指导作用

各级党政机关的公文，是传达党和国家的路线、方针、政策，是党和政府政令的重要工具，在指导工作、答复处理问题及沟通情况等方面具有十分重要的作用。领导机关对所属地区及部门工作的管理、协调和实施领导与指导，主要是靠按其职责范围制发公文来实现的。因此，各级党政机关的公文，都具有明显的领导与指导作用。

（二）公务交流联系作用

每个机关对外的工作联系是多方面的，除领导与被领导、指导与被指导的关系外，还存在着大量的平行机关以及非隶属机关之间的工作关系。机关单位之间传递、使用的公文，都具有沟通情况、联系工作、洽谈业务、处理问题的作用，是联系公务的重要工具。

（三）宣传教育作用

公文的宣传教育作用主要体现在它是宣传解释党的方针政策的重要工具，是向人民群众进行思想教育、政策教育的最直接，最有效的一个重要方式。

（四）凭证和依据作用

公文是机关单位现实工作和活动的真实记录。这一特性决定了公文在完成其现实使命之后，是每个机关单位总结和研究工作的最直接有力的证据和凭证。

第二节　上行公文

上行公文是指下级机关或业务部门向所属上级领导机关或业务部门呈报的公文。主要有报告、请示。二者的语言措辞得体，谦和有礼，语气恳切。

一、报告

（一）报告的含义

《党政机关公文处理工作条例》规定：报告“适用于向上级机关汇报工作，反映情况，回复上级机关的询问”。是一种陈述性的上行文。

（二）报告的特点

1. 语言的陈述性。报告在表达上主要采用叙述手法，用第一人称据实直陈己事。报告的内容要具体，条理要清晰，一般不展开推理论证，不使用祈使句式，也不用恳请语气。

2. 行文的单向性。下级机关向自己的领导机关或业务主管部门汇报工作、反映情况，旨在让上级机关全面了解下面的工作情况，为其日后的工作决策提供依据或参考，一般不需要上级机关给以批复和反馈。

3. 写法的灵活性。报告种类较多，一般行文篇幅较长，结构安排不拘一格，怎样分层分段要视具体内容和行文目的而定，因文而定，因此，报告在写法上具有相对的灵活性。

（三）报告的种类

一是工作报告。用于下级机关向上级机关汇报某一阶段的工作情况，如进展、成绩、经验、存在的问题及打算等以及对某一指示传达贯彻的情况。工作报告有总结性报告和专题性报告两种。二是情况报告。及时把本地区、本单位发生的重大事件，在一定范围内带有倾向性的情况，包括会议的情况，向上级机关报告。三是回复报告。是指回复上级查询事项的报告。

（四）报告的语言形式与写法

标题：报告的标题有两种形式，一是发文机关 + 主要内容 + 文种，如《中共中央纪律检查委员会关于清理党政干部违纪违法建私房和用公款超标准装修住房的报告》；二是主要内容 + 文种，如《关于进一步加强我市公共场所防火工作的报告》。

正文：正文由导语、事项和结尾组成。导语，这部分是报告正文的开头。它用简明扼要的语句交待出全文的主要内容或基本情况，也可陈述有关的背景或缘由。导语必须做到开门见山，落笔入题，写完后多用“现将有关情况报告如下”的过渡语过渡到下文。主体，这部分是报告正文的主体和核心，它要准确简要、条理明晰地将有关工作或事件的情况表达清楚，并加以扼要分析，给人以全面、深刻的了解。撰写时要紧紧围绕行文的目的和主旨进行陈述，如是汇报工作，则应首先写明工作的基本情况，其次写明主要做法和成绩，包括采取的办法、措施以及由此带来的直接效果等，最后写明还存在什么问题以及今后的大体工作设想。结尾，根据报告的不同内容使用不同的习惯用语，常用的有“特此报告”，“以上报告，请予审议”，“以上报告，请审阅”，“以上意见如无不妥，请批转……部门执行”，“以上意见如无不妥，建议批转……单位参照执行”等。

（五）报告的语言要求

1. 文风要平实，条理要清晰。撰写报告时，一定要从工作的实际情况出发，实事求是，据实而报，不能隐瞒问题；也不允许抓住一点，不计其余。如例行的工作报告，不仅要谈成绩收获，也要总结经验体会，还要提出工作的不足及改进的思路等。表述时语言要简洁流畅，不可过多地堆砌修饰性用语，文风要平实，切忌空话、套话、褒话连篇。报告的篇幅相对较长，为了使内容条理清晰，可使用小标题或段首语句的方式提示要点，也可用序码区分内容层次。

2. 语言要真实、准确。报告向上级反映情况，汇报工作，使上级了解、掌握情况；同时，也是上级指导工作，制定有关方针、政策的重要依据之一。因此，报告反映的情况、事件、数字或有关材料都必须真实、准确，切忌言过其实，添枝加叶，更不能有半点虚假。

3. 篇幅要简短，用语要精练。随着社会的发展，“短”报告越来越显示出其重要性和必要性。要写好短报告，就必须深入实际，认真进行调查研究，弄清事物发生、发展和变化的过程，从中提取重点，抓住问题的实质。然后在动笔撰写时按纲行文，就可淘汰许多不必要的枝蔓，而只保留主要内容；加上用语方面的精雕细琢，就可保证整篇报告篇幅的短小适宜，同时语言要注意干净利落，简洁明快，清楚达意，使人一看便一目了然，切忌啰唆重复，拖沓冗长。

4. 语言表述要有概括性。报告语言属完全的陈述性语言，平缓、朴素，以概述的语言表明明确的观点，以陈述的语言反映具体的情况，一般不加议论。一份报告，特别是工作报告，可能写到很多方面，这些方面都应是概括的，而不必详述过程，抓住最本质的东西和结论性的材料去陈述，不要搞“大杂烩”，要用概括性语言，做到要言不烦。

5. 注意使用恰当的结束语。不同类型的报告有不同的目的和要求，因而应使用恰当的结束语。如工作报告的结束语一般是“特此报告”；情况报告的结束语一般是“以上报告请审核”；答复报告的结束语一般是“以上报告如无不妥，请批转……执行”等。注意不能用“以上报告当否，请指正”之类的结束语。

××市人民政府关于清理整顿各类开发区有关情况的报告

省人民政府：

根据国务院及其有关部委和省人民政府有关文件要求，我们组织力量对全市开发区、园区进行了清理整顿，现将有关情况报告如下：

一、我市市委、市人民政府高度重视开发区清理整顿工作

《国务院办公厅关于清理整顿各类开发区和加强建设用地管理的通知》（国办发〔2003〕70号）、《国务院办公厅关于暂停审批各类开发区的紧急通知》（国办发〔2003〕30号）和《省人民政府办公厅关于对全省各类开发区建设用地

进行清理整顿的通知》（×政办发〔2003〕107 号）等下发后，按照要求，我市迅速成立了以分管副市长为组长的开发区、园区清理整顿领导小组（以下简称工作专班），并多次召开相关部门负责人会议，研究部署清理整顿工作。领导小组下设办公室，工作人员从市人民政府办公厅、市纪委、市体改办、市规划局、市监察局抽调。

市委常委会、市长办公会专门听取了工作专班的情况汇报，市委××书记、市长××多次对这项工作作出批示和指示，要求积极主动地开展工作，积极争取省人民政府的支持，不等待，不观望，严格按照中央和省人民政府要求，全力做好开发区清理整顿工作；以清理整顿为契机，刹住开发区圈占土地的势头，对空有其名、缺乏建设条件和建设项目的开发区坚决撤销、合并、核减。

在省发改委和省国土资源厅的指导下，我市完成了全市开发区的统计摸底工作，市长办公会、市委常委会先后对确需保留的开发区、园区进行了研究，以市人民政府名义，向省人民政府报送了《××市人民政府关于保留有关经济开发区（园区）的请示》，并由市人民政府发文撤销了 49 个开发区、园区。

二、我市开发区、园区创办与调整情况（略）

三、清理整顿工作情况（略）

四、下一步工作打算和措施

清理整顿开发区、园区是实践“三个代表”重要思想和深入贯彻党的十六大及十六届三中全会精神的具体体现。我市市委、市政府决定在前段检查清理的基础上，对全市开发区、园区进一步整顿规范，巩固清理整顿的成果，防止反弹。拟采取以下措施：

加强对开发区、园区建设用地的集中统一管理。对开发区、园区建设用地要严格审批制度，对不符合土地利用总体规划、未纳入土地利用年度计划的用地申请，一律不予审批。

市人民政府清理整顿开发区监督检查组继续对各开发区、园区进行督察，严防乱设开发区、乱批地和侵害农民利益的事情发生。重点是检查对农民征地补偿，安置费的清欠情况、经营性土地招标拍卖挂牌出让制度落实情况和土地违法案件查处情况。对已被撤销的开发区、园区，按省人民政府要求，督促其所在区人民政府收存印章，由同级财政部门冻结账户，确保撤得干净、彻底。

建立各区一把手责任制，确保全市开发区、园区建设健康、有序、稳定发展。明确全市各区人民政府一把手作为清理整顿开发区工作的第一责任人，对本区清理整顿工作承担全部责任。

认真准备，迎接国务院 5 部委对我市土地市场秩序整顿工作的阶段性检查验收。要再次复查各项清理专项工作的落实情况，力争我市清理工作经得起国务院

5 部委和广大人民群众的检查。

××市人民政府

二〇〇四年三月二十日

这是一篇向上级机关汇报工作的报告，开头部分简明概括地叙述了工作依据、工作情况；然后以“现将有关情况报告如下”提起下文。报告的主体部分从四个方面全面总结汇报了情况，每段文字先用一个主题句做概括，后用具体事例充实论证、说明。这篇报告，不但将工作态度、工作程序、工作成效等内容进行了系统全面的汇报，还对下一步工作的思路和方法步骤进行了介绍，整篇报告主题集中，逻辑严密，文风朴实，语言简洁流畅。

二、请示

（一）请示的含义

《党政机关公文处理工作条例》规定：请示是“适用于向上级机关请求指示、批准”的上行文种，具有强制回复的性质。

下级机关对有关事项、问题自身难以处理时，对上级的有关规定和精神因某些特殊情况难以执行时，对有关方针、政策规定不甚明确难以开展工作时，对上级明文规定必须经请示批准后才能办理的事项，往往都需要写请示，请求上级机关给予明确及时的指示和批准，以便于解决问题、开展工作。

（二）请示的特点

1. 内容的单一性。请示必须是一文一事。一个请示中只能提出请求批准一件事项，或者请示解决一个问题。

2. 目的的求复性。请示要求上级机关对下级机关的请示事项、问题及时作出应有的答复。

3. 行文的超前性。请示的事项是必须得到上级机关批准或指示后才能做的事情，应在有关工作实施之前行文，不能“先斩后奏”。

4. 主送的专向性。请示只能主送一个上级机关。若请示单位是受双重领导，在请示时涉及不止一个上级机关，可用抄送的办法解决，不要多头请示，以免互相推诿，延误批复时间。

（三）请示的种类

根据行文目的的不同，请示一般可分为三种：一是请求批准的请示。这是下级机关根据职权范围的规定，在办理自己无权决定的事项之前，请求上级机关审核、批准的请示。这类请示多用于机构设置、审定编制、重要决定、重大决策、大型项目的安排等事项。二是请求指示的请示。这是下级机关在工作中遇到有关某一方针、某一政策不明确、不理解，或对新问题、新情况不知如何处理时，请求上级给予明确的解释和指示的请示。三是请求支持、帮助的请示。这种请示是下级机关在工作中遇到了自身很难克服或者无法克服的困难时，请求上级给予支持、帮助用的请示。

（四）请示的语言形式与写法

标题：一般有两种形式：一是由发文机关、事由、文种构成。如《西安市物价局关于调整大雁塔登塔门票价格的请示》；二是由事由、文种构成。如《关于暂缓调高旅游专项资金在交通建设附加费中分配比例的请示》，注意标题不能写成“请示报告”，也不能写成“关于请求……的请示”。

正文：正文是请示的主体和核心部分，由开头、主体、结语三部分组成。开头表述请示的缘由，说明制发请示的原因、背景、依据和理由。请示的事项、问题能否得到上级的批准、支持，在很大程度上取决于请示中所说的理由是否充分、是否具有说服力。因此，应尽量写清楚请示事项、问题等的重要性和必要性，给上级留下鲜明、突出、深刻的印象，引起上级的重视和关怀，便于及时批复。主体写明请示的事项，这是请求上级机关批准、解答、指示的具体事项。必须写得具体、清楚、一目了然，以便上级更好地做出判断，表明态度。请示的结尾是一些固定的惯用语：如“以上请示当否，请予批复”，“妥（当）否，请批示”，“以上请示，请予审批”等。“请示”这一文种具有请求性，所以，文辞要谦和有礼，大方得体，不能用“速答复”这样的命令口吻。

（五）请示的语言要求

1. 语辞平实，语气恳切。请示的语言要实实在在，不能夸大其词，玩弄辞藻，请示的语气要恳切、谦恭、得体，不能使用祈使句，指使上级干什么；请示不能以决定的口吻说话，提出请示事项时，一般应表述为“拟”怎么办，而不能表述为“决定”怎么办。

2. 事项明确，理由充分。请示要为上级批复提供充分的依据。如果请示的事由比较复杂，不能为简要而简单化，必须讲清情况，举出必要的事实、数据，实事求是，不弄虚作假或夸大困难；请示要求要写得具体、明确，切忌笼统、含糊，如果请示的事项比较复杂，则要分清主次，分条分项撰写。

3. 简洁明了，通俗易懂。请示的事项，要求十分明确地讲出来，使上级一看就明白，切不可使用吞吞吐吐、羞羞答答、拐弯抹角的语言，使人不得要领。

第三节　下行公文

下行公文是指上级领导机关或业务主管部门下发给下级机关或业务部门的公文。主要有决定、命令（令）、批复、公告、通告、通知、通报等。它们的语言具有严谨规范、语义鲜明、语气坚定的特点。

一、决议

（一）决议的含义

《党政机关公文处理工作条例》中规定：决议“适用于会议讨论通过的重大决策事项。”决议在党政机关公文中排列首位，是一种要求贯彻执行的重要决策性公文。

（二）决议的特点

1. 决策性。决议是针对重大问题和重大事项所做出的决策，一经会议通过，就会在较大范围内对党政机关和组织有重大影响。

2. 权威性。决议作为党政机关用于重要决策事项的公文，是在党政高级领导机构的会议上研究、讨论后形成的，代表着发文机关的意志，一经发布，其下级机关组织必须严格遵守，认真落实，不得违背，具有很强的权威性。

3. 程序性。决议必须经法定会议讨论，并经表决通过之后才能形成，有严格的程序性。如果不履行规定程序，决议就不具有合法性。

（三）决议的种类

根据决议涉及内容范围的不同，可分为三大类型：一是批准某事项或通过某文件的决议。这类决议涉及的内容比较具体，一般用于批准某项报告或文件。如《第十一届全国人民代表大会第五次会议关于政府工作报告的决议》。二是安排某项工作的决议。对于重要的、长期的工作，可采用决议的形式进行布置安排，如《全国人民代表大会常务委员会关于加强法制宣传教育的决议》。三是涉及原则问题的决议。这类决议涉及的内容是原则性的、非事件性的，影响范围更大，影响时间更为久远。如中共十一届六中全会一致通过的《关于建国以来党的若干历史问题的决议》。

（四）决议的语言形式与写法

标题：决议的标题有三种写法。一是由发文机关事由、文种组成，如《中共中央关于加强社会主义精神文明建设若干重要问题的决议》。二是由会议名称、事由、文种组成，如《第七届全国人民代表大会第五次会议关于兴建长江三峡工程的决议》。三是省略发文机关，由事由和文种组成，如《关于确认十一届三中、四中全会增补中央委员决定的决议》。

正文：开头部分。决议的开头部分写决议的根据，一般要写明会议听取了什么、学习讨论了什么、审议了什么、批准或通过了什么、自何时生效等。以上各项要根据会议的内容而定，不必面面俱到。

主体部分。这部分的内容比较复杂，写法也比较灵活多样。如果是批准事项或通过文件的决议，相对比较简单，这部分多是强调意义，提出号召和要求；如果是安排工作的决议，要写明工作的内容、措施、要求。内容复杂时，要明确分出层次并列出各层次的小标题，或者分条撰写；如果是阐述原则问题的决议，主体部分要有较多的议论，多采用夹叙夹议的写法，把道理说深说透。所谓“夹叙夹议”，就是用概括叙述的方式介绍情况、提供事实，用议论的方式做公正的评价和精辟的论述。

结尾部分。一般是紧扣决议事项有针对性地提出希望、号召。

成文日期：决议的成文日期，不像一般公文那样标写在公文正文之后，而是加括号标写于标题之下居中位置。如果公文标题中已包括会议名称，括号内只需写明“×年×月×日通过”即可。如果公文标题中没有会议名称，括号内要写明“××委员会第×次会议×年×月×日通过”。

（五）决议的语言要求

1. 决议的内容一般是针对重大问题，通过一定组织形式的会议讨论通过郑重作出的决定，事关重大，如全国人大及其常委会通过的一些决议本身就是法律。因此，在行文表述上应十分慎重。要求逻辑严密，用语精确，条理分明，具体明确，严谨、简练、准确。以正面阐述为主，阐述清楚，说理透彻，少做解释，对议而未决的事项，或说不清的问题和情况，不能写进决议。

2. 习惯使用惯用的“决议语言”。在决议的写作中，已经形成了一些习惯常用语。如每段开头的常用语是“会议认为”，“会议指出”来表示会议形成、通过的一致性意见；用“会议强调”、“会议要求”来提出会议通过的决策事项的执行；用“会议号召”、“会议希望”来鼓舞群众的士气等。

3. 明确表述会议参加群体的意见、态度。决议必须明确表达会议群体的肯定与否的态度，它的肯定与否，是由法定生效人数来决定的，不能因为对某一问题有少数人持不同意见就出现“多数人认为”、“少数人认为”这样的写法，而应使用“会议认为”来表示会议多数人通过的一致性意见。

4. 行文简洁。决议内容单一，篇幅简短。必须明确在什么时间，召开了什么会议，做出了什么决议。一般只写决议的结果，不写讨论过程。语言庄重严谨、规范得体，具有决断性，语义鲜明，是褒是贬，肯定还是否定，词语中要明确显现，不可含混不清、模棱两可。

第十一届全国人民代表大会第五次会议关于政府工作报告的决议

（2012年3月14日第十一届全国人民代表大会第五次会议通过）

第十一届全国人民代表大会第五次会议听取和审议了国务院总理温家宝所作

的政府工作报告。会议充分肯定国务院过去一年的工作，同意报告提出的2012年工作总体部署和主要任务，决定批准这个报告。

会议号召，全国各族人民紧密团结在以胡锦涛同志为总书记的党中央周围，全面贯彻党的十七大和十七届三中、四中、五中、六中全会精神，高举中国特色社会主义伟大旗帜，以邓小平理论和“三个代表”重要思想为指导，深入贯彻落实科学发展观，坚持稳中求进的工作总基调，万众一心，开拓进取，扎实工作，保持经济平稳较快发展，保持社会和谐稳定，把中国特色社会主义伟大事业继续推向前进，以新的成绩迎接中国共产党第十八次全国代表大会的胜利召开。（中国人大网）

这个决议语言简练概括，其中“充分肯定”、“同意”、“决定批准”等词语准确贴切。态度鲜明，毫不含糊。“团结”、“贯彻”、“高举”、“贯彻落实”等动宾结构句型以及四字句的使用，凝练地概括了号召的主要内容。全文主题集中，行文简洁，语言庄重严谨，规范得体，表意准确肯定，语气严肃。结尾部分富有感召力、鼓舞性，读后令人振奋。

二、决定

（一）决定的含义

《党政机关公文处理工作条例》中规定：决定“适用于对重要事项作出决策和部署、奖惩有关单位和人员，变更或者撤销下级机关不适当的决定事项。”决定属于决策性下行文种，要求下级机关和个人必须贯彻执行。

（二）决定的特点

1. 行文的权威性。决定是决断性党政公文，所决策和部署的事项都是比较重大和重要的，在处置上都比较慎重，一般是经过重要会议讨论或领导班子研究通过的、具有指挥性或指令性的决策，具有强制性和约束力，决定一经通过下发，就要求有关单位和个人遵照执行，不能违背。

2. 内容的相对稳定性。由于决定比较集中地体现了上级领导机关对重要事项的领导指挥意志、处置意图和倾向，其内容相对成熟、科学合理，具有较强的稳定性。因此，决定一旦做出，就具有郑重性、权威性和公信力，要求在一定时期内贯彻实施，不得随意变更或终止。

3. 事实的准确性。决定的内容必须符合客观实际，论断要实事求是，定论要恰如其分，经得起推敲和历史的检验。要做到这一点，就要注意在决定前，对有关事项和处置的问题进行深入的调查研究，仔细地核对事实，全面地听取意见，研究决定时，切忌以主观臆断歪曲客观事实，更不能先下结论后找事实。

（三）决定的种类

决定从性质、内容、目的等方面分为以下几类：一是纲领性决定。对政治、经济、科技、教育等方面的重大事项做出战略性的决策安排，以统筹、协调、指导有关方面的各项工作。二是法规政策性决定。对某一领域或某一方面工作做出政策规定或规范性决定，并提出相应要求，使各级党政机关、单位在公务活动中有所遵循。三是宣告处理性决定。经权威性会议讨论通过，或经党政领导机关研究决定，宣告对某一重大问题的处理结果，或对某项工作做出的重大安排。四是奖惩性决定。经党政机关或有关领导研究，对有突出贡献的先进集体、个人或对发生重大违纪行为的人员进行奖惩，以表彰树立典型，批评惩戒错误。五是任免性决定。对机构的增设或取消，比较重大的组织人事安排由相应的党政机关正式行文。

（四）决定的语言形式与写法

标题：一般由发文机关、事由和文种三者构成。如《国务院关于清理整顿各类交易场所切实防范金融风险的决定》；个别情况下，可省略发文机关名称。如《关于对张×偷窃行为的处分决定》。

正文：一般包括三方面内容：一是决定缘由，二是决定事项，三是结语。

决定的缘由。主要说明为什么要作出这个决定，即作出决定的目的和意义，或者原因和根据。然后常用过渡用语，如“为此，特作如下决定”，“经会议研究决定”等，后接冒号，续接事项，也有的先作一概要论述，下以序号或小标题承之。

决定事项。为条理清楚，多标出序号，也有的兼用小标题，使人一目了然，便于抓住各层的中心，特别是那些事项较多，内容丰富，篇幅较长的决定，多采用这种条项式的方法分条分项叙述。

决定的结语。写明落实决定的具体要求和措施，也可以提出希望和号召。

决定的事项有多有少，内容有长有短，上述正文三方面的内容，是就一般文字较多的决定而言，有些决定事项单一，文字又很少，结语则可省略。

（五）决定的语言要求

1. 表达方式恰当。法规政策性、部署指挥性决定，由于内容比较复杂，表达方式上应以说明为主，适当结合议论。说明文字用来表述决定的具体内容、事项与要求，而议论性文字通常用在全文和每一部分、每一段落之首，用来明确篇旨和段旨，起到表明观点、点明主旨的作用。表彰或处分性决定，更多地使用叙述性文字，议论性文字使用的偏少，只是在谈及事件的性质、意义或影响时才恰当运用议论。总之，决定多以叙述性语言和说明性语言为主，不做过多的议论。

2. 措辞准确庄重。决定的起草往往关系到党和国家的一些重大方针和政策，因而在表述时要求用语准确、稳妥，词义明确，语气果断肯定、干脆利索，常用“必须”、“要”、“不准”“同意”、“批准”、“决定”之类用语表明态度、作出规定、提出要求。也常用结论性语言，或多用规范的习惯用语，如“会议决定”、“大会同意”、“会议要求”等，以强调集体共识，从而显示其严肃性、庄重性。表彰性决定要求使用一定的号召性、激励性的语言，对此人此事的影响、已产生和预期产生的社会效果作出反应。

3. 观点严谨鲜明。决定是在全面掌握有关各方面的情况，并对这些情况进行由表及里、由此及彼的全面论证，抓住问题的实质和矛盾的焦点，从而对所决定的问题作出切合实际的不容置疑的结论式的判断和决策。决定中提出的观点要十分鲜明，因此，撰写决定时必须紧紧把握发文主旨和会议中心议题，做到表达严谨，简明得体，用语准确，无歧义，切忌模棱两可、含混不清和令人费解。一些有关表彰、惩戒的决定，因涉及对人对事的评价处理，用词更要严谨，掌握好分寸。

国务院关于表彰全国公安机关先进模范集体的决定

国发〔2012〕16号

各省、自治区、直辖市人民政府，国务院各部委、各直属机构：

党的十七大以来，全国公安机关在党中央、国务院和地方各级党委、政府领导下，忠实履行宪法和法律赋予的神圣职责，在打击敌人、惩治犯罪、维护治安、服务群众等方面做了大量卓有成效的工作，涌现出一大批先进模范集体，为维护国家安全和社会稳定、服务经济社会发展、构建社会主义和谐社会作出了重要贡献。

为表彰先进、弘扬正气，国务院决定，授予北京市公安局西城分局府右街派出所、浙江省宁波市公安局鄞州分局高桥派出所、陕西省西安市公安局未央分局大明宫派出所“人民满意派出所”荣誉称号；授予吉林省长春市公安局特警支队“特别能战斗特警队”荣誉称号；授予上海市公安局刑事侦查总队一支队“特别能战斗刑侦队”荣誉称号；授予广东省广州市公安局刑事警察支队刑事技术所“模范刑事技术所”荣誉称号；授予福建省厦门市公安局出入境管理处“模范出入境管理处”荣誉称号；授予山东省青岛市公安局网络警察支队“模范网络警察支队”荣誉称号；授予湖北省武汉市第一看守所“模范看守所”荣誉称号；授予河北省公安厅高速公路交通警察总队保定支队涿州大队、湖南省吉首市公安局交通管理大队矮寨三中队“模范交警队”荣誉称号；授予云南省开远市公安局强制隔离戒毒所“模范戒毒所”荣誉称号；授予西藏自治区山南地区公安处国内安全保卫支队“模范国保支队”荣誉称号。

国务院希望获得荣誉称号的先进模范集体珍惜荣誉，再接再厉，继续发挥模范表率作用，不断争取新的更大成绩。国务院号召全国公安机关和广大公安民警以先进模范集体为榜样，学习他们忠于党、忠于祖国、忠于人民的政治本色，学习他们情系百姓、全心全意为人民服务的崇高思想，学习他们理性、平和、文明、规范执法的职业操守，学习他们英勇善战、不怕牺牲的优秀品质，学习他们“建一流队伍，创一流业绩”的进取精神，在以胡锦涛同志为总书记的党中央坚强领导下，高举中国特色社会主义伟大旗帜，以邓小平理论和“三个代表”重要思想为指导，深入贯彻落实科学发展观，立警为公、执法为民，全面推进公安工作和公安队伍建设，坚决维护国家安全和社会稳定，为构建社会主义和谐社会作出新的更大贡献。

国务院

二〇一二年五月六日

这是一份同时表彰多个先进集体的决定。文章第一段评价了党的十七大以来，全国公安机关在打击敌人、惩治犯罪、维护治安、服务群众等方面所做的大量卓有成效的工作及重大意义，接着写国务院的决定，分别列举了受表彰的先进集体及获得的荣誉称号，内容具体，层次清晰，语言准确、简明。第三段是对受到表彰的先进集体提出的希望和对全国公安机关和广大公安民警发出的号召，语言富有激励性和感召力，句子长短交替使用，读起来铿锵有力，体现出了时代特色，也使表彰决定的文外意义更加彰显。

三、命令（令）

（一）命令的含义

《党政机关公文处理工作条例》中规定：“命令适用于公布行政法规和规章、宣布施行重大强制性行政措施、批准授予和晋升衔级、嘉奖有关单位和人员”。

（二）命令的特点

1. 权威性。命令（令）是公文中最具有权力象征的一个文种。主要表现在发布命令的党政机关权威大。它的使用范围有严格的规定，根据《中华人民共和国宪法》的规定，只有全国人民代表大会及其常务委员会、国家主席，国务院、中央军委、国务院各部委和委员会以及省、自治区和直辖市等地方人民政府和军队团以上军政首长可以发布命令。

2. 强制性。命令（令）一经发出，就会产生强大的行政约束力，要求受令单位和人员必须绝对服从，坚决执行，不得随意更改和变通，没有商洽的余地，不允许讨价还价。否则，将受到严肃处理甚至严厉惩罚。

3. 严肃性。命令（令）是国家权力机关和部门依照宪法发布的，具有一定的法律效力。因此，一般不轻易使用，必须使用时一定要严肃谨慎。同时，命令既出，切不可朝令夕改，使受令者无所适从；在语言的表达上亦要简洁准确，语气坚定严肃，结构上严谨而周密，风格质朴而庄重。

（三）命令的种类

按照内容性质的不同，命令（令）可分为四种类型。一是发布令，又叫公布令。适用于公布行政法规和规章等。发布令没有具体的受令单位，它是公开发布的，并且一般都带有“附件”。这种命令（令）只写什么文件在什么时间经过什么会议通过或者批准予以公布，什么时间开始施行或生效等。二是行政令，用于宣布施行重大强制性行政措施。如国家主席根据全国人民代表大会的决定或全国人民代表大会常务委员会的决定，采取重大强制性措施，发布戒严令、特赦令、动员令等。三是任免令，用于国务院或国家主席任免国家高级领导干部。一般单位任免干部不能用命令（令）行文。任免令正文内容非常简洁，只需写出任职依据和任免的职务、姓名即可。四是嘉奖令，用于上级对下级批准授予和晋升衔级、授予荣誉称号，表彰功勋业绩，奖励重大贡献时所使用的公文。

（四）命令（令）的语言形式与写法

标题：标题的形式有三种。一是由发文机关名称或领导人职务和文种组成。如《中华人民共和国主席令》；二是由事由和文种组成。如《中国人民解放军驻澳门部队进驻澳门特别行政区的命令》；三是由发文党政机关、事由和文种组成，如《国务院、中央军委关于晋升牟玉昌等 8 名同志武警警衔的命令》。

正文：命令（令）的正文，一般由三部分构成：

第一，引据。亦称令由或命令缘由，说明发令的理由、根据和目的，比如交代该令是哪个行政机关、什么会议、什么时间批准通过的，让受令者清楚令出有据，确信令文的合理性、必要性。有些篇幅特小的令文，开门见山，直述其事，引据部分可以略去。

第二，主体。亦称命令事项，命令内容或命令要求。写清命令的具体内容，如行政令，要列出发令行政机关实施的重大行政措施及具体要求，若文字较多，也可分条列项，务求简洁明确，具体切实。这样，可使受令者确信令文的可靠性、有效性。

第三，结语。亦称执行要求或执行办法。这一层次包括两项内容：一是对贯彻执行本命令的具体意见，执行时必须遵循的条文。二是说明生效时间：其一，公布时间与生效时间相同，如“现予发布”、“以上命令，于公布之日起立即施行”；其二，公布时间与生效时间不同，生效时间要置于公布时间之后，留有必要的提前量，如“现予公布，自 × 年 × 月 × 日起实施”。这样，受令者对令文的执行就有了准确性和操作性。

（五）命令的语言要求

1. 表述精确、清晰。命令体公文，篇幅一般都非常短小，像任免令、公布令，全文只有一段话，而这一段话也往往只有几十个字，行政令文字稍长一些。但不管长短，它都担负着重要使命，指导党和国家的重大社会活动。因此，命令体公文的用语需要特别注意讲究精确。“精”指的是言简意赅、文约意丰，要使用一些意义凝练的浓缩式语言，多使用禁止性、授权性、规范性语言；“确”是指所言之事要严丝合缝，在内容的展示上，要明显体现出事项的主次及其内在关联，使之具有逻辑性，语言上要切实做到字斟句酌，用词肯定明确，不得有丝毫含糊或模棱两可之处，以便理解和执行。

2. 庄重严肃，措辞强硬。命令的语气和用词都坚定、果断，没有商量的余地，必须遵照执行，不允许违背或更改。主要使用果决的祈使句，较多地运用“严禁”、“不准”、“严加”、“务必”、“处罚”、“必须”、“不得”等使令、决断性词语，以显示行政令的庄严性。在公文中，命令是语气最为严厉，内容最具强制性的一种公文。例如：《××省人民政府关于查禁公路上三乱行为的命令》主体部分：

一、各级人民政府应按照《国务院关于禁止在公路上乱设站卡乱收费的通知》（国发〔1994〕41号）和省人民政府转发此文的通知（粤府〔1994〕112号）规定，应采取坚决措施制止本辖区内在公路上乱设站卡、乱罚款、乱收费的行为。

二、省直有关部门应由主管领导负责，对照国家、省的有关法规，坚决制止本系统内在公路上乱设站卡、乱罚款、乱收费的行为，对违规在公路上搞三乱活动的单位，主管部门应予及时纠正。

三、省人民政府授权“××省人民政府查禁公路三乱督察队”，对经省人民政府批准设立的检查站、征费稽查站进行监督，发现三乱案件要及时查处。

四、各市人民政府要在辖区的国道上设立三乱投诉举报站，接受司机、群众的投诉、举报，及时处理公路三乱的有关案件。各地公安、交通、监察、工商部门要积极配合。

以上命令，请立即贯彻执行。

此命令措辞强硬，语言准确精练，语气坚定果断，斩钉截铁，毫不含糊，具有不可抗拒的气势，充分体现了省政府坚决治理公路上三乱行为的决心。

3. 文字精练、篇幅简短。撰写命令，要讲究文字精练，简洁明了，内容高度概括，一般不作具体的说明和解释。唐宋八大家之一的北宋著名散文家曾巩认为“号令之所布，法度之所设，其言至约，其体至备，以为治天下之具”。也就是说，发号施令的要求之一就是要语言精要，篇幅简短，使受令者很容易了然于心，见之于行。

四、公报

（一）公报的含义

《党政机关公文处理工作条例》规定：“公报适用于公布重要决定或者重要事项”。公报属周知性公文，经常在报刊、广播、电视、互联网上发布，是党和政府正式发布的“官方”报道。

（二）公报的特点

1. 公报具有权威性。公报是由国家级党政机关、特定的高级职能部门，或者我国与其他国家举行重要活动的双方首脑、团体发布的，而且发布的内容，代表了党和国家的态度和意见。可见，发文机关级别高，内容重大，具有较强的权威性。

2. 公报具有指导性。公报所公布的重要决定或者重要事项，大部分属于党和国家的方针、政策的确定和实施等方面的内容。它在一个时期内，对于统一人们的思想认识，规范人们的行为，都起着重要的指导作用。

3. 公报具有新闻性。公报一般是以最新势态、最新成果为内容的，并且通常是在第一时间以广播、电视、报纸为载体进行传播，向国内外公开发布。因而它具有新闻时效性和宣传性的特点。

（三）公报的分类

一是会议公报。这是一种反映重大会议情况，会议精神和议定事项的公报。它一般以会议名义发表，如《中国共产党第十七届中央委员会第六次全体会议公报》。二是新闻公报。这是国家党政机关或授权国家通讯社以新闻的形式，将重要活动或重大事件向国内外发布的官方报道，如《中华人民共和国和老挝人民民主共和国联合新闻公报》。三是联合公报。这是国家之间、政府之间、政党之间就某些重大事项或问题经过会谈、协商、取得一致意见或达成谅解后，双方联合签署发布的文件，如中韩两国 2008 年 8 月 25 日于首尔发布的《中韩联合公报》。四是事项公报。是国家行政机关及其工作部门，定期或不定期地向国内外发布有关国民经济、社会发展诸方面信息、数据等情况的公报，如中华人民共和国国家统计局发布的《2010 年第六次全国人口普查主要数据公报》。

（四）公报的语言形式与写法

标题：公报的标题常见的有三种形式。第一种是直写文种，如《新闻公报》；第二种是由会议名称和文种构成，如《中国共产党第十七届中央委员会第七次全体会议公报》；第三种是联合公报，由发表公报的双方或多方国家的简称、事由、文种构成。

正文：一般包括开头、主体两部分。开头，即前言部分。事件性公报要求用最鲜明、最精练的语言概述事件的核心内容，即何时、何地、发生了什么重大事件；会议性公报要求概述会议的名称、时间、地点、参加人员等；联合公报要求概述公报的来由，即在何时、何地、谁与谁举行了什么会谈或谁对谁进行了什么性质的访问等。主体，是公报的核心内容，要求把公报的内容完整、系统、有序地表达清楚。常见的有三种写作方式：第一种是分段式，即每段说明一层意思或一项决定；第二种是序号式，多用于内容复杂、问题头绪较多的公报；第三种是条款式，多用于联合公报。尾部，事件性公报和会议性公报一般没有尾部；联合公报要在正文之后写明双方签署人的身份、姓名、日期、并写明签署地点。

（五）公报的语言要求

1. 表述庄重规范。公报是一种周知性公文，它的内容和使用对象决定了公报的语言必须是郑重庄严、严谨规范的。无论篇幅长短，都要做到逻辑严密，层次清楚，切忌层意模糊，界限含糊，前勾后连，逻辑紊乱。在文字表述方面，要反复推敲，真正用妥帖恰当的语言去表达公报内容的严肃性、纪实性和历史性。

2. 用语准确概括。公报作为党和国家高级管理机关使用的公文，用以公布重要事项和重要决定。因此，它十分讲究用语的准确性和概括性，是什么，不是什么，应当怎样做，不应当怎样做，必须准确无误地传达给读者，不得模棱两可或含混不清。而且要精心推敲文字，最大限度地使用低密度的语言，用较少的文字涵盖丰富的内容，做到言简意赅，言约义丰。运用语言文字，一求准，二求简，使读者无须费力，便可把握内容，领会主旨。

3. 句式富于变化。在句式特点上，长句与短句、整句与散句交错使用，使语言富于变化，大大增强了语言的表达效果。例如，《中国共产党第十七届中央委员会第五次全体会议公报》（2010 年 10 月 18 日中国共产党第十七届中央委员会第五次全体会议通过）中最后一段“全会号召，全党同志和全国各族人民要紧密团结在以胡锦涛同志为总书记的党中央周围，认真学习、深刻领会、切实贯彻全会精神，解放思想、实事求是、与时俱进、开拓创新，万众一心为实现‘十二五’时期经济社会发展目标任务而奋斗！”长句与短句、整句和散句的组合运用，使公报在语言上显得既庄重严密又节奏明快。长句表意周详，气势畅达，短句简明活泼，刚劲有力，富于鼓动性和感召力。

4. 使用独特语言。会议公报，是对会议全部内容的反映，代表全体与会人员的意志，因此，文中多用“全会听取了”、“全会研究了”、“全会充分肯定”、“全会强调”、“全会认为”、“全会提出”、“全会指出”、“全会号召”等标志性语句，并以之提领一项议题内容，这是会议公报常用的一种表达方式；联合公报，常用“双方一致认为”、“双方决定”、“双方领导人同意”、“双方领导人表示”、“双方领导人重申”等作为提领语句，将双方的态度和立场作出明确、具体的阐述；事项公报数据准确可靠，语言简明扼要，以体现公报的权威性、严肃性、准确性和客观性的特点。结尾部分，可加注释来进一步说明事项事实情况。注释的主要对象包括：公报正文中出现的一些公众不常用、不易理解的专用名词、术语、缩略语词以及正文中数据的计算公式、方法、数据来源等，以方便公众阅读、理解正文内容。如：中华人民共和国国家统计局在2011年4月28日发布的《2010年第六次全国人口普查主要数据公报》（第1号）中的注释：……［2］普查登记的对象是指普查标准时点在中华人民共和国境内的自然人以及在中华人民共和国境外但未定居的中国公民，不包括在中华人民共和国境内短期停留的港澳台居民和外籍人员。“境内”指我国海关关境以内，“境外”指我国海关关境以外。……［3］大陆31个省、自治区、直辖市和现役军人的人口数据不包括居住在境内的港澳台居民和外籍人员。……［10］市辖区内人户分离的人口是指一个直辖市或地级市所辖的区内和区与区之间，居住地和户口登记地不在同一乡镇街道的人口。

中国共产党第十七届中央委员会第七次全体会议公报

（2012年11月4日中国共产党第十七届中央委员会第七次全体会议通过）

中国共产党第十七届中央委员会第七次全体会议，于2012年11月1日至4日在北京举行。

出席会议的有中央委员200人，候补中央委员165人。中央纪律检查委员会委员和有关负责同志列席会议。

会议由中央政治局主持。中央委员会总书记胡锦涛作了重要讲话。

会议决定，中国共产党第十八次全国代表大会于2012年11月8日在北京召开。

会议听取和讨论了胡锦涛受中央政治局委托作的工作报告。全会讨论并通过了党的十七届中央委员会向党的第十八次全国代表大会的报告，讨论并通过了《中国共产党章程（修正案）》，决定将这两份文件提请党的第十八次全国代表大会审议。习近平就党的十七届中央委员会向党的第十八次全国代表大会的报告讨论稿和《中国共产党章程（修正案）》讨论稿向全会作了说明。

全会充分肯定了党的十七届六中全会以来中央政治局的工作。一致认为，中央政治局高举中国特色社会主义伟大旗帜，全面贯彻党的十七大和十七届三中、四中、五中、六中全会精神，以邓小平理论和“三个代表”重要思想为指导，深入贯彻落实科学发展观，团结带领全党全军全国各族人民，坚持以科学发展为主题、以加快转变经济发展方式为主线，着力稳增长、控物价、调结构、惠民生、抓改革、促和谐，继续实施积极的财政政策和稳健的货币政策，保持宏观经济政策的连续性和稳定性，着力扩大国内需求，着力加强自主创新和节能减排，着力深化改革开放，着力保障和改善民生，全面推进社会主义经济建设、政治建设、文化建设、社会建设以及生态文明建设，全面推进党的建设新的伟大工程，各项事业取得了新的显著成绩，保持了经济平稳较快发展、社会和谐稳定，为召开党的第十八次全国代表大会创造了良好条件。

全会总结了党的十七大以来5年的工作。一致认为，这5年是不平凡的5年。面对复杂多变的国际环境和艰巨繁重的改革发展稳定任务，以胡锦涛同志为总书记的党中央带领全党，紧紧依靠全国各族人民，经受住各种困难和风险考验，全面推进了党和国家各项工作。经济平稳较快发展，改革开放取得重大进展，人民生活水平显著提高，民主法制建设迈出新步伐，文化建设迈上新台阶，社会建设取得新进步，国防和军队建设开创新局面，港澳台工作进一步加强，外交工作取得新成就，党的建设全面加强，坚持和发展了中国特色社会主义。

全会决定，增补范长龙、许其亮为中共中央军事委员会副主席。

全会按照党章规定，决定递补中央委员会候补委员王学军、王建平为中央委员会委员。

全会审议并通过了《中共中央纪律检查委员会关于薄熙来严重违纪问题的审查报告》、《中共中央纪律检查委员会关于刘志军严重违纪问题的审查报告》，确认中央政治局2012年9月28日作出的给予薄熙来开除党籍、2012年5月28日作出的给予刘志军开除党籍的处分。

全会全面分析了当前形势和任务，深入讨论了新形势下发展中国特色社会主义伟大事业、推进党的建设新的伟大工程的若干重大问题，为召开党的第十八次全国代表大会作了充分准备。

这是一份会议公报。公报开头简要写了会议的基本情况：时间、地点、出席与列席人员、会议主持与重要领导人讲话。主体部分交代了会议的主要内容，运用“会议决定”、“会议听取和讨论了”、“全会充分肯定了”、“全会总结了”、“全会决定”、“全会审议并通过了”、“全会全面分析了”等标志性词语分别引出一个段落，全面反映出会议的议定事项和主要精神，层次清晰，行文简明，语言严谨郑重。

五、公告

（一）公告的含义

《党政机关公文处理工作条例》中规定：“公告适用于向国内外宣布重要事

项或者法定事项”。是公布性公文，旨在使海内外公众周知。

公告一般由较高级别的国家行政领导机关、法定机关如全国人民代表大会、国务院、各省、市人民政府及人大等发布，或者授权新华社制发，基层单位一般不宜使用。

（二）公告的特点

1. 发布范围广泛。一般的公文针对的对象只是某一个或几个机关，或者在某个地区发布，最大的也就是在全国范围内发布，而公告则是向国内外发布，让全世界都知道。

2. 发布内容重要。公告的事项都是事关大局，或者在国内外能产生重大影响的事项。这种事项一公布，必然在国际国内引起不同程度的反响。因此，不属于这类性质的事项，尤其是与国外毫无关联、没有必要刻意向国外宣告的事项，就不可使用公告来发布。

3. 发布的庄严性。公告发布的事项自身性质突出，分量重大。因此，公告不是一般的告知，而是庄严郑重的发布。

4. 传播的公开性。公告虽为一种公文，但不采用版头文件的方式发布，不在党政机关之间运行，一般也不使用发布范围较小的张贴方式，而是利用新闻媒体，如电视、广播、报纸等这种快捷方便的发布方式，以便达到国内外在同一时间一体周知的效果。

（三）公告的种类

按照内容的不同，公告可以分为四类：一是要事性公告。是指国家党政机关向国内外宣布重大事项、重要事件的公告。如宣布重大国事活动，重大科技成果，答谢国外有关部门对我国重大活动的祝贺等。二是政策性公告。凡国家行政机关向国内外发布方针、政策，均用此类公告。三是法定性公告。是指向国内外宣布法定事项或颁布宪法、法律、法规而使用的公告。四是任免性公告。向国内外宣布人员职务任免事宜，采用此类公告。这类人员多系国家领导人和政府重要官员。

（四）公告的语言形式与写法

标题：形式有三种。一是完整式标题，如《中华人民共和国财政部、香港特别行政区政府关于中央政府在香港发行人民币国债的联合公告》；二是发文机关＋文种，如《中国人民银行公告》；三是事由＋文种，如《关于发行二〇〇二年国库券的公告》。

正文：内容较多的公告，其正文一般由开头、主体和结语三部分组成。开头，写明发布公告的缘由（包括根据、目的、意义等）。一般用一两句话概括，文字精练。主体，写明公告事项，多采用分条列项的写法，如果事项简单，可以不分段落。结语，一般用惯用语“特此公告”、“现予公告”、“现予公布施行”等。如公布通过的时间与施行的时间不同，需说明什么时间通过，什么时间开始施行。

（五）公告的语言要求

1. 事项准确具体。公告中的事项，是公告内容的具体指向，是晓谕天下做什么和怎样做的。事项部分务求准确，不能模棱两可、含混不清。务求具体，具有可操作性，不能笼而统之，只讲大概如何。例如，《全国人民代表大会常务委员会公告》(2009年6月27日)，“河北省人大常委会罢免了冀纯堂的第十一届全国人民代表大会代表职务，山西省人大常委会罢免了夏振贵的第十一届全国人民代表大会代表职务。依照代表法的有关规定，冀纯堂、夏振贵的代表资格终止。现在，第十一届全国人民代表大会实有代表2982人。”公告事项具体准确。

2. 用语庄重规范。公告是向国内外宣布重要事项或者法定事项，这就决定了其用语必须庄重严肃、规范准确，以确保公告的权威性和公信力。语言庄重规范，主要指使用规范的书面语言和惯用语，避免口语入文。必要的文言的融入，承前启后等惯用语的运用，加上句式的锤炼，修辞的讲究，这样，既能显示语言的庄重性，也使公文“文简而事白”。

3. 多用叙述说明，表达直截了当，无议论，更不需抒情。公告内容要单一，篇幅简短，要求直截了当地说明要公开的事项，不必过多地陈述细节过程，忌夸张，忌修辞性用语，只要将公布的事项公布出来即可。语言要凝练准确，精益求精，用字力求少，表意力求多，即“文简而事丰”，语气要郑重。

中华人民共和国财政部公告

2011年第50号

根据2011年地方政府债券发行安排，经与黑龙江、江苏、宁波、安徽、湖北、湖南省（市）人民政府协商，财政部决定代理发行2011年地方政府债券（四期）（以下简称本期债券），现将有关事项公告如下：

一、本期债券通过全国银行间债券市场和证券交易所债券市场（以下简称各交易场所）面向社会各类投资者发行。

二、本期债券计划发行面值为220亿元，实际发行面值为220亿元。其中黑龙江、江苏、宁波、安徽、湖北、湖南省（市）额度分别为35亿元、45亿元、7亿元、45亿元、43亿元、45亿元。各省（市）额度以2011年地方政府债券（四期）名称合并发行、合并托管上市交易。

三、本期债券期限5年，经投标确定的票面年利率为4.12%，2011年8月9

日开始发行并计息，8 月 11 日发行结束，8 月 15 日起在各交易场所以现券买卖和回购的方式上市交易。

四、本期债券为固定利率附息债，利息按年支付，利息支付日为每年的 8 月 9 日（节假日顺延，下同），2016 年 8 月 9 日偿还本金并支付最后一年利息。本期债券还本付息事宜由财政部代为办理。

五、本期债券在 2011 年 8 月 9 日至 8 月 11 日的发行期内，采取场内挂牌和场外签订分销合同的方式分销，分销对象为在中国证券登记结算有限责任公司开立股票和基金账户及在中央国债登记结算有限责任公司开立债券账户的各类投资者。通过各交易场所分销部分，由承销机构根据市场情况自定价格。

特此公告。

中华人民共和国财政部

二〇一一年八月八日

这是一篇宣布重要事项的公告。开头简要写明发布公告的依据，文字精练。主体部分写明公告事项，准确具体。地方政府债券发行方式，计划发行面值，实际发行面值，发行期限、发行时间，利息多少，怎样支付，通过什么方式购买等，一一交代清楚，让全国人民知道。事项按逻辑关系分条列写，条理清晰，内容明确，语言简洁庄重、规范得体。

六、通告

（一）通告的含义

《党政机关公文处理工作条例》中规定：通告“适用于在一定范围内公布应当遵守或者周知的事项”。

（二）通告的特点

1. 内容具体，业务性强。通告的内容重要程度比不上公告的内容，而且多是业务工作方面的。因此，通告的使用频率要比公告高得多。

2. 有限制的行文对象。公告的告知对象是广泛的，“向国内外宣布”；通告的告知范围就小得多，是“在一定范围内公布”。

3. 广泛的发文机关。通告的内容是一般事项，所以发文单位比较广泛。党政机关、企业事业单位、人民团体都可发布通告。

4. 独特的发布方式。一般的公文是用文本形式印发，而通告的发布形式比较特殊，一般不用文本形式印发，而是张贴或登报。

（三）通告的分类

一是周知性事项通告。社会组织在执行公务的过程中有许多情况需要社会有关方面知晓，以便相互配合，避免误解和纠纷，应用此类通告。二是法规性事项通告。这类通告用于向社会公布应当遵守的事项，内容具有政策性和法规性，因此具有强制性和行政约束力。

（四）通告的语言形式与写法

标题：通告的标题一般有三种写法，一是写明发机关、事由、文种。如《工商总署关于打击走私、投机倒卖进出口物品的通告》；二是省略了事由，只写明发文机关和文种。如《北京市公安交通管理局通告》；三是省略了发文机关，如《关于禁止学生酗酒的通告》。

正文：正文一般由通告缘由、通告事项和结语三部分构成。缘由，说明为什么发此通告，即发布通告的原因、目的和依据，写法上要开门见山，简单明了。然后常用“现通告如下”，“现将有关事项通告如下”等过渡到事项部分。事项，即通告的具体内容，要写的具体明确。内容比较简单、单一的，可不分条来写；如果内容比较多，则应分列一条一条地写。按照事物之间的逻辑关系，做到条理分明，层次清晰。结语，一般用“特此通告”、“此告”以示强调或“本通告自公布之日起施行”等语句作结。

（五）通告的语言要求

1. 通俗简洁。通告是在一定范围内公布应当遵守或者周知的事项。与其他各类公文比较，通告的阅读者较为广泛，通告对象的层次也较为复杂，多数为社会普通公众。因此，通告内容要求深入浅出，通俗易懂，简洁明白，少用专业术语，多用大众语言，以适应通告阅读对象不同的文化水平。

2. 准确清晰。通告用语要旗帜鲜明，态度明朗，要求明确，切忌出现模糊观点和不实之词。所讲的问题、概念、提法都要准确、恰当。排除义有两歧，模糊疏漏，让公众一看就明，一听即懂。忌用生僻、晦涩、深奥的词语，忌用生造、滥省的词语，忌用方言土语。语言结构不宜复杂，多用单句，特别是短单句。

3. 多采用说明的方式。着重说明公布事项，而不对通告事项进行具体的解释或评议。一般不描述事情经过，也不需要阐述道理，运用概括性语言，文字精练，篇幅尽量短小。通告可操作性强，结构严谨，层次清楚，多用条文式。

烟台市人民政府关于整治公路路域环境的通告

为进一步优化公路运行环境，根据省政府关于开展公路综合整治年活动的部署和要求，市政府决定，对全市范围内国省干线公路路域环境进行综合整治。现通告如下：

一、禁止在公路用地及建筑控制区内摆摊设点、占路经营、乱停乱放、乱堆乱占、打场晒粮、倾倒垃圾。公路两侧边沟外缘50米范围内禁止集市贸易。

二、禁止在公路用地及建筑控制区内修建建筑物、私设停车场、私设平交道口、乱设广告标牌，穿村镇（城区）路段必须按规定实行路宅分家。

三、未经批准，禁止在公路用地和公路建筑控制区内架（埋）设管线、电缆等设施。

四、禁止在公路大中型桥梁上游500米、下游1000米，及公路隧道上方和洞口外100范围内挖砂、采石、取土、爆破作业、乱堆乱放等。

五、未经批准，禁止在公路两侧可视范围内破坏山体、植被等自然景观，对公路两侧可视范围内已存在的荒山荒坡、破损山体、坟墓等，要通过绿化、遮挡等方式进行整治。

六、对违反上述条款的单位和个人，将进行批评教育并责令整改。拒不整改的，依法给予行政处罚；造成路产损失的，追究赔偿责任。

七、对抗拒、阻挠执法人员依法执行公务的，由公安机关依法予以处罚；构成犯罪的，追究刑事责任。

八、本通告自公布之日起施行。

烟台市人民政府

二〇一〇年八月十六日

本通告的正文有三层内容组成。第一层为发布通告的目的和依据，语言简洁。第二层为通告事项，采用条文式写法，分别从七个方面列写了烟台市人民政府整治公路路域环境的具体内容和要求，条理清楚，要求明确，语言简明通俗。第三层以“本通告自公布之日起施行”作结。整篇通告篇幅简短，用语旗帜鲜明，态度明朗，语言短促利落，刚劲有力。

七、通知

（一）通知的含义

《党政机关公文处理工作条例》规定：通知“适用于发布、传达要求下级机关执行和有关单位周知或者执行的事项，批转、转发公文”。

（二）通知的特点

1. 使用范围的广泛性。通知现在已成为党政机关使用最频繁的公文文种。它可以广泛应用于发布章程、规定；下达指示，安排工作，提出工作要求；知照事项，传递信息；批转、转发公文等，在发文机关方面，党和国家的行政机关、社会团体及企事业单位等都可使用，使用范围十分广泛。

2. 作用的指导性。通知用来发布规章，布置工作，传达指示，批转或转发文件，提出需要执行或办理的事项，大都具有一定的指导功能，受文单位受到通知的制约，在规定的时间内要执行所通知的事项或完成通知布置的任务。

3. 应用的简便性。通知的应用非常简便，结构不拘一格，语言表达亦灵活自便。内容涉及几个单位或部门的可以发出联合通知；遇有特殊情况时，可以发出紧急通知；一次没有讲清楚或情况发生新变化时，还可以发出补充通知。

4. 执行的时间性。在行政公文中，通知的时间性是最强的，一般都有明确的时间要求，需要在规定时间内执行、办理。因此，要严格掌握时间，以免延误工作。

（三）通知的种类

一是发布性通知。主要用于向下属机关发布有关行政法规、制度、办法等文件，一般内容比较重要，告知受文单位，某一章程、规定等已经某会议讨论通过或经上级机关批准，现予发布或印发，并要求贯彻执行。如中共中央办公厅、国务院办公厅关于印发《党政机关公文处理工作条例的通知》。二是指示性通知。指示性通知内容的理论性、政策性较强，一般都是上级机关需要对下级机关或所属单位下达指示，即对某一事项作出具体规定或对某一工作提出具体要求，具有强制性、指挥性和决策性。三是批转性通知。包括两种：（1）转发公文的通知。这种通知转发不相隶属机关和上级机关的公文。（2）批转公文的通知。批转下级机关的公文，主要有意见、纪要等。这些公文经上级机关批准、认可，再用通知转发下去贯彻执行。四是知照性通知。这是关于一般性事务的通知，要求受文单位知晓或办理某一事情。这种通知具有广泛的应用性，内容具体单一，只把事情或情况交代清楚即可。五是任免通知。按干部管理权限，由上级机关决定任免干部，然后把任免决定用通知行文，向指定的范围公布。六是会议通知。这是向参加会议的机关、单位行文，告知会议有关事项的，一般包括会议名称、内容、地点、参加范围、会期、报到时间、地点，需带文件、材料等。

（四）通知的语言形式与写法

标题：通常由发文机关、事由、文种三部分组成。如《国务院办公厅关于积极稳妥推进户籍管理制度改革的通知》；也可省略发文机关，由事由 + 文种组成。如《关于召开全市森林防火工作会议的通知》；任免通知的标题一般由发文机关、被任免人姓名和文种组成。如《××省旅游局关于×××等六位同志任职的通知》。如确有必要，可在标题中加“紧急”、“重要”、“补充”等词语，以引起有关部门、人员高度重视，立即贯彻、执行。

特别需要注意的是，批转、转发性通知的标题事由是批转、转发公文的名称。另外，当转发通知的事由本身也是一个“通知”时，应将多层次后面的“通知”及“转发”前的关于省略，并去掉被转发通知的书名号。如“山东省商业厅关于转发财政部《关于开展财务大检查的通知》的通知”。应改为《山东省商业厅转发财政部关于开展财务大检查的通知》。

正文：通知的正文包括通知的缘由、通知事项、执行要求或结语三部分构成。通知缘由，说明发通知的原因、目的或依据。一般以简明扼要的文字写明发该通知的原因、必要性。然后用承启用语“特作如下通知”、“现将有关事项通知如下”、“特紧急通知如下”等转入通知事项部分。通知事项，主要部署工作任务，阐述工作意见、措施、办法以及需要注意的问题。一般以分段式或分条、列项写，要求写得具体明确，条理清楚，以便下级贯彻执行。执行要求，一般以“以上通知，望认真（贯彻）执行”、“特此通知，请认真贯彻执行”、“本通知自发布之日起实行”等惯用语结尾。

不同种类的通知，其正文的写法有所不同。

（五）通知的语言要求

1. 简明通俗。通知的内容常常是一些需要广为周知或需要办理执行的事项，因此，在语言表述上要考虑到可操作性，语言概念要明确具体，文字表达要简明准确，通俗易懂，在使用专业术语时，既要使用得当，又要便于各有关人员了解掌握，以利贯彻办理。

2. 周密准确。为使受文单位便于操作，凡属应该说明的有关情况，应该执行的具体事项，以及有关的时间、地点、条件等，都要做到周密准确，以免贻误工作，造成损失。转发性通知要注意恰当地使用“认真遵照执行”、“切实遵照执行”、“参照执行”、“望认真贯彻执行”、“望认真研究执行”等与执行要求有关的颁行词语。语言表达准确、简练，不得含混不清或模棱两可，以便贯彻落实。任免通知，在标题中使用“任命”、“任职”、“免职”、“任免”等词语时，标题与正文内容应一致，不得出现标题为“任免通知”，正文中却根本没有免职内容的文题不一致的现象；写明任免的法定生效程序或依据，如“经×××会议研究决定”、“根据××文件的精神”、“经×××同意”等，以保证任免通知的合法性和严肃性；文中要直接写明被任免人员的姓名和职务，不对人员任免的原因以及考察过程等作进一步的交代。另外，受文单位的名称必须写清写全，或用全称或用规范化的简称，不得乱造名称或使用不规范的简称。

3. 清晰明了。通知要传达领导机关意图，向下布置任务，讲明指导思想、目的和要求。因此，语言必须明确，特别是会议通知更应把时间、地点、人员、要求等表述清楚明确，使下级一看就清楚明白，不能拐弯抹角，含混不清。如《国务院办公厅关于继续深入扎实开展“安全生产年”活动的通知》（国办发〔2012〕14号），明确开展“安全生产年”活动要“坚持以人为本，以科学发展安全发展为总要求；牢固树立科学发展安全发展理念，夯实安全生产的思想基础；坚持预防为主，切实抓好隐患排查治理；坚持落实责任，切实肩负起安全使命；坚持依法治理，规范生产经营建设秩序；强化科技支撑，提升安全保障能力；强化应急处置，提高安全救援水平；强化基础建设，增强安全监管监察能力”语言明确规范，简洁平实，语气坚定。

4. 适度概括。通知发自领导机关，它所陈述的内容既要有很高的原则性，又要有一定范围内的灵活性；既要讲清任务、要求，又要讲清政策、方法、步骤、措施。因此既不能使用空泛、虚浮的语言，以免下面难于理解和执行；又不能使用太细、太具体的语言，以免下面难于联系实际，缺乏回旋的余地。因此要求使用概括性的语言。

5. 主要运用说明、叙述的表达方式。通知内容要求合理、细致、具体，主要运用说明、叙述的表达方式，正文开头说明制发通知的背景、缘由，要简要地概括说明，不需详细记叙整个情况发生发展的全过程。可适当使用议论方式，讲清道理，提高受文者的认识，以便于其自觉贯彻通知精神；语言平直简练，一般不使用强制性语气。

国务院关于开展第三次全国经济普查的通知

国发〔2012〕60号

各省、自治区、直辖市人民政府，国务院各部委、各直属机构：

根据《全国经济普查条例》的规定，国务院决定于2013年开展第三次全国经济普查。现将有关事项通知如下：

一、普查的主要目的

全面调查了解我国第二产业和第三产业的发展规模及布局，了解我国产业组织、产业结构、产业技术的现状以及各生产要素的构成，进一步查实服务业、战略性新兴产业和小微企业的发展状况，摸清我国各类单位的基本情况，全面更新覆盖国民经济各行业的基本单位名录库、基础信息数据库和统计电子地理信息系统。通过普查，进一步夯实统计基础，健全统计工作的部门协调机制和信息共享机制，为加强和改善宏观调控，加快经济结构战略性调整，科学制定中长期发展规划，提供科学准确的统计信息支持。

二、普查的对象和范围

第三次全国经济普查的对象是在我国境内从事第二产业和第三产业的全部法人单位、产业活动单位和个体经营户。具体范围包括：采矿业，制造业，电力、热力、燃气及水生产和供应业，建筑业，批发和零售业，交通运输、仓储和邮政业，住宿和餐饮业，信息传输、软件和信息技术服务业，金融业，房地产业，租赁和商务服务业，科学研究和技术服务业，水利、环境和公共设施管理业，居民服务、修理和其他服务业，教育，卫生和社会工作，文化、体育和娱乐业，以及公共管理、社会保障和社会组织等。

三、普查的内容和时间

普查的主要内容包括单位基本属性、从业人员、财务状况、生产经营情况、生产能力、原材料和能源及主要资源消耗、科技活动情况等。

普查标准时点为2013年12月31日，普查时期资料为2013年年度资料。

四、普查的组织和实施

第三次全国经济普查是一项重大的国情国力调查，各地区、各部门要按照“全国统一领导、部门分工协作、地方分级负责、各方共同参与”的原则，突出重点，优化方式，统一组织，创新手段，认真做好普查的宣传动员和组织实施工作。

为了加强对普查工作的组织和领导，国务院将成立第三次全国经济普查领导小组，负责普查组织和实施中重大问题的研究和决策。普查领导小组由国务院领导同志任组长，成员单位包括国务院办公厅、统计局、发展改革委、中央宣传部、中央编办、监察部、民政部、财政部、税务总局、工商总局和质检总局等部门（组成人员名单另发）。普查领导小组办公室设在统计局，负责普查的具体组织实施和协调。其中，涉及普查经费方面的事项，由财政部负责和协调；涉及固定资产投资保障方面的事项，由发展改革委负责和协调；涉及企业和个体工商户名录方面的事项，由工商总局、税务总局负责和协调；涉及机关和事业单位名录方面的事项，由中央编办负责和协调；涉及社团、基金会、民办非企业单位及基层自治组织名录方面的事项，由民政部负责和协调；涉及组织机构代码方面的事项，由质检总局负责和协调；涉及各级政府及其普查工作人员在普查工作中违法违纪行为的事项，由监察部负责和协调处理。国务院其他各有关部门，也要按照各自的职能，各负其责、通力协作、密切配合。

地方各级人民政府要设立相应的普查领导小组及其办公室，加强领导，认真组织好本地区的普查实施工作。对于普查工作中遇到的困难和问题，要及时采取措施，切实予以解决。要充分发挥街道办事处和居民委员会、乡镇政府和村民委员会的作用，广泛动员和组织社会力量积极参与并认真配合做好普查工作。地方普查机构应当根据工作需要，聘用或者从有关单位商调符合条件的普查指导员和普查员，并及时支付聘用人员的劳动报酬，保证商调人员在原单位的工资、福利及其他待遇不变，稳定经济普查工作队伍，确保普查工作顺利进行。

五、普查的经费保障

第三次全国经济普查所需经费，由中央和地方各级人民政府共同负担，并列入相应年度的财政预算，按时拨付、确保到位。

六、普查的工作要求

坚持依法普查。所有普查对象必须严格按照《中华人民共和国统计法》和《全国经济普查条例》的规定，按时、如实地填报普查表。任何单位和个人不得虚报、瞒报、拒报、迟报，不得伪造、篡改普查数据。地方各级人民政府统计机构和监察机关要加大对普查工作中违法违纪行为的查处力度，坚决杜绝人为干扰普查工作的现象，确保普查工作顺利进行和普查数据质量。普查取得的单位和个人资料，严格限定用于普查目的，不作为任何单位对普查对象实施处罚的依据。各级普查机构及其工作人员，对在普查中所知悉的国家秘密和普查对象的商业秘密，必须履行保密义务。

充分运用现代信息技术。利用统计电子地理信息系统，全面建立普查区电子地图；巩固和拓展统计联网直报系统成果；积极推广使用手持电子数据采集设备，努力提高普查工作的信息化水平和效率，减轻基层普查人员的工作负担。

加强宣传工作。各级普查机构应会同宣传部门认真做好普查宣传的策划和组织工作，主动向新闻单位提供情况。报刊、广播、电视和互联网等媒体要广泛深入宣传经济普查的重要意义和要求，宣传普查工作中涌现出的典型事迹，报道违法违纪案件查处情况，引导广大普查对象依法配合普查，教育广大普查人员依法开展普查，为普查工作顺利实施创造良好的舆论环境。

国务院

2012 年 11 月 9 日

这是一篇指示性通知。开头开门见山，一句话写了通知的依据，接着写通知事项。分别从六个方面写了第三次全国经济“普查的主要目的”、“普查的对象和范围”、“普查的内容和时间”、“普查的组织和实施”、“普查的经费保障”、“普查的工作要求”。全文条理清楚，逻辑性强，内容具体明确，便于下级贯彻执行。文字表述周密准确规范，通俗易懂，有非常强的指导性和操作性。

八、通报

（一）通报的含义

《党政机关公文处理工作条例》规定：通报“适用于表彰先进、批评错误、传达重要精神和告知重要情况”。

（二）通报的特点

1. 应用的广泛性。通报是适用范围较广的一个文种，各级行政机关可以发通报，社会团体、企业事业单位也可以发通报；通报的内容可以传达重要的精神，各级领导的有关指示或本单位、本系统的重要情况，也可以对典型的人和事进行表扬或批评。

2. 内容的典型性。通报的内容都是具有代表性的重要事件。所通报的情况，必须具有普遍的教育意义和指导意义。一般的好人好事，或普通性质的错误，不必发通报。通报的事件一定要比较典型，有较强的教育意义。

3. 事实的准确性。事实、情况真实准确是通报的生命。通报的教育、指导作用，从一定意义上讲体现在事实本身。因此，必须有事实根据且对事实进行认真负责的调查、核对，不允许有任何虚假成分。

4. 行文的及时性。通报有很强的时效性。无论是传达精神，告知重要情况，还是表彰好人好事、批评错误，都要抓住时机，这样才能充分发挥通报的教育作用和指导作用。如果反应迟钝，时过境迁，通报就失去了它应有的意义了。

（三）通报的种类

一是情况性通报。用于传达重要的会议精神，本地区、本单位工作、学习中的重要情况，沟通信息，有利于树立全局观念，均衡发展，协调动作；有利于互相借鉴，取长补短，共同提高。二是表扬性通报。通过总结、表彰具有典型意义的先进集体或先进个人的经验、事迹，使单位或个人学有榜样，赶有目标，有利于弘扬正气；有利于推广先进经验，提高整体工作水平。三是批评性通报。针对带有倾向性的问题或代表性的错误做法，抓住典型事例进行解剖，分析其错误的性质、产生的原因以及带来的恶劣影响，作出对犯错误单位或人员的处理决定，以使各有关方面汲取教训，达到普遍教育的目的。

（四）通报的语言形式与写法

标题：一是由发文机关、事由、文种组成，如《山东省人民政府关于表彰奖励全省粮食生产先进单位和先进个人的通报》（鲁政字〔2012〕17 号）；二是由事由、文种组成，如《关于表彰奖励 2009 年度科技进步获奖项目的通报》。比较重要的通报不能省略发文机关。

正文：表扬性通报的内容一般包括介绍事迹、评价事迹意义、作出表彰决定、提出希望和号召等四个部分；批评性通报正文包括错误事实、根源和教训、处理决定、希望和要求四部分；情况通报是为使下级机关单位了解某阶段的工作情况，内容一般包括两个部分，即通报事项的情况或精神的主要内容、提出希望和要求。

（五）通报的语言要求

1. 措辞准确。无论是情况通报，还是表扬性、批评性通报，都要客观如实地反映真实情况。时间、地点、人物、事件要真实，不能虚夸失实，作出的分析、决定，一定要科学、准确，评论要恰如其分，切合实际，入情入理。高估了成绩，说重了缺点，对被表彰的人、事认为地拔高，对被批评的人、事“无限上纲”都不能使人信服，都会影响通报的说服力，也起不到教育或惩戒的作用。

2. 叙述恰当。在表达方式上，通报叙议结合，以叙为主。事实的叙述，是议论的基础，既要具体，又不可琐碎，要掌握好详略尺度。另外，对先进事迹的表扬，对错误行为的处理，基于对情况的分析、对事实的判断，如果定性分析不能恰如其分，处理意见则往往不妥。因此，通报的遣词用语必须持严肃认真的态度，斟酌推敲，用词分寸恰当，以理服人，不乱扣帽子，不能称善过其美，言恶过其极，与事实相悖。

3. 褒贬鲜明。以含义确切、态度明朗的词语和句子作出肯定或否定的表述。如表彰性通报，先进人物（单位）的模范事迹，上级组织、领导机关作出什么决定，提出什么要求，发出什么号召，都应写清楚。

国务院关于表扬全国“两基”工作先进地区的通报

国发〔2012〕47 号

各省、自治区、直辖市人民政府，国务院各部委、各直属机构：

在党中央、国务院的正确领导下，经过各地区、各部门和全国人民的共同努力，2011 年我国全面实现九年义务教育，青壮年文盲率下降到 1.08%。这是我国教育改革发展的重大成就。在实施“两基”（基本普及九年义务教育、基本扫除青壮年文盲）巩固提高和“两基”攻坚过程中，各地党委政府认真贯彻落实教育法律法规和方针政策，坚持教育优先发展，突出“两基”重中之重地位，加强组织领导，广泛宣传动员，上下一心，扎实工作，许多地区作出了显著成绩，创造了丰富经验。为表扬先进，激励和动员全社会进一步重视、关心、支持教育事业，推动义务教育工作迈上新的台阶，国务院决定，对北京市顺义区等 80 个“两基”工作先进地区予以通报表扬。

希望受到表扬的先进地区再接再厉，开拓进取，改革创新，把本地区的义务教育提升到一个新水平，开创教育改革发展新局面。各地区要向受到表扬的先进地区学习，坚持以科学发展观统领教育事业全局，坚持把义务教育摆在重中之重的位置，深入贯彻落实《国家中长期教育改革和发展规划纲要（2010—2020年)》，努力办好人民满意的教育，推动教育事业在新的历史起点上科学发展，为全面建设小康社会和中华民族伟大复兴作出新的更大贡献。

国务院

2012 年 9 月 5 日

这是一份表彰性通报。正文开头采用总括的手法，概括了我国教育改革发展的重大成就，接着指出在实施“两基”巩固提高和“两基”攻坚过程中，许多地区作出了显著成绩，创造了丰富经验，为表扬先进，推动义务教育工作迈上新的台阶，国务院决定，对北京市顺义区等 80 个“两基”工作先进地区予以通报表扬，并提出了希望和要求。整篇通报环环相扣，给人以水到渠成之感。全文篇幅简短，叙事干练，评价恰当，用词准确，号召语言抓住根本，富有鼓动性、鼓舞性。起到了表彰先进、弘扬正气、树立典型的作用。

九、批复

（一）批复的含义

《党政机关公文处理工作条例》规定：批复是“适用于答复下级机关请示事项”的公文。使用“批复”的都是相对的上级机关，低层次的基层机关、单位不使用这一文种。

批复的作用是对下级机关单位的请示予以具体明确的答复和指示，以使其在执行政策和处理公务时有所依据，或者及时得到上级的支持和帮助。

（二）批复的特点

1. 被动性。批复是用来答复下级机关的请示事项的，下级有请示，上级才会有批复。下级有多少份请示呈报上来，上级就会有多少份批复回转下去。所以，批复必须以请示为存在条件，它是公文中唯一的纯粹被动性文种。

2. 针对性。批复的针对性极强，下级机关请示什么事项或问题，上级机关的批复就指向这一事项或问题，绝不能答非所问。

3. 权威性。批复代表着上级机关对下级机关请求批准或指示的具体意见，对请示单位具有极强的约束力，下级机关必须遵守执行。

（三）批复的种类

根据请示的种类，批复可分为以下两类：一是请求指示的批复。是针对下级机关工作中法规、政策执行中出现的认识与理解上的问题作出的批示意见。二是请求批准的批复。是依法依职对下级机关自身无法解决的事项作出的审查或批准意见。

（四）批复的语言形式与写法

标题：批复标题的语言形式一般有两种：一是发文机关 + 事由 + 文种，如《国务院关于唐山市城市总体规划的批复》；二是事由 + 文种，如《关于同意设立厦门阳光风采旅行社有限公司的批复》。两种标题均可根据需要在事由部分加上表态词“同意”。注意批复的标题不应使用“关于对……的请示的批复”或“关于答复……的请示的批复”等语言形式。

正文：开头部分，要引叙来文，即引述下级机关的请示日期、标题、发文字号，以使受文单位明确批复的事项。然后用“现批复如下”过渡到主体部分。如《国务院关于东北振兴“十二五”规划的批复》：“你委《关于报送东北振兴‘十二五’规划的请示》（发改东北〔2012〕318 号）收悉。现批复如下”。主体部分，要写明批复的事项。批复事项必须紧扣请示事项，内容包括批复态度和批复意见。要求写得态度鲜明，意见具体。结尾部分，可使用“此复”、“专此批复”、“特此批复”等固定性语句，使行文显得简洁凝练、典雅庄重。

（五）批复的语言要求

1. 明朗确定，准确无误。批复是请示单位处理请示问题的依据，表达不准确就会使受文单位不知所云，无所适从。同意就同意，不同意就不同意。切忌语意不清，词不达意。要求用决断性的语言，对一件事、一份材料、一个问题、作出某种决断，或判明是非，或表明态度，常常用表意语“同意”、“批准”、“决定”等词语、切忌使用含糊其辞的词语。对下级机关的请示事项，如果认为与现行方针、政策或规章制度矛盾，或解决条件尚不具备，则应在批复中表示“不予批准”、“不同意”或“缓办”，态度一定要明确、肯定，并阐明理由和根据，切忌模棱两可，使下级无所适从。例如，《国务院关于东北振兴“十二五”规划的批复》（国函〔2012〕17号）：“你委《关于报送东北振兴‘十二五’规划的请示》（发改东北〔2012〕318号）收悉。现批复如下：一、原则同意《东北振兴‘十二五’规划》（以下简称《规划》），请认真组织实施。”运用“原则同意”，表义明朗而确切，并使用授权性语句“请认真组织实施”，直截了当地表明领导者的意见和决定，有利于下级机关的贯彻和执行。

2. 庄重严谨，意图清晰。在批复中要旗帜鲜明地阐明意图和决策，做出安排和要求。例如，《国务院关于同意将新疆维吾尔自治区库车县列为国家历史文化名城的批复》（国函〔2012〕22号）：“你区及库车县人民政府要根据本批复精神，按照《历史文化名城名镇名村保护条例》的要求，正确处理城市建设与保护历史文化遗产的关系，深入研究发掘历史文化遗产的内涵与价值，明确保护的原则和重点。编制好历史文化名城保护规划，并纳入城市总体规划，划定历史文化街区、文物保护单位、历史建筑的保护范围及建设控制地带，制定严格的保护措施。在历史文化名城保护规划的指导下，编制好重要保护地段的详细规划。在规划和建设中，要注重体现民族文化特色和地方传统风貌，不得进行任何与历史文化名城环境和风貌不相协调的建设活动。”

该段文字使用“正确处理城市建设与保护历史文化遗产的关系”、“深入研究发掘历史文化遗产的内涵与价值明确保护的原则和重点”、“明确保护的原则和重点”等肯定判断句授予新疆维吾尔自治区及库车县人民政府历史文化名城的权利，并使用否定句“不得进行任何与历史文化名城环境和风貌不相协调的建设活动”对其作出严格规定，充分体现了领导者的权威性和决定性，意图明确，决策切实可行。

3. 直陈直述，明确具体。除给予具体指示可适当说理外，一般不要发议论。

可使用一定的号召性、激励性的语言。例如，《国务院关于东北振兴“十二五”规划的批复》（国函〔2012〕17号）：“‘十二五’时期是东北地区巩固和扩大振兴成果的重要时期，是深化改革开放和加快转型发展的攻坚时期，是为全面振兴奠定更加坚实基础的关键时期。各有关方面要进一步增强责任感和紧迫感，高度重视，把握机遇，加强协作，扎实工作，努力开创全面振兴新局面。”文中连用三个肯定判断句“是东北地区巩固和扩大振兴成果的重要时期”、“是深化改革开放和加快转型发展的攻坚时期”、“是为全面振兴奠定更加坚实基础的关键时期”构成排比，语义递增，气势宏大，强调了“十二五”是东北振兴的关键时期，并使用四个四字短语“高度重视”、“把握机遇”、“加强协作”、“扎实工作”，音韵铿锵有力，读来朗朗上口，更加激励人心，增强了语言的号召力和感染力。

国务院关于上海市海洋功能区划（2011～2020年）的批复

国函〔2012〕183号

上海市人民政府、海洋局：

上海市人民政府关于审批上海市海洋功能区划的请示收悉。现批复如下：

一、原则同意《上海市海洋功能区划（2011～2020年）》（以下简称《区划》）。

二、上海市位于我国大陆海岸线中部，是我国经济中心城市，长江三角洲城市群的核心。全市海洋资源丰富，开发程度高，产业基础雄厚。要坚持在发展中保护、在保护中发展的原则，合理配置海域资源，优化海洋开发空间布局，实现规划用海、集约用海、生态用海、科技用海、依法用海，促进经济平稳较快发展和社会和谐稳定。

三、通过实施《区划》，到2020年，全市建设用围填海规模控制在2300公顷以内，海水养殖功能区面积不少于600公顷，河口海洋保护区面积不少于12.3万公顷，保留区面积12.617万公顷，整治修复海岸线长度不少于60公里；围填海等改变海域自然属性的用海活动得到合理控制，渔民生产生活和现代化渔业发展得到保障，主要污染物排海总量得到控制，海洋生态环境质量明显改善，海洋可持续发展能力显著增强。

四、《区划》是合理开发利用海洋资源、有效保护海洋生态环境的法定依据，一经批准，任何单位和个人不得随意修改；确需修改《区划》范围、海岸线和海洋功能区类型的，由上海市人民政府提出修改方案，报国务院批准。编制各类产业规划涉及海域使用的，应当符合《区划》的要求。

五、要认真落实《区划》提出的各项任务和措施，不断完善海域管理的体制机制，严格执行项目用海预审、审批制度和围填海计划，健全海域使用权市场机制。坚持陆海统筹方针，切实加强海洋环境保护，地方海域使用金收入要支持海域海岸带开展综合整治修复。加大海洋执法监察力度，规范海洋开发利用秩序。加强社会和舆论监督。

国家海洋局要加强对《区划》修改工作的管理，对《区划》的实施工作予以指导、协调和监督检查。

国务院

2012 年 11 月 1 日

这是一份指示性批复。开头部分，引叙来文，然后用“现批复如下”过渡到主体部分，主体部分紧扣请示事项表明批复态度和批复意见，语言直陈直述，明确具体。整篇批复条理清晰，态度明朗，周密全面。批复在表明态度的同时，还对有关问题作出了明确的指示，使受文单位不但十分明了上级的指示和要求，而且很好操作。用语庄重严谨，准确无误，具有权威性和决断性。

第四节　平行公文

平行公文是指同级机关或不相隶属机关、部门、单位之间来往的公文。主要有议案、函。二者的语言特点是简洁明了、平和有礼。

一、议案

（一）议案的含义

《党政机关公文处理工作条例》规定：议案“适用于各级人民政府按照法律程序向同级人民代表大会或人民代表大会常务委员会提请审议事项”。

（二）议案的特点

1. 程序的法定性。议案从提出到批准都必须遵循法定程序。一是提出行政机关，只能是各级人民政府，它具备议案提出权，而其他行政机关或部门不能使用这一文种。二是审批行政机关，人民政府在议案制成之后，必须依照法律程序，提交同级人代会或人大常委会审议批准。议案的运行全程，即从制作经中间环节到最后批准实施，都在法律规定之内，其法定性十分鲜明。

2. 事项的重要性。议案的事项虽属政府的行政工作，但不是一般的日常工作，而是行政区域内的重大事项。如带有全局性的政治、经济体制改革和对外开放的方案等，这些内容都是很重要的。同时，政府要依法向人代会或人大常委会提请审议，而议案内容必须在人代会或人大常委会职权范围之内，同样说明议案内容的重要。

3. 内容的特定性。各级人民政府提出的议案内容必须是人民代表大会或者人民代表大会常务委员会职权范围内的问题，超出其职权范围内的不能作为议案提出。

4. 建议的可行性。政府提出的议案，带有草案性质，须经权力机关批准才能生效。这样，从两个方面都要认真考虑议案内容的可行性。政府方面从提出之时就要为获准后的实施着想，制作时就要精心设计，以便落实；同时，为使人代会或人大常委会审议时获得通过，议案的文字必须千锤百炼，做到言之有理，并使之具有可行性。

5. 严格的时限性。议案必须在各级人民代表大会或其常委会举行会议期间提出，会议后提出的，不会被列为议案。

（三）议案的种类

根据议案的内容，可分为以下几种：一是法律法规案。根据形势发展和客观生活的需要，人民政府在调查研究和借鉴的基础上，撰拟出法律草案或地方性法规草案，提请审议，如《国务院关于提请审议〈中华人民共和国个人所得税法修正案（草案）〉的议案》。二是重大事项案。除在各级人民代表大会上“一府两院”工作报告的审议之外，在政府的日常工作，还有很多涉及长远、关乎全局的议案。如《国务院关于提请审议兴建长江三峡工程的议案》。三是人事机构案。政府工作部门领导人职务的任免，工作机构的增加、撤销或合并，都要提请审议。如《国务院关于提请设立中华人民共和国监察局的议案》。四是对外条约案。国家领导人和外国领导人根据发展两国关系的需要，草签发展双边关系的条约，按照法律程序，须经双方议会批准，方可生效。如《国务院关于提请审议批准〈中华人民共和国和蒙古国友好合作关系条约〉的议案》。

（四）议案的语言形式与写法

标题：议案的标题通常有两种形式：一是由发文机关、案由和文种组成。如《国务院关于提请审议〈中华人民共和国安全生产法（草案）〉的议案》。这里的案由如果是报审的法规，就必须加上“草案”一词。二是由案由和文种组成。如《关于提请审议修改后的国务院机构改革方案的议案》。

正文：这是议案的主体部分，要写得明确、完整、具体。一般包括案由、事项和结尾三部分。不同类型的议案，正文写法有所不同。要求一份议案只能阐述一个事项，解决一个问题，既不能一事几案，也不能一案几事。议案结尾主要用于提出审议请求，常用惯用语“请予审议”、“现提请审议”、“请审议决定”等。

（五）议案的语言要求

1. 准确得体。议案是向同级人民代表大会或常务委员会提交，其提交对象是国家权力机关，审议与否，通过与否，均需有大会作出决定。因此，在语言表达上必须做到准确恰当，字斟句酌，并要切合议案的语体特点和风格。要着重体现出“提请”的姿态，语气要中肯，否则，就会有损于议案的质量和效用，使提请审议的愿望落空。

2. 简明精当。叙述案由要明确、清楚、扼要，切忌拖泥带水；语言要有针对性，防止脱离提请审议事项的其他废话出现。标题要醒目，使人一目了然，特别是事由要写得十分明确。例如《国务院关于提请审议兴建长江三峡工程的议案》，题目中用介词“关于”引出议案审议事项“兴建长江三峡工程”，本议案主要围绕该事展开，标题醒目，规定了该议案的主要内容，用语简洁明了。

二、函

（一）函的含义

《党政机关公文处理工作条例》规定：函是“适用于不相隶属机关之间商洽工作、询问和答复问题、请求批准和答复审批事项”的公文。不相隶属的机关、单位以及同一系统内部相同级别的机关、部门彼此间多以“函”行文，因此，“函”是最重要的平行文。

（二）函的特点

1. 适用范围广泛。凡是不相隶属的单位之间，平级的党政机关之间，政府及其部门与同级的军事机关、群众团体之间均可用函，它不受系统、行业、部门、地域的限制。

2. 简便灵活。函主要是机关处理日常事务的公文，在机关起沟通协调的作用。形式灵活方便，格式不受公文的严格限制，可以不用正式版头，不编发文字号，有时也可不拟标题，为机关办理公务提供了极大的方便。

3. 实用性强。函主要用于解决工作中的具体事情，内容要求实用，有什么说什么即可，一般不必讲大道理。

（三）函的种类

以来源和去向划分，函可分为致函（发函）和复函（回函）两种；从行文目的及内容看，函可以分为商洽函、问答函和请批函、告知函四种。

（四）函的语言形式与写法

标题：函的标题与其他文种的标题形式相同。一是由发文机关、事由和文种组成。如《国务院办公厅关于同意南昌市承办 2011 年第七届全国城市运动会的函》（国办函〔2007〕40 号）；二是由事由和文种组成。如《关于〈煤矿安全生产基本条件规定〉征求意见的函》。

正文：函的正文包括缘由、事项、结语三部分。缘由：指发出本函的原因，一般要写得简明扼要。复函要引述来文，即写明来函日期及标题、发文字号。然后，常用一些惯用语如“现将有关情况说明如下”、“现就有关问题函复如下”等过渡到下一部分。事项：指函的主体内容，事项必须清楚具体、明确扼要。态度鲜明，干脆利索，切忌在函中长篇大论。结语：指函的结尾。一般公文术语有“特此函告”、“请函复”、“特此函复”、“特此函达”、“特此函商”、“特此函询”、“为荷”、“为盼”等。

（五）函的语言要求

1. 态度诚恳，措辞得体。函件双方没有直接的组织关系，又无直接的业务指导关系，办事要靠协商，所以，函的写作，态度要诚恳，要注意尊重对方，平和而有礼貌，措辞要得体，语气要掌握分寸，既不要以势压人，也不该逢迎恭维。避免用不必要的恭维语、颂扬语和应酬语。商洽函用语要平和，用商量口吻表达发函单位的愿望和要求，不可使用命令式和训导式的语言，如“必须”、“应该”等；询问函用语要谦和敬重，以协调彼此之间的协作和友好关系；复函用语要明确，不能模棱两可，有时处于策略上的考虑，也可使用表意模糊的词语，但不要现出冷漠和生硬。

2. 直截了当，不加评论。函是一种比较简便的行政公文，内容集中单一，一文一事，讲究快捷，简明扼要。开头要直接入题，千万不要兜圈子，绕弯子，使人看了不得要领或不知所云。中间要把商洽、询问、请求的事项写明确，以免误解或往来查询，延时误事。例如，《国务院办公厅关于同意南昌市承办2011年第七届全国城市运动会的函》（国办函〔2007〕40号）：“你局《关于由江西省南昌市承办中华人民共和国第七届城市运动会的请示》（体竞字〔2007〕29号）收悉。经国务院领导同志批准，现函复如下：同意2011年第七届全国城市运动会在江西省南昌市举行。”复函只有87字，首先引述来文，然后用惯用语过渡到正文，正文只有一句话明确表明上级机关的态度，内容集中单一，语言简洁明了。

3. 通俗易懂，简洁清楚。函主要用于解决工作中的具体事情，内容要求实用，有什么说什么，说清楚即可，不必讲大道理。语言要求通俗明白，切忌使用艰深费解，或模棱两可的词语。例如，《国务院办公厅关于山东龙口港口岸查验单位人员编制等问题的复函》（国办函〔2004〕9号）一文中，“同意龙口港口岸查验单位增加编制73名。其中，海关15名，检验检疫机构12名，边检现役编制46名。以上新增人员除边检外，主要从大学毕业生、军队转业干部和党政机关现有人员中选调，不从社会上招收。”该函用语通俗易懂，使用基本词汇中的表意词“同意”和模糊词“主要”，明确态度和范围，使用否定句“不从社会招收”对“主要”一词做了补充，使编制人员招收的范围更加明确，避免了理解失误，有利于工作的顺利展开。

国务院办公厅关于同意调整国家人口和计划生育委员会兼职委员的函

国办函〔2012〕17号

人口计生委：

你委《关于调整国家人口计生委兼职委员的请示》（人口厅〔2011〕100号）收悉。经国务院领导同志同意，现函复如下：

一、国务院同意根据工作需要和人员变动情况，对国家人口和计划生育委员会兼职委员进行调整。调整后的兼职委员为：外交部吴海龙、发展改革委朱之鑫、教育部郝平、科技部王伟中、工业和信息化部杨学山、公安部黄明、民政部窦玉沛、财政部张少春、人力资源社会保障部胡晓义、国土资源部王世元、环境保护部周建、住房城乡建设部唐凯、农业部陈晓华、商务部俞建华、卫生部刘谦、工商总局钟攸平、广电总局王莉莉、统计局张为民、食品药品监管局边振甲、扶贫办王国良、全国妇联范继英。

二、国家人口和计划生育委员会兼职委员会议在国务院领导下，负责研究提出人口计生工作的重大政策措施，为国务院决策提供意见建议；督促检查相关人口计生政策落实情况和任务完成情况，协调解决政策落实中的难点问题。兼职委员会议原则上每年召开一次，由国务院分管人口计生工作的领导同志召集，也可委托人口计生委主要负责人或联系人口计生工作的国务院副秘书长召集。会议议题由人口计生委提出，报召集人确定。会议议定事项以会议纪要形式明确，由召集人签发。

三、人口计生委办公厅承担联系兼职委员单位的具体工作，各兼职委员单位指定一名司局级干部担任联络员。

四、各兼职委员单位要切实履行兼职委员职责，按照分工密切配合人口计生委共同做好人口和计划生育工作。

国务院办公厅

二〇一二年一月二十日

这是一份国务院办公厅给人口计生委的复函。正文由两部分组成：开头引述来文，写明了来函的单位、标题及发文字号。然后用“现函复如下”过渡到事项部分，主体部分从四个方面对人口计生委的请示作了指示并提出要求。全文条理清楚，态度鲜明，事项具体明确，语言通俗明白，简洁清楚。

第五节　多行公文

多行公文是指行文方向不固定的公文。既可上行也可下行，还可以平行。主要有意见、纪要。

一、意见

（一）意见的含义

《党政机关公文处理工作条例》规定：“意见适用于对重要问题提出见解和处理办法”。

（二）意见的特点

1. 针对性。意见有着较强的针对性。它总是根据现实的需要，针对某一重要的问题提出见解和处理办法。例如，《国务院关于进一步加强和改进最低生活保障工作的意见》（国发〔2012〕45号）就是针对目前我国在一些地区还不同程度存在对最低生活保障工作重视不够、责任不落实、管理不规范、监管不到位、工作保障不力、工作机制不健全等问题。为切实加强和改进最低生活保障工作而提出的意见，这些意见，对于目前存在的问题，会起到积极有效的作用。

2. 建议性。所谓意见，就是有一定的建议、参谋和指导作用的看法。意见中所持的态度是诚恳的，即使是下行文中的意见也没有决定或者通知等文种的强制性。作为上行文的意见，更要抱着“知无不言，言无不尽”的态度，对上级提交本机关单位的建设性认识。

3. 多向性。意见可以用于上行文、下行文和平行文。作为上行文，应按请示性公文的程序和要求办理。所提意见如涉及其他部门职权范围内的事项，主办部门应当主动与有关部门协商，取得一致意见后方可行文；如有分歧，主办部门的主要负责人应当出面协调，仍不能取得一致时，主办部门可以列明各方理由，提出建设性意见，并与有关部门会签后报请上级机关决定。上级机关应当对下级机关报送的“意见”作出处理或给予答复。作为下行文，文中对贯彻执行有明确要求的，下级机关应遵照执行；无明确要求的，下级机关可参照执行。作为平行文，提出的意见供对方参考。

（三）意见的分类

一是呈转性意见。用于报请上级党政机关批转、转发属于自己工作业务范围内的、又要其他部门周知、批准的措施、意见、办法。有时在结束语中可以写：“以上意见如无不妥，请批转有关单位遵照执行”。二是建议性意见。用于向上级单位请示、建议某个方面的具体工作、活动。如《××市公安局××分局关于进一步强化社区警务工作的意见》。三是直发性意见。用于法定组织和党政机关依据其职权权限直接下发，要求下级单位和部门参照执行的见解和办法。如《国务院关于加强进口促进对外贸易平衡发展的指导意见》。

（四）意见的语言形式与写法

标题：主要有两种形式。一是由发文机关名称+事由+文种组成，如《国务院关于进一步支持小型微型企业健康发展的意见》；二是由事由+文种组成，如《关于2012年深化经济体制改革重点工作的意见》。

正文：由缘由、事项和结语组成。缘由，一般概括写明发出意见的背景、依据和目的。最后一句习惯用语通常是“为了（达到什么目的）……，现（特）提出如下意见”。事项，一是阐明对某项重要问题提出见解和处理办法的意义；二是提出解决此项问题的具体见解和处理办法。要求下级遵照执行的意见，要提出明确要求、基本原则、具体措施和有关部门的职责等。这部分是建议和实施办法，写作时要具体，不能空泛。如果意见的内容较多一般采取分条列项式。结语，是正文的结束部分，常用惯用语，“以上意见如无不妥，请（或建议）批转有关部门执行”、“以上意见，请予考虑”、“以上意见供参考”等。

（五）意见的语言要求

1. 条分缕析，层次清楚。意见适用于对重要问题提出见解和处理办法。在功用和效能上兼具建议性、指导性和规范性的特征。意见的缘由要写得具有概括性；意见的见解和事项要围绕核心问题，要具体，采用夹叙夹议的方式，分条陈述，所述办法要具体可行，可操作性强。例如，《国务院办公厅关于促进物流业健康发展政策措施的意见》（国办发〔2011〕38号）：“为进一步贯彻落实《国务院关于印发物流业调整和振兴规划的通知》（国发〔2009〕8号）精神，制定和完善相关配套政策措施，促进物流业健康发展，经国务院同意，现提出以下意见：

一、切实减轻物流企业税收负担……

二、加大对物流业的土地政策支持力度……

三、促进物流车辆便利通行……

四、加快物流管理体制改革……

五、鼓励整合物流设施资源……

六、推进物流技术创新和应用……

七、加大对物流业的投入……

八、优先发展农产品物流业……

九、加强组织协调……

十、完善统筹城乡发展体制机制……

十一、深化涉外经济体制改革……

十二、积极推进综合配套改革试点……”

该意见开头简明扼要地写了发出意见的目的和依据，主体部分在结构上采用分列小标题的形式，把全文分为十二个部分。十二个小标题均采用动宾结构的句式，简明扼要，重点突出。小标题下一段独立的部分，具体陈述，详略得当，便于操作执行。

2. 措辞严谨，语气恰当。依据行文方向，选择恰当的用语。意见行文方向具有多样化，有上行意见、下行意见和平行意见。由于意见的行文方向不同，其用语也截然不同。上行的“意见”，要使用下级对上级汇报见解、陈述办法的语气，如“我们考虑”、“我们建议”、“我们要求”及“请”、“敬”、“望”、“可……”、“应……”等期请和建议性词语，用语比较婉转。下行的意见，用语郑重、严谨，具有鲜明的指示性，较多使用一些带有祈使语气表示肯定或带有禁止语气以示否定的指令性语言。平行的“意见”，则要使用平等协商的语气，多用协调性、商洽性、期请性词语，以征得对方的理解与支持。

例如下行意见《关于2012年深化经济体制改革重点工作的意见》（国发〔2012〕12号）结尾部分：“各地区、各有关部门要按照国务院要求，切实把推进2012年重点改革工作与全面实施‘十二五’规划有机结合起来，加强组织领导和统筹协调，狠抓贯彻落实，确保各项改革取得实质性进展。对国务院已确定的其他改革任务，要按照有关部署稳步推进。牵头单位对任务实施负总责，各参与单位要积极配合，加强协作。属于具体改革措施的，要认真组织实施、积极稳妥推进；属于法律法规制度建设的，要抓紧拿出方案，尽快协调落实；属于原则要求的，要深入调查研究，提出推进工作的思路和步骤。对所有分工事项，都要提出时间进度和阶段性目标。发展改革委要进一步完善统筹协调推进改革的工作机制，切实加强对重点改革工作的协调指导和督促检查，及时将进展情况和重大问题报告国务院。”

其中使用六个表意语“要”，引出各地区、各部门应该落实的六项举措，要求具体，带有祈使语气，语言表达严肃庄重，具有鲜明的指令性，语气坚定。

3. 表达明确，规范严谨。意见语言风格朴素、大方，表达严谨，通体明白，忌用生僻深奥的词语，不用方言土语。句式上，一般多用单句，兼用复句，但不宜过多。用词造句贴切稳妥，便于下级机关部门理解和执行。

国务院办公厅关于规范农村义务教育学校布局调整的意见

国办发〔2012〕48号

各省、自治区、直辖市人民政府，国务院各部委、各直属机构：

随着我国进城务工人员随迁子女逐年增加、农村人口出生率持续降低，农村学龄人口不断下降，各地对农村义务教育学校进行了布局调整和撤并，改善了办学条件，优化了教师队伍配置，提高了办学效益和办学质量。但同时，农村义务教育学校大幅减少，导致部分学生上学路途变远、交通安全隐患增加，学生家庭经济负担加重，并带来农村寄宿制学校不足、一些城镇学校班额过大等问题。有的地方在学校撤并过程中，规划方案不完善，操作程序不规范，保障措施不到位，影响了农村教育的健康发展。为进一步规范农村义务教育学校布局调整，努力办好人民满意的教育，经国务院同意，现提出如下意见。

一、农村义务教育学校布局的总体要求

保障适龄儿童少年就近入学是义务教育法的规定，是政府的法定责任，是基本公共服务的重要内容。农村义务教育学校布局，要适应城镇化深入发展和社会主义新农村建设的新形势，统筹考虑城乡人口流动、学龄人口变化，以及当地农村地理环境及交通状况、教育条件保障能力、学生家庭经济负担等因素，充分考虑学生的年龄特点和成长规律，处理好提高教育质量和方便学生就近上学的关系，努力满足农村适龄儿童少年就近接受良好义务教育需求。

二、科学制定农村义务教育学校布局规划

县级人民政府要制定农村义务教育学校布局专项规划，合理确定县域内教学点、村小学、中心小学、初中学校布局，以及寄宿制学校和非寄宿制学校的比例，保障学校布局与村镇建设和学龄人口居住分布相适应，明确学校布局调整的保障措施。专项规划经上一级人民政府审核后报省级人民政府批准，并由省级人民政府汇总后报国家教育体制改革领导小组备案。

农村义务教育学校布局要保障学生就近上学的需要。农村小学1至3年级学生原则上不寄宿，就近走读上学；小学高年级学生以走读为主，确有需要的可以寄宿；初中学生根据实际可以走读或寄宿。原则上每个乡镇都应设置初中，人口相对集中的村寨要设置村小学或教学点，人口稀少、地处偏远、交通不便的地方应保留或设置教学点。各地要根据不同年龄段学生的体力特征、道路条件、自然环境等因素，合理确定学校服务半径，尽量缩短学生上下学路途时间。

三、严格规范学校撤并程序和行为

规范农村义务教育学校撤并程序。确因生源减少需要撤并学校的，县级人民政府必须严格履行撤并方案的制定、论证、公示、报批等程序。要统筹考虑学生上下学交通安全、寄宿生学习生活设施等条件保障，并通过举行听证会等多种有效途径，广泛听取学生家长、学校师生、村民自治组织和乡镇人民政府的意见，保障群众充分参与并监督决策过程。学校撤并应先建后撤，保证平稳过渡。撤并方案要逐级上报省级人民政府审批。在完成农村义务教育学校布局专项规划备案之前，暂停农村义务教育学校撤并。要依法规范撤并后原有校园校舍再利用工作，优先保障当地教育事业需要。

坚决制止盲目撤并农村义务教育学校。多数学生家长反对或听证会多数代表反对，学校撤并后学生上学交通安全得不到保障，并入学校住宿和就餐条件不能满足需要，以及撤并后将造成学校超大规模或“大班额”问题突出的，均不得强行撤并现有学校或教学点。已经撤并的学校或教学点，确有必要的由当地人民政府进行规划、按程序予以恢复。

四、办好村小学和教学点

对保留和恢复的村小学和教学点，要采取多种措施改善办学条件，着力提高教学质量。提高村小学和教学点的生均公用经费标准，对学生规模不足100人的村小学和教学点按100人核定公用经费，保证其正常运转。研究完善符合村小学和教学点实际的职称评定标准，职称晋升和绩效工资分配向村小学和教学点专任教师倾斜，鼓励各地采取在绩效工资中设立岗位津贴等有效政策措施支持优秀教师到村小学和教学点工作。加快推进农村教育信息化建设，为村小学和教学点配置数字化优质课程教学资源。中心学校要发挥管理和指导作用，统筹安排课程，组织巡回教学，开展连片教研，推动教学资源共享，提高村小学和教学点教学质量。

五、解决学校撤并带来的突出问题

加强农村寄宿制学校建设和管理。学校撤并后学生需要寄宿的地方，要按照国家或省级标准加强农村寄宿制学校建设，为寄宿制学校配备教室、学生宿舍、食堂、饮用水设备、厕所、澡堂等设施和聘用必要的管理、服务、保安人员，寒冷地区要配备安全的取暖设施。有条件的地方应为学校配备心理健康教师。要科学管理学生作息时间，培养学生良好生活习惯，开展符合学生身心特点、有益于健康成长的校园活动，加强寄宿制学校安全管理和教育。

各地人民政府要认真落实《校车安全管理条例》，切实保障学生上下学交通安全。要通过增设农村客运班线及站点、增加班车班次、缩短发车间隔、设置学生专车等方式，满足学生的乘车需求。公共交通不能满足学生上学需要的，要组织提供校车服务。严厉查处接送学生车辆超速、超员和疲劳驾驶等违法行为，坚决制止采用低速货车、三轮汽车、拖拉机以及拼装车、报废车等车辆接送学生。

高度重视并逐步解决学校撤并带来的“大班额”问题。各地要通过新建、扩建、改建学校和合理分流学生等措施，使学校班额符合国家标准。班额超标学校不得再接收其他学校并入的学生。对教育资源较好学校的“大班额”问题，要通过实施学区管理、建立学校联盟、探索集团化办学等措施，扩大优质教育资源覆盖面，合理分流学生。

六、开展农村义务教育学校布局调整专项督查

省级人民政府教育督导机构要对农村义务教育学校布局是否制订专项规划、调整是否合理、保障措施是否到位、工作程序是否完善、村小学和教学点建设是否合格等进行专项督查，督查结果要向社会公布。对存在问题较多、社会反映强烈的地方，要责成其限期整改。对因学校撤并不当引起严重不良后果的，要依照法律和有关规定追究责任。县级人民政府要认真开展农村义务教育学校布局调整工作检查，及时发现并解决好存在的问题。教育部要会同有关部门加强对各地规范农村义务教育学校布局调整工作的督促指导。

国务院办公厅

2012年9月6日

这是一篇由国务院办公厅下发关于规范农村义务教育学校布局调整的意见，全文由两部分构成。第一部分概括写明发出意见的背景、依据和目的。第二部分是意见的具体内容，分六个方面提出了“农村义务教育学校布局的总体要求”、“科学制定农村义务教育学校布局规划”、“严格规范学校撤并程序和行为”、“办好村小学和教学点”、“解决学校撤并带来的突出问题”、“开展农村义务教育学校布局调整专项督查”等要求。全文内容明确，措施得力，便于执行，逻辑结构清晰，行文郑重，用语规范严谨，具有鲜明的指示性。

二、纪要

（一）纪要的含义

《党政机关公文处理工作条例》规定：纪要是“适用于记载会议主要情况和议定事项”的公文，是一个具有广泛实用价值的文种。

纪要和会议记录有密切联系。纪要以会议记录为基础和依据，择要发布会议主要内容。它的发文方向不确定，既可上传也可下达，起沟通情况，交流经验和指导工作的作用。

（二）纪要的特点

1. 内容的纪实性。纪要如实反映会议的内容和议定事项，纪实性是纪要的基本特点。

2. 高度的提要性。纪要用墨省俭，表述简要，在内容上具有选择性，简明扼要地陈述事项，说明问题。它不涉及会议的一般过程，不是把会议的全部情况一一反映出来。

3. 行文方向不固定。可上行，向领导机关汇报会议情况和议定事项。可下行，下级机关须贯彻执行，约束力强。可平行，要求与会单位共同遵守。

（三）纪要的语言形式与写法

标题：一是由会议名称和文种组成，这是纪要常用的标题形式。如《全国旅游会议纪要》；二是由机关名称、事由（会议名称）和文种组成。如《××市人民政府平抑粮油价格工作会议纪要》；有时标题可以像新闻标题那样，以会议的主要精神作主标题，以纪要名称作副标题。如《抓住机遇　扩大开放——沿长江五市对外开放研讨会纪要》。

正文：纪要的正文由导言、主体和结尾三部分组成。导言，即纪要的开头部分。一般是用比较简要的语言概括会议基本情况，包括会议的名称、目的、内容、时间、地点、规模、参加人员、主要议题和会议成果等。主体（事项），是纪要的核心部分。它根据会议的中心议题，按主次、有重点地写出会议的情况和成果，包括对工作的评价，对问题的分析，会议议定的事项，提出的要求等。主体在写作时，常用一些惯用语如“会议认为”、“会议指出”、“会议决定”、“会议强调”、“会议听取了”、“会议讨论了”、“与会人员一致表示”等，这些语言多用在段落开头，形成段旨句，以体现内容的层次感。结尾，一般表示对与会者的希望和要求，或对会议情况作一些补充说明。

（四）纪要的语言要求

1. 突出重点。纪要重在一个“要”字，语言必须详略得当、突出重点，而不是记流水账。纪要要全面反映会议的主要内容及成果，不能显得头绪繁多杂乱无章；既要重点突出记其要，又不能过于抽象概括。突出重点，就是紧紧抓住会议的中心议题，体现出会议的主要精神。会议研究、讨论和解决的主要问题及与此密切相关的意见要写得充分、完整，其他则可以从简；会议取得的一致意见要充分明确，存在分歧有不同意见不必详述，甚至可以略去。

2. 简短通俗。一般来说，纪要的语言，要尽可能语句简短、通俗，切忌长篇大论。在实际写作中，多使用一些纪要的惯用词语。如“会议原则同意”，指会议从整体上同意议题汇报人的汇报意见，但尚有需要进一步完善的地方，需要修改后发出；“会议指出”，是用于议题汇报之后，会议对汇报议题情况的分析、判断；“会议强调”，是在对会议情况的分析中提出要求；“会议认为”，用于对会议议题进行分析判断，并指出这一问题的意义；“会议议定”，是指会议最后议定的决策意见和事项，要求与会者按此办理；“会议要求”，多用于对会议议定事项在具体执行过程中的工作提出明确要求。不过，这些惯常用语在办公会议纪要中用得不多。此外，在表述会议中对一些问题的不同看法时，还常用“有些同志认为”、“少数同志认为”等。

3. 概括准确。纪要应有条有理，眉目清楚，让人一目了然。会议要点要分层分条叙述，做到意见明确，有条不紊，切忌杂乱无章，前后矛盾，互相抵触。纪要是对会议内容进行综合、抽象和概括的反映，要忠实于会议基本精神，忠实于会议的客观实际，不能随便添枝加叶任意发挥，更不能无中生有，胡乱编造，文字表述要概括、简洁、准确。

2003 年广东省公共卫生工作交流会纪要

2003 年 11 月 28 ~ 30 日，广东省疾病预防控制中心在佛山市三水区组织召开了广东省公共卫生工作交流会。省疾病预防控制中心邓峰主任主持会议并参加了交流讨论，省卫生厅疾病控制处阵泽池副处长出席会议并作了讲话。各市、广州铁路、省农垦、部分县区疾病预防控制中心（卫生防疫站）的有关领导及业务骨干共 71 人参加了会议。

省疾控中心公卫所戴昌芳所长、王立斌副所长和张建鹏、钟文、吴绵权等分别作了有关食品卫生、环境卫生、地方病等专题学术交流报告。广州、佛山、惠州、中山、东莞等地市的代表交流了公共卫生工作经验，并就我省公共卫生发展动态、工作经验和存在的问题展开了讨论。

与会代表充分认识到在当前形势下，在机构改革后公共卫生工作面临的困难和挑战、机遇和希望，交流了如何处理好日常监测工作和突发公共卫生事件的关系、稳定队伍和增强凝聚力、加强沟通协作理顺关系、提高自身素质和服务意识等方面的思考、实践和经验，并着重提出以下几点急需解决的问题和建议：

1. 公共卫生监测、采样未赋予明确的法律地位，监测、采样权及监测频次、监测结果对卫生许可的作用等问题一直是疾控、卫监机构的争议焦点，已经在社会、特别是在服务领域，造成了不良的影响，卫生行政部门应该及早明确和规范。

2. 疾控、卫监机构在对企业进行卫生学评价、技术指导与突发公共卫生事故调查处理、体检与培训等方面的纷争已经造成的负面影响，严重影响了两个机构的社会效益和经济效益，应该抓紧理顺，进一步明确。

3. 财政投入不足，监测手段落后，全省公共卫生专业队伍从数量与整体素质方面仍不适应当前工作要求，制约了公共卫生工作的广度和深度，影响了公共卫生服务的质量。

4. 公共卫生建设是传染病防治的基础工程，全社会大卫生观念相对薄弱，政府要在投入和政策上，全面兼顾，完善公共卫生体系建设。

通过这次会议，各地市进一步了解了公共卫生的发展动态，总结了工作经验，更加增强了新形势下拓展公共卫生工作的信心，形成了进一步加强全省公共卫生工作的思路与建议。与会代表充分肯定了本次会议的重要性和必要性，普遍认为应将我省的公共卫生工作交流机制经常化、制度化，持之以恒，以便及时总结经验、发现问题、探索对策，寻求突破和发展。

这份纪要，包括引言、主体、结尾三个部分。第一段为引言，概括了会议的基本情况，包括会议的时间、地点、名称、主办单位、主持人、出席人员，行文简明扼要。此会议讨论的是公共卫生工作的具体问题，主体部分采用分项法，分四点阐述了公共卫生工作中存在的不足和今后的做法。结尾部分指出了此次会议的意义，并指出了与会者的一致希望，即“普遍认为应将我省的公共卫生工作交流机制经常化、制度化，持之以恒”。行文过程中使用了“与会代表”、“通过这次会议”等会议纪要常用语。全文层次清晰，内容明确、语言简要概括。

第八章　法规与规章性公文

第一节　概　　述

法规与规章性公文指党和国家权力机关、行政机关、党群机关、企事业单位和某一群体，依据法律或在法律规定范围内充分发扬民主的基础上制定的具有相应的强制性和约束力的公文。主要有：章程、条例、规定、办法、细则、规则、制度、守则、公约等。

这类公文的强制程度的高低和约束力的大小因具体文种和制定主体的不同而不同，《中国共产党党内法规制定条例》（2013 年 5 月）规定：党的中央组织可制定中央党内法规；中央纪律检查委员会、中央各部门和省、自治区、直辖市党委可就其职权范围内有关事项制定党内法规。中央党内法规的效力高于其他党内法规的效力。国务院和各省、自治区、直辖市人大及其常委会可以制定法规，法规具有仅次于法律的强制性和约束力；国务院各部门和各省级人民政府及省会市、较大市的人民政府可制定规章，规章的强制性和约束力仅次于法规；不具备上述权限的地方出台的规章性公文层次就更低一些。同样，这类公文的强制和约束途径或方式也随文种的不同而不同，有法律、行政、经济、职业、道德等多种途径或方式，法规、规章和地方规范性公文主要靠法律、经济和行政来强制和约束；守则、公约等则主要依靠职业、道德和舆论来强制和约束。

一、性质和作用

（一）具有政策性，权威性

法规与规章性公文的政策性，主要体现在其内容要符合党和国家的政策、法律和法令，不可有任何随意性。有些规章制度只有具有法人资格的人才能制定，有的还需要在上级有关部门备案批准。而且生效日期、修改权、解释权也只属于制定该规章的撰写单位，其他人无权解释与修改。

（二）具有法规性，规范性和约束力

法规与规章性公文是作为行政法规起作用的。一旦正式公布，有关方面及人员必须遵照执行，以保障安定的秩序和良好的生产环境。否则，任意为之，则要受到某种程度的处分。

（三）具有严肃性，稳定性

法规与规章性公文的制定要严肃、认真，不能马马虎虎、草率行事。因此，制定前要进行全面调查研究，草拟后要广泛听取大家的意见，要实事求是，切实可行。一旦确定下来，就应具有相对稳定性，不要朝令夕改，也不要有的条文执行，有的条文不执行。

（四）具有一定的时效性

法规与规章性公文的时效性，就是对政策、办法的规定具有强烈的时间观念，制定必须及时。同时，在执行过程中也有一定的时限要求。这是法规与规章性公文具有生命力的一种体现。

二、写作特点

（一）行文面面俱到

其他公文展开内容时一般都要讲究重点突出，也不可能面面俱到。而法规与规章性公文则不同，对它涉及的大大小小各方面，都要做相应的规定，都要照顾周到，不能有一点疏忽与遗漏，以免有人钻空子。当然面面俱到并不排除模糊用语的使用，也不一定详细地一一列举每一概念的内涵，否则将过于琐碎。

（二）内容具体丰富

这类公文所涉及的各个方面不能太原则、太抽象。否则，就难以使人准确理解，难以贯彻执行。所以，此类公文中所提出的标准要求、措施或做法等方面的规定一定要具体实在。

（三）语言表述准确

语言的准确是指每一条款、每句话、每个词都有肯定的属性，都有明确的规定，都只能有一种理解，而不能有多种理解。如果措辞含糊，此亦可，彼亦可，概念不准，前后矛盾，易使人曲解，就丧失了法规与规章性公文的严肃性和权威性，必然给执行者带来矛盾。

（四）形式条款固定

从表现形式上看，这类公文几乎全部是分款条列式结构。应该怎么样，不应该怎么样，界限分得清楚，各方面都有相应的规定。这也是法规与规章性公文严肃性的具体体现。

三、写作要求

（一）名称规范化

法规与规章的名称，要反映是哪个行政机关制发的，属于哪个方面的。如《北京市房屋拆迁施工现场防止扬尘污染管理规定》。但从一些地方性规章的名称来看，有些是不规范的。有的不冠以行政区域的名称，如《关于安全生产工作的若干规定》，某市制定了这一地方性法规，由于没有冠以“某市”的字样，如不做其他说明，人们就无法知道这是什么地方的地方性规章。

（二）结构完整清晰

一是一般规章部分。通常要说明制定规章的依据、目的、任务、原则和要求等。这是统管整个规章的部分。二是基本规章部分。这是规章的实质部分。它具体规定规章支持、保护、发展什么，限制、禁止、取缔什么，以及对违犯法规的制裁规定。三是最后的条款部分。一般是要写上需要采取的措施，该项规章与其他规章性公文的关系，解释机关以及生效时间等内容。

（三）表述准确具体

一般要符合以下要求：一是要准确，不能含糊其辞、模棱两可。二是要具体，要有针对性，不能太抽象。三是要写明实质性的规定，不要空泛议论。四是要有严密的逻辑性。

（四）条款鲜明严肃

一是要写明立法权、解释权、修订权的条款。二是要写明规章重要概念的条款。为使规章条款内容表述得准确，对其条款中的概念必须始终保持内涵和外延的准确性。这就要注意写好有关定义和分类的条款。三是要写清弹性条款。规章性公文的条款，往往涉及面很广，为使其条款在特定的范围内有效地贯彻执行，个别条款不能订得过细过死，要为执行者因时因地制宜考虑。为此，对个别条款的陈述要有适当的伸缩度，给执行者一定的灵活性。四是要写明规章统一性的条款。这是维护法规严肃性的必要条件。

第二节　法规性公文

一、条例

（一）条例的含义

条例是党和国家机关依照政策和法令制定并发布的，针对政治、经济、文化等领域的某些具体事项而作出的比较全面系统、具有长期执行效力的法规性公文。

条例是根据有关法律和大政方针来制定的，有的甚至是法律的具体化、条文化。因此条例一经颁发就对其限定范围内的单位和人员产生了强制性和约束力，必须按其规定执行。在法规性公文中，条例的制约性最强。

（二）条例的使用范围

条例多数是由党和国家权力机关或行政机关制定或批准的，规定党和国家政治、经济、文化、科学、教育等领域的某些有关重要事项、问题，规定法律性条文、办法、方法或细则，如从 2013 年 5 月 27 日起施行的《中国共产党党内法规制定程序条例》等；或者规定某些党政机关单位的组织职权，如《国营工业企业职工代表大会暂行条例》；或者确定有关专业、职业工作人员的职责规范性、奖惩等准则，如《中华人民共和国律师暂行条例》、《企业职工奖惩条例》等；或者决定某些特殊地区、特殊部门或特殊物品的专门性管理规则或地方性法规，如 2011 年 11 月 1 日起施行的《太湖流域管理条例》、2011 年 10 月 26 日国务院第 177 次常务会议修订通过的《饲料和饲料添加剂管理条例》等。

（三）条例的特点

1. 强制性。条例是依法制定的，具有法规性和约束力。条例实际上是对某一政策、法律和法令的补充性说明或辅助性规定，是实施和执行某一政策、法律、法令，调整国家生活某个方面准则的一种重要辅助手段。其适用范围内的每个成员必须用它来约束自己的行为。条例一经颁布生效，即具有法律效力。

2. 稳定性。条例所涉及的是关系国家政治、经济、科技、教育、文化等领域的比较重大事项和长期性、经常性的工作。制定条例是党和国家行政机关为控制或调整党和国家生活中某一方面的关系而使用的立法性手段，所以发布后一般不轻易修改、废止。需要执行一段时间后再正式确定的，一般在标题中写明“暂行（试行）”字样，但其法律效力不减。

3. 特定性。条例的特定性是指其制定者是特定的。根据有关规定，只有党和国家最高权力机关或最高行政机关及受这些机关授权的组织才有权制定条例。“条例”有时作为地方性法规发布，其制发主体基本上是省、自治区、直辖市的人大及其党委会，或省会城市、较大城市、计划单列市的人大及其常委会（发布前，须经省、自治区人大及其党委会批准可发布施行）。国务院各部委、地方政府、企事业单位、社会团体一般不用条例行文。

（四）条例的语言形式与写法

标题：条例的标题一般有两种形式：一是范围 + 对象 + 文种，如《中华人民共和国审计条例》；二是对象 + 文种，如《行政法规制定程序条例》。

正文：条例的正文内容由三部分组成：开头，这部分内容说明制定条例的目的、法律依据、适用范围和对象等；主体，也叫分则，具体说明“可以做什么”、“禁止做什么”，为人们确定某一方面的行为界限，同时还要规定法律后果；结尾，就是附则，规定负责解释的机关、实施的日期、对已颁布同一内容法规效力的说明及其他未尽事宜的处理办法等，以增强其严肃性与行政约束力。

（五）条例的语言要求

1. 表述严密，用词贴切。条例是制约性很强的法规性公文，涉及是与非、正与误，奖与罚等诸多规定，其界限必须十分明确。态度要肯定，不能含糊，允许做什么，不允许做什么，该做到什么程度，其表述必须十分贴切，不能用含混不清和模棱两可的词语，也不能用容易产生歧义的词语。常用的句式多为判断性的结论句，常用的表态性词语多为肯定和否定，比如"应当"、"必须"、"应该"、"不准"、"不得"、"禁止"等。比如《风景名胜区管理暂行条例》第八条："风景名胜区的土地，任何单位和个人不得侵占。风景名胜区内的一切景物和自然环境，必须严格保护，不得破坏和随意改变。在风景名胜区及其外围保护地带之内的各项建设，都应当与景观相协调，不得建设破坏景观、污染环境、妨碍游览的设施。在游人集中的游览区内不得建设宾馆、招待所以及休养疗养机构。在珍贵景物周围和重要景点上，除必需的保护和附属设施外，不得增建其他工程设施。"从这一条可以看出，其语言的表述是十分严密的，没有一点纰漏，用词也十分贴切，语气干脆强硬，没有任何犹豫不决的地方。

2. 简明庄重，恰当明确。简明就是让人一看便懂，不能运用古奥的或半文半白的艰涩语言；朴实就是就事论事，不粉饰；庄重就是严肃、稳健、大方。一般应根据规范内容的性质，选用恰当的词语。如义务性的规范用"应当"、"应该"、"应"等；禁止性规范用"不应"、"不准"、"禁止"等；授权性规范用"可"、"可以"等规范性词语。内容要明确表述出有权怎样、必须怎样和这些行为肯定或否定的法律后果。

条例的每一条文，语言都要具体明确。对于党政机关单位、人物、事物等都要做出细致精当的规定，对有关数字、时间、条件、地点、措施、方法等都要交代说明清楚，不能含糊其辞。例如，《校车安全管理条例》第二条："本条例所称校车，是指依照本条例取得使用许可，用于接送接受义务教育的学生上下学的7座以上的载客汽车。"这一条对校车的内涵做了一个全面的界定，没有任何的歧义，让阅读者只能有一种理解，如"义务教育"、"7座以上"、"载客汽车"这些定语，具体而确切。

又如，第十五条："学校或者校车服务提供者申请取得校车使用许可，应当向县级或者设区的市级人民政府教育行政部门提交书面申请和证明其符合本条例第十四条规定条件的材料。教育行政部门应当自收到申请材料之日起3个工作日内，分别送同级公安机关交通管理部门、交通运输部门征求意见，公安机关交通管理部门和交通运输部门应当在3个工作日内回复意见。教育行政部门应当自收到回复意见之日起5个工作日内提出审查意见，报本级人民政府。本级人民政府决定批准的，由公安机关交通管理部门发给校车标牌，并在机动车行驶证上签注校车类型和核载人数；不予批准的，书面说明理由。"这一条中运用了很多确切的数字，如"3个工作日内回复意见"、"5个工作日内提出审查意见"，这些确切的数字使受文者清楚明白，不会产生歧义。

3. 严谨周密，具有可操作性。条例的语言要求严密，不能有任何遗漏部分，严格按照规定执行，不留余地，无懈可击。

例如，《校车安全管理条例》第二十三条中规定校车驾驶员的资格条件中写道："校车驾驶人应当依照本条例的规定取得校车驾驶资格。

取得校车驾驶资格应当符合下列条件：

（一）取得相应准驾车型驾驶证并具有3年以上驾驶经历，年龄在25周岁以上、不超过60周岁；

（二）最近连续3个记分周期内没有被记满分记录；

（三）无致人死亡或者重伤的交通事故责任记录；

（四）无饮酒后驾驶或者醉酒驾驶机动车记录，最近1年内无驾驶客运车辆超员、超速等严重交通违法行为记录；

（五）无犯罪记录；

（六）身心健康，无传染性疾病，无癫痫、精神病等可能危及行车安全的疾病病史，无酗酒、吸毒行为记录。"

在所有驾驶者中筛选出没有驾驶资格的驾驶者，对校车驾驶者的要求考虑的全面周密，没有任何不适合校车驾驶者进入资格候选中。

再如，《校车安全管理条例》第二十二条："配备校车的学校和校车服务提供者应当按照国家规定做好校车的安全维护，建立安全维护档案，保证校车处于良好技术状态。不符合安全技术条件的校车，应当停运维修，消除安全隐患。"条例中明确规定，要求学校"应该按照国家规定"、"建立安全维护档案"，明确清晰操作性强，使学校可以按照条例执行。

二、规定

（一）规定的含义

规定是党和国家机关及其部门和企事业单位为贯彻实施有关法律条例，对某一重要工作或活动的进行，制定出的具有规范性、约束性措施的公文。

规定具有法规和规章的双重性。它既可以由权力机关发布，作为某法律和法规实施的规范要求，也可由行政部门、社会团体、企事业单位制定，用于某一工作的管理。规定适用面广，各级各类单位都可以使用。

（二）规定的特点

1. 普遍性。规定的使用范围很广，党和国家行政机关，社会团体、企事业单位都可以使用。重大事项可以使用，一般性工作也可以使用。凡需要规范人们行动，要求有关人员统一协调的事情，都可以用规定行文。这就是说，规定适用范围比较广泛。

2. 针对性。规定都是针对国家生活和社会生活中出现的、带有倾向性的问题而制定的，规定的制定与现实的需求紧密相连，具有明显的针对性。

3. 灵活性。规定的制发没有条例那样严格。条例在法规性公文中仅次于法律，与办法、规定、细则比较起来作用最大，只能由立法机关和政府机关发布，往往用发布令作为载体。而规定制发时，可以采用通知作为载体，也可以直接发布。这就是说，规定的制发比较灵便。

4. 限定性。规定用于限定行为规范，制定办事准则及规范界限，对活动开展、事项管理、问题处置做出规定，因而限定性较强。在法规性公文中，规定解决“应该如何”和“不应该如何”的界限问题。

（三）规定的种类

根据其行文目的及规范内容，大致可以分为以下四类：一是政策性规定。它用以规定某些政策规范，按照有关法律法规条文，制定有关准则和政策。作为开展工作的主要依据。如《国务院关于鼓励台湾同胞投资的规定》。二是管理性规定。它是社会组织在各自的管理权限范围内就某一项工作做出的管理要求。如《中华人民共和国海员外派管理规定》。三是实施性规定。用法近似于实施办法，和实施原件配套使用。如《专利代理暂行规定》，是为实施《中华人民共和国专利法》中涉及的专利代理问题而制定的。四是补充性规定。当法规性公文内容不够具体、贯彻执行有困难时，或者在贯彻执行过程中出现新情况、新问题时，要用此类规定做出一些补充。如《关于劳动教养的补充规定》，是对《国务院关于劳动教养问题的决定》的补充。这类规定使用要加以控制，最好直接对原件进行修改。

（四）规定的语言形式与写法

规定的内容结构一般由标题和正文两部分组成。

标题：规定的标题一般有两种写法：一是由发文机关 + 事由 + 文种组成，如《国务院关于鼓励台湾同胞投资的规定》；二是由事由 + 文种组成，如《出版物上数字用法的规定》。如果规定是短期的、临时性的，在规定文种前应加“暂行”二字，如《国营企业工资调节税暂行规定》。

正文：规定的正文一般由缘由、规范、说明三部分组成。不同类型的规定，其内容构成及具体写法也不尽相同。政策性规定。这类规定着重于界限划分、明确范围、提出要求和惩处情况，解决“应当怎样”和“不应怎样”的问题。管理性规定。这类规定着重于规定管理原则、管理职责、质量标准、办法、管理范围及要求。实施性规定。这类规定着重于对实施文件的有关事项做出规定，对原件条款做出解释，提出具体的实施意见。补充性规定。这类规定主要就原件中某些提法不够明确、不够具体的方面加以明确、补充或解释，以便实施。

（五）规定的语言要求

1. 态度鲜明。凡属规定，必然是有所提倡，也有所禁止。其提倡、禁止的界限要特别分明，该怎么做、不能做什么、禁止什么要一目了然。内容表述清晰，界定范围明确，选词用字准确。态度肯定，不能含糊，经常以“可”“应”“不得”的肯定语气行文，以显示其强制力。

如《女职工劳动保护特别规定》第七条规定：“对怀孕7个月以上的女职工，用人单位不得延长劳动时间或者安排夜班劳动，并应当在劳动时间内安排一定的休息时间。”规定中明确指出实用对象是“7个月以上”，界定范围明确。用人单位“不得延长劳动时间或者安排夜班劳动，并应当在劳动时间内安排一定的休息时间”语气肯定，符合语言确切性的要求，对用人单位具有强制力。

2. 条文明确。规定的每一条文，都要具体明确。语言的内涵和外延要有明确的界定。对于单位、人物、事物等都要做出细致精当的规定，对有关数字、时间、条件、地点、措施、方法等都要交代说明清楚，不能含糊其辞。

例如，《女职工劳动保护特别规定》第七条规定：“女职工生育享受98天产假，其中产前可以休假15天；难产的，增加产假15天；生育多胞胎的，每多生育1个婴儿，增加产假15天。女职工怀孕未满4个月流产的，享受15天产假；怀孕满4个月流产的，享受42天产假。”运用数字明确清晰，有很强的操作性。

3. 表达准确。规定对行动具有指导性，制定时要做到无懈可击，不能有任何遗漏部分，因此使用概念要准确、周密，表意明确，用词恰当，不能产生歧义，前后文不能矛盾；语言要高度概括，文字表达简明扼要；用语要庄重，华而不实，就会失去其行动力。规定语言要求严密，严格按照规定执行。

例如，《女职工劳动保护特别规定》的附录《女职工禁忌从事的劳动范围》中规定：“女职工在经期禁忌从事的劳动范围：

（一）冷水作业分级标准中规定的第二级、第三级、第四级冷水作业；

（二）低温作业分级标准中规定的第二级、第三级、第四级低温作业；

（三）体力劳动强度分级标准中规定的第三级、第四级体力劳动强度的作业；

（四）高处作业分级标准中规定的第三级、第四级高处作业。”

这一条将女职工经期不可从事的劳动规定出来，全面周密。不留余地，无懈可击。

再如，《女职工劳动保护特别规定》第八条：“女职工产假期间的生育津贴，对已经参加生育保险的，按照用人单位上年度职工月平均工资的标准由生育保险基金支付；对未参加生育保险的，按照女职工产假前工资的标准由用人单位支付。女职工生育或者流产的医疗费用，按照生育保险规定的项目和标准，对已经参加生育保险的，由生育保险基金支付；对未参加生育保险的，由用人单位支付。”整条规定语言准确周密简洁，句句具有可操作性，让用人单位能够明确知道对女职工怀孕期间应如何执行。

公安机关执法公开规定

第一章　总　　则

第一条　为了规范公安机关执法公开行为，保障公民的知情权、参与权、表达权和监督权，促进便民利民，实现公正廉洁执法，根据有关法律法规，制定本规定。

第二条　本规定所称执法公开，是指公安机关依照法律、法规、规章和其他规范性文件规定，向社会公众或者特定对象公开刑事、行政执法的依据、流程、进展、结果等相关信息，以及开展网上公开办事的活动。

第三条　公安机关对涉及公共利益、公众普遍关注、需要社会知晓的执法信息，应当主动向社会公开；对不宜向社会公开，但涉及特定对象权利义务、需要特定对象知悉的，应当告知特定对象，或者为特定对象提供查询服务。

（第四条～第七条略）

第二章　向社会公开

第八条　公安机关应当向社会公开下列执法信息：

（一）公安机关的任务和职责权限，人民警察的职责、权利和义务；

（二）涉及公民权利义务的公安机关规范性文件；

（三）公安机关管辖的刑事、行政、行政复议、国家赔偿案件的受理范围、申请条件和法定程序、时限，以及当事人依法享有的权利、义务和监督救济渠道；

（四）行政事业性收费的项目、依据和标准；

（五）公安行政许可、非行政许可审批、备案类事项的法律依据、申请条件、办理程序、办结期限、申请途径、方式，以及申请应当提交的材料目录、示范文本、制式文书和格式要求，行政管理相对人依法享有的权利、义务和监督救济渠道；

（六）与执法相关的便民服务措施；

（七）举报投诉的方式、途径；

（八）公安机关人民警察纪律要求、职业道德规范；

（九）公安机关内设执法机构及其职能；窗口单位的办公地址、工作时间、联系方式，民警姓名、警号和监督举报电话；

（十）交通技术监控设备设置信息；

（十一）公安机关采取的限制交通措施、交通管制信息和现场管制信息；

（十二）法律、法规、规章和其他规范性文件规定应当向社会公开的其他执法信息。

第九条　公安机关应当向社会公开涉及公共利益、社会高度关注的重大案事件调查进展和处理结果，以及公安机关开展打击整治违法犯罪活动的重大决策。

（第十条～第十五条略）

第三章　向特定对象公开

第十六条　公安机关应当向控告人，以及被害人、被侵害人或者其家属公开下列执法信息：

（一）办案单位名称和联系方式；

（二）刑事案件立案、破案、移送起诉等情况，对犯罪嫌疑人采取刑事强制措施的种类和期限；

（三）行政案件办理情况和结果。

公安机关在接受控告人，以及被害人、被侵害人或者其家属报案或者报警时，应当告知其前款所列执法信息的查询方式。

第十七条　公安机关可以通过提供执法信息查询服务，在旅馆、网吧、娱乐场所、商场、集贸市场等行业内公开检查、处罚等管理情况。

第十八条　公安机关办理刑事、行政、行政复议、国家赔偿、信访等案件，应当依照法律、法规、规章和其他规范性文件的规定，向当事人或者其家属、诉讼代理人以及第三人等告知采取强制措施和案件办理进展、结果等信息。

（第十九条～第二十二条略）

第四章　网上公开办事

第二十三条　公安机关应当积极创造条件，逐步推进行政许可、非行政许可审批、备案类事项网上公开办理，拓展服务内容，完善服务措施，方便群众办事，提供下列网上公开办事服务：

（一）行政许可、非行政许可审批、备案类事项办理的网上咨询，解答相关法律政策、注意事项、常见问题等；

（二）行政许可、非行政许可审批、备案类事项办理的网上预约；

（三）设置行政许可、非行政许可审批、备案类事项申请表格的在线下载、填报等功能，实现网上申请、受理；

（四）行政许可、非行政许可审批、备案类事项的受理情况、办理进展、办理结果等执法信息的网上查询。

公安机关在网上或者窗口单位接受行政许可、非行政许可审批、备案类事项申请时，可以向申请人提供查询编号，方便查询前款第四项所列执法信息。

第二十四条 公安机关应当依照法律、法规、规章和其他规范性文件的规定，向申请人告知行政许可、非行政许可审批、备案类事项的受理情况、办理结果。

（第二十五条~第二十七条略）

第五章 监督和保障

第二十八条 公安机关应当建立健全执法公开审批程序和保密审查机制。

第二十九条 公安机关应当指定专门机构，指导、监督执法公开，特别是行政许可、非行政许可审批、备案类事项的网上公开办理，及时发现整改问题。

第三十条 公安机关应当将执法公开情况纳入执法质量考评范围。

第三十一条 公安机关应当建设完善政府网站和内部执法信息平台，为执法公开提供必要的条件。

第三十二条 公民、法人或者其他组织认为公安机关未按照本规定履行执法公开义务的，可以向该公安机关提出公开申请；经申请，该公安机关仍拒绝履行执法公开义务的，可以向上一级公安机关举报。收到举报的公安机关应当予以调查处理，并自收到举报之日起60日内向举报人告知结果。

第三十三条 违反本规定，有下列情形之一的，由上一级公安机关责令改正；情节严重的，对公安机关直接负责的主管人员和其他直接责任人员依照有关规定予以处理：

（一）未按照本规定履行执法公开义务的；

（二）公开的信息错误、不准确或者弄虚作假的；

（三）公开不应当公开的信息的；

（四）违反本规定的其他行为。

第六章 附　　则

第三十四条 各省、自治区、直辖市公安厅、局可以根据本规定，结合本地实际，制定实施细则。

第三十五条 本规定未涉及的公开事项，依照有关法律、法规、规章和其他规范性文件的规定执行。

第三十六条　本规定自2013年1月1日起施行。

这是一篇管理性规定。采用分章式结构，共分6章36条。第一章第一条以介词“为了”、“根据”引出行文目的、行文依据。第二条“本规定所称执法公开，是指公安机关依照法律、法规、规章和其他规范性文件规定，向社会公众或者特定对象公开刑事、行政执法的依据、流程、进展、结果等相关信息，以及开展网上公开办事的活动。”对“执法公开”作了明确的界定，以下各条分别说明公安机关执法公开“应当怎样”和“不应怎样”及如何监督和保障问题。附则说明了其他未尽事宜的处理办法及规定的实施日期。全文内容密切结合实际，表述清晰，全面周密，明确具体，规范性强，便于理解和执行，选词用字准确规范，无懈可击。

三、办法

（一）办法的含义

办法是对某一事项提出处理原则、具体做法和要求的法规性公文。

（二）办法的特点

1. 具有规定性。即制定办法的党政机关单位针对某些具体工作应制定出规范性标准，以作为人们的行动准则，并要在一定的范围内执行。

2. 具有具体性。办法对人们进行规范，是具体的、完整的，而不是抽象的。其具体性应体现在政策界限清楚，技术性问题要求明确，数据确凿，毫不含糊。有的办法在实施过程中，依据实际情况还可以变通、补充、修改。这样，一般要在“办法”执行说明条文中，写上“……可根据本办法制定实施细则”等。

（三）办法的种类

一是实施性办法。为实施法规行政公文而制发的，通常叫“实施办法”。它以实施对象作为成文主要依据，具有附属性，是对实施对象的一种具体化、地方化，或是提出措施办法，或是对某些条文提出施行意见，或是根据法规精神再结合本区域本单位实际提出实施措施。从与实施对象的关系看，又有如下几种：

1. 实施法令。一些法令没有制定细则，或细则未在某方面做出具体规定，需要用“办法”加以具体化，以保证法令的顺利施行。

2. 实施条例。条例针对大多数情形来制定，比较概括、抽象，需要主管部门或下级党政机关加以具体化、地方化，因此就有了实施条例的办法。这类实施办法的制定权，一般是条例明文赋予的。

3. 实施规定。有些规定只对规范性对象规定一般性原则和界限，实施起来不够方便，需要对条文提出具体的实施意见，或结合本地区实际加以补充，这就有了实施规定的办法。除上述三种常见的情形外，还有对原则性行政公文如决定、决议、通知等提出实施意见，也可用“办法”行文，但使用较少。

二是管理办法。在行政管理过程中，有时会碰到目前尚无法规可依，而管理中又必须有所规范的情况，主管部门、各级党政机关、各企事业单位，在各自的管理权限范围内，提出管理法则，规定管理的原则和方法。其成文依据是根据实际管理工作现状而定。这类办法没有附属性。如《国家行政机关公文处理办法》、《大陆居民赴台湾地区旅游管理办法》。管理办法使用相当广泛，凡党政机关、单位在某方面工作尚无条文可依的情况下，为了实行规范化管理，便使用“办法”来制定工作法则。这样的管理办法，往往可以作为制定规定、条例的前期试验，条件成熟时，管理办法可以上升为规定、条例，由规章性质上升为法规性质。

（四）办法的语言形式与写法

办法的内容结构一般由标题和正文两部分组成。

标题：办法的标题主要有两种写法：一是发文机关+事由+文种，如《中华人民共和国海关关于转关货物监管办法》；二是事由+文种，如《国家行政机关公文处理办法》。如果是短期的或者是临时性的，要在“办法”之前加“暂行”、“试行”二字。办法标题的拟制要准确、精当、规范，要客观实在，使人一看便知是什么单位有关什么事项的办法，清楚明白，一目了然。

正文：办法的正文一般由缘由、规范、说明三部分组成。但两种不同类型的办法在写法上有区别：如果是用于对有关法令、条例、规定提出具体的实施办法时，一般侧重于对其提出具体意见，多是诠释、说明有关条款，或结合实施范围的实际情况补充一些条款，这种办法要围绕所依附的原件进行写作，应写得比较具体，不求全面系统，只为指导实施。

如果是用于对有关工作、有关事项的具体办理、实施提出切实可行的办法时，应根据对象的内容确定，一般比较全面，从办理原则、承办部门或人员、具体措施、办理方式、程序步骤、工作标准、执行时限、奖惩规定等各方面都作出规定，比较系统周全，每一条款都规定得十分具体。

正文结构主要有三种形式：

1. 前言（序言）、主体和结尾式。前言（序言）要说明制定的依据、目的、意义和作用等。主体写具体的措施、办法。这部分的内容要从主到次，一般分条列目行文。结语要写明要求、希望。有的办法无结语。

2. 总则、分则、附则式。总则和分则写法基本同前一种前言（序言）和主体写作规范体式一样，而附则一般要写明办法的实施意见，包括解释权、实行日期等。

3. 条目式。这种写法既无前言、结语，也不分总则、分则、附则，而是从开头到结尾用“条”通下来，一贯到底。

（五）办法的语言要求

1. 具体明确，具有操作性。办法是一种实际操作性很强的文种，因此语言必须十分具体细致，包括制定的目的、实施的范围、措施与规范、要求与界限等都要一清二楚。不然，就会给办法的执行实施带来困难，尤其是写得含混不清的办法，会使下面的执行人员无所适从。

如《中央专项彩票公益金支持贫困革命老区整村推进项目资金管理办法》第二十九条：“项目竣工后，项目县人民政府要组织财政部门和扶贫部门在25个工作日内完成对项目的验收评价工作，形成验收评价报告，并报送省级财政部门和扶贫部门；省级财政部门和扶贫部门在收到县级项目验收评价报告后1个月内对竣工项目进行复检，并将复检结果报财政部和国务院扶贫办。”这一条就将县人民政府、省级财政部门和扶贫部门的具体执行内容、时间要求明确表述出来，办法的操作性很强。

2. 周密严谨，具有说明性。办法的语言要求准确简明，周密严谨，行文多用肯定语气，不含糊其辞，在对具体条款的解释上要详细，不能有任何疏漏，不产生歧义，严格按照规定执行，不留余地，无懈可击。表述严谨，如多使用“××是指××××”，“包括以下内容：……”等格式定义与说明有关项目，便于受文者准确理解与执行。

如《大陆居民赴台湾地区旅游管理办法》第十一条：“大陆居民赴台旅游应向其户口所在地公安机关出入境管理部门申请办理〈大陆居民往来台湾通行证〉及相应签注；参加团队旅游的，应事先在组团社登记报名。”这一条赴台旅游办法的语言表述准确简明，全面而又严密，将大陆赴台旅游的居民分为散客、参加团队两类，使人们清楚了解每类人员应该怎样办理赴台旅游手续。

3. 条理清晰，具有逻辑性。办法的写作一般采用条项式，也有的采用章条式。不管是采用哪种方式，都要条理清楚，一目了然。按照先后主次的原则分章或分条，一条表达一个完整单一的内容，集中明确，具备可操作性。一条之内又可以有若干款或者项。每款每项表达一个更具体细小的内容。切忌大段大段的内容罗列在一起，给执行者带来理解上的困难。为了条理清晰，可用小标题。比如《旅游安全管理暂行办法》，第一章是“总则”，第二章是“安全管理”，第三章是“事故处理”，第四章是“奖励与处罚”，第五章是“附则”，纲举目张，非常醒目。

4. 既原则又灵活，具有政策性。办法的写作中，“应（该）”与“可（以）”这两个词通常结合使用，这正是办法所具有的原则性与灵活性的特点在语言上的表现。在撰写时，有些办法政策性很强，不是本单位有权决定的，或者虽有权决定，但又感觉把握性不大，就要及时向上级或有关业务领导部门请示，力求表述准确，上下一致。

大陆居民赴台湾地区旅游管理办法

（国家旅游局、公安部、国务院台湾事务办公室2006年4月16日第26号令公布　根据2011年6月20日《国家旅游局、公安部、国务院台湾事务办公室关于修改〈大陆居民赴台湾地区旅游管理办法〉的决定》修订）

第一条　为规范大陆居民赴台湾地区旅游，依据《中国公民往来台湾地区管理办法》和《旅行社条例》，特制定本办法。

第二条　大陆居民赴台湾地区旅游（以下简称赴台旅游），可采取团队旅游或个人旅游两种形式。

大陆居民赴台团队旅游须由指定经营大陆居民赴台旅游业务的旅行社（以下简称组团社）组织，以团队形式整团往返。旅游团成员在台湾期间须集体活动。

大陆居民赴台个人旅游可自行前往台湾地区，在台湾期间可自行活动。

第三条　组团社由国家旅游局会同有关部门，从已批准的特许经营出境旅游业务的旅行社范围内指定，由海峡两岸旅游交流协会公布。除被指定的组团社外，任何单位和个人不得经营大陆居民赴台旅游业务。

第四条　台湾地区接待大陆居民赴台旅游的旅行社（以下简称接待社），经大陆有关部门会同国家旅游局确认后，由海峡两岸旅游交流协会公布。

第五条　大陆居民赴台团队旅游实行配额管理。配额由国家旅游局会同有关部门确认后，下达给组团社。

第六条　组团社在开展组织大陆居民赴台旅游业务前，须与接待社签订合同、建立合作关系。

第七条　组团社须为每个团队选派领队。领队经培训、考核合格后，由地方旅游局向国家旅游局申领赴台旅游领队证。组团社须要求接待社派人全程陪同。

第八条　大陆居民赴台旅游期间，不得从事或参与涉及赌博、色情、毒品等内容及有损两岸关系的活动。

组团社不得组织旅游团成员参与前款活动，并应要求接待社不得引导或组织旅游团成员参与前款活动。

第九条　组团社须要求接待社严格按照合同规定的团队日程安排活动；未经双方旅行社及旅游团成员同意，不得变更日程。

第十条　大陆居民赴台旅游应持有效的《大陆居民往来台湾通行证》，并根据其采取的旅游形式，办理团队旅游签注或个人旅游签注。

第十一条　大陆居民赴台旅游应向其户口所在地公安机关出入境管理部门申请办理《大陆居民往来台湾通行证》及相应签注；参加团队旅游的，应事先在组团社登记报名。

第十二条　赴台旅游团须凭《大陆居民赴台湾地区旅游团名单表》，从大陆对外开放口岸整团出入境。

第十三条　旅游团出境前已确定分团入境大陆的，组团社应事先向有关出入境边防检查总站或省级公安边防部门备案。

旅游团成员因紧急情况不能随团入境大陆或不能按期返回大陆的，组团社应及时向有关出入境边防检查总站或省级公安边防部门报告。

第十四条　赴台旅游的大陆居民应按期返回，不得非法滞留。当发生旅游团成员非法滞留时，组团社须及时向公安机关及旅游行政主管部门报告，并协助做好有关滞留者的遣返和审查工作。

第十五条　对在台湾地区非法滞留情节严重者，公安机关出入境管理部门自其被遣返回大陆之日起，6个月至3年以内不批准其再次出境。

第十六条　违反本办法之规定的旅行社，旅游行政主管部门将根据《旅行社条例》予以处罚。对组团单位和参游人员违反国家其他有关法律、法规的，由有关部门依法予以处理。

第十七条　本办法由国家旅游局、公安部、国务院台湾事务办公室负责解释。

第十八条　本办法自发布之日起施行。

这篇管理办法采用条项贯通的结构模式，从头到尾由十八条内容组成，分别说明了制定本办法的目的和依据，办法的具体事项，最后两条明确了办法解释权的归属及办法的施行日期。全文结构严谨，层次清楚，内容系统周全，每一条都规定得十分具体，操作性强。语言通俗简明，易于理解执行。

四、细则

（一）细则的含义、特点

细则也称实施细则，是党政机关受权为实施某项法律、法规、规章而制定的更具体的说明和解释的法规性公文，或者针对某一事项或工作需要制定的更具体的补充或辅助说明的规定性公文。

细则具有规范性、补充性、操作性强的特点。

（二）细则的种类

细则通常分为以下三类：一是说明性细则，是对某个法规中某项内容或部分条文详尽解释，具体规约，以便执行的细则，它是行政法规的补充和延伸，如《中国专利法实施细则》。二是规范性细则，是为某项工作实施而提出的具体内容、标准和要求的细则，如《市场监督管理实行巡查制细则》。三是工作细则，是对某项工作制定的具体做法和步骤，如《第五届全国少儿艺术电视大赛参赛细则》。

（三）细则的语言形式与写法

标题：细则的标题主要有两种类型：

一是事由＋文种，如《关于商品和服务实行明码标价的规定实施细则》；二是原件名称＋文种，如《中华人民共和国水污染防治法实施细则》。

正文：一般由开头、主体和结尾三部分组成。

开头，要交代制定细则的依据。主体，一般采用条款式写法，这一部分内容在写作时应注意结合实际，不能只是部分重复被补充公文的条款或解释其字面意思，也不能对被补充公文每一条款都具体化，详而又详，全面铺开，冗长繁琐，以致无法执行。结尾，一般写明实施机关、生效日期、解释权等。

（四）细则的语言要求

1. 任何细则都是为贯彻执行某一条规而制发的，必须首先说明制定细则的条文根据，根据几条就注明几条，不能随意增减。要以母体文本为本，对母体文本所做的补充、解析、说明，都要在母体公文所规定的原则范围之内，不得逾越。

例如，《中华人民共和国增值税暂行条例实施细则》第二条：

“条例第一条所称货物，是指有形动产，包括电力、热力、气体在内。

条例第一条所称加工，是指受托加工货物，即委托方提供原料及主要材料，受托方按照委托方的要求，制造货物并收取加工费的业务。

条例第一条所称修理修配，是指受托对损伤和丧失功能的货物进行修复，使其恢复原状和功能的业务。”

严格按照原条例的顺序安排细则的顺序，在原条例基础上进行补充、解析和说明，而没有任何逾越原条例所规定的原则范围。

2. 细则的语言具有补充性和辅助性，并体现在一个“细”字上，把有关条规具体化、细密化，而不是在原有条规之外另起炉灶，再来一个“补充说明”。

例如，《中华人民共和国国家安全法实施细则》第四条：“《国家安全法》所称的‘间谍组织代理人’，是指受间谍组织或者其成员的指使、委托、资助，进行或者授意、指使他人进行危害中华人民共和国国家安全活动的人。间谍组织和间谍组织代理人由中华人民共和国国家安全部（以下简称国家安全部）确认。”本条将法规中的名词进行了解释，这样就补充说明了原法规中较笼统的方面，将法规具体化、细密化，从而使人们对“间谍组织代理人”，有了更确切的理解。

3. 细则语言应当周密、具体，明确、详尽，一次到位，在实际工作中有很强的可行性和操作性。

例如，《中华人民共和国营业税暂行条例实施细则》第十五条：“纳税人发生应税行为，如果将价款与折扣额在同一张发票上注明的，以折扣后的价款为营业额；如果将折扣额另开发票的，不论其在财务上如何处理，均不得从营业额中扣除。”这一细则告诉纳税人如何用发票纳税，该做的和不可做的一目了然，具有可操作性。

另外，要做到文字简洁明确，语言通俗易懂，以真正发挥其应有的作用和效力。

第三节 规章性公文

一、章程

（一）章程的含义

章程是组织、团体及事业企业单位经特定程序制定的关于组织规程和办事规则的规章性公文。

（二）章程的特点

章程的特点归纳起来有以下四点：

1. 准则性。依法成立一个社会组织，除了要注册登记，还要在这之前制定一个章程草案报批。社会组织一旦获准成立，首先应审定通过章程，对组织的性质、宗旨、任务，成员的条件、权利、义务，机构的设置、职责、任务，组织的活动准则、程序等做出规定，用以约束成员，作为组织一切活动的准则。在所有规章性公文中，章程的准则性是比较明显的。

2. 广泛性。凡依法成立的社会组织，包括政府机构、团体机构和企事业机构，均须制定章程。章程还规定了办事的原则。现在，章程还成为涉外法律文书之一，中外合资企业用来规定该企业的组织规则。

3. 程序性。一般的法规性公文如办法，要由社会组织草拟，再由上级批准或者直接发布。而章程则一般以“草案”形式发布，在广泛听取意见的基础上再经社会组织的权力机构通过发布，发布程序较为严格。

4. 严肃性。章程具有法规性、规范性和约束力。制定章程要以政策、法律为依据，以保证其法定的权威。同时，章程又是这个组织的根本法则，该组织的所有成员都要按章程的条文规定来规范和约束自己的行为。违背了章程的规定，要受到该组织的惩罚或谴责，直至被开除出该组织。

（三）章程的种类

按照内容，章程分为以下几种：一是组织章程。这种章程最为常见。用以制定社会组织的组织准则和成员行为规范。这种章程具体规定组织的性质、任务、宗旨、组织原则、机构设置、成员资格、权利、义务、纪律、经费来源等，如《中国共产党章程》等。二是规范章程。用以制定某项活动的准则或者某些事项的治理依据。如《中国外轮代理公司业务章程》。三是企事业章程。主要用于规范企业和事业单位的经济活动、管理活动。如《××××合资企业章程》。

（四）章程的语言形式与写法

标题：章程的标题一般写法为：组织（社团）名称+文种，如《中国写作学会章程》。

在标题下，写上何时由什么会议通过，或何时由何机关批准，或何时公布，并用小括号括上。

正文：章程的正文包括开头、主体和结尾三部分。

开头，概括说明制定规章的目的，组织（团体）的名称、性质、宗旨、指导思想等。主体，写明章程的具体内容，如成员条件、权利义务、组织机构、活动规则、组织纪律、具体任务等。结尾，附带说明本章程的制定权、修改权、解释权、适用对象、公布实施的时间等。章程正文的写作应使人能对该组织、团体、企业的各方面情况了解清楚，同时注意每一事项的内容应相对独立，而不必上沟下联去阐述，条款清晰，简洁明了。

（五）章程的语言要求

1. 结构严谨，条理清晰。章程由总到分到总，要有合理的顺序，行文要一环扣一环，体现严密的逻辑性，使其成为一个有机的整体。章程的条款，要做到单一完整。一条表示一个意思，不要把一个完整的意思拆成几条，弄得支离破碎；也不要把几个意思糅合在一条之中，交叉杂乱；更不要出现前后相互矛盾或解释不一致的现象，使人产生歧义。

2. 表述清楚，简洁明快。章程的写作特别强调清楚、明白，简洁明快。因此，语言要反复推敲，反复提炼，尽量用较少的文字明确地表达较多的内容。要字斟句酌，尽可能不多一字不少一语。要真正做到概述周密全面，叙述具体明确，概念单一清楚，无歧义或疑问，语言庄重朴实。比如，《上市公司章程》第一条："为维护公司、股东和债权人的合法权益，规范公司的组织和行为，根据《中华人民共和国公司法》（以下简称《公司法》）和其他有关规定，制订本章程"。这一段条文，阐明了上市公司章程的目的和依据，写得严肃、庄重、简洁。

3. 表达准确，庄重严肃。规章制度要做到无懈可击，因此使用概念要准确、周密，表意明确，用词恰当，不能产生歧义，前后文不能矛盾；语言要高度概括，可以省略的词句尽可能省略，文字表达简明扼要；用语要庄重，体现出规章制度的严肃性、权威性。

4. 符合规范，朴实明白。在强调准确、严谨的同时，规章的语言还应具备简明、朴实、庄重的风格。简明就是用词符合写作规范，让人一看便懂，不能运用古奥的或半文半白的艰涩语言；朴实就是就事论事，不耍花腔，不粉饰；庄重就是严肃、稳健、大方。

二、制度

（一）制度的含义

制度是党和国家机关、社会团体、企事业单位，为保证和加强某一具体工作或事项的管理而制定的行动准则和工作方式规范的公文。

制度的应用十分广泛，上至中央，下至基层，普遍建立了本单位行之有效的各类配套的制度。有不少机关、单位将机关行政管理制度、财务制度、档案工作制度等汇编成册，供全体干部职工使用，也便于群众对领导、部门的监督。

（二）制度的特点

一是体现在它的规定性，即制度按照所涉及事物的性质、范围，限定人们可以做什么，不可以做什么，可以怎样做，不可以怎样做。

二是体现在它的程序性，即要求人们做某种事情时，必须按照一定的规则、程序、方法进行。

制度一旦制定，就要求相关对象在从事某项工作，办理某一事项时必须遵守。虽然其没有法律效力，但对相关对象有一定的行政约束力。

（三）制度的语言形式与写法

制度的内容结构一般由标题、正文和落款三部分组成。

标题：制度的标题一般有两种形式：一是制发机关 + 规范对象 + 文种，如《××省法制局财产管理制度》；二是规范对象 + 文种，如《行政事业单位定期审计制度》。

正文：正文是制度的主体部分。包括三方面的内容：一是制订制度的目的、要求、适用范围等；二是各项具体规定；三是制度施行的要求及生效日期。

制度正文的写作，在内容上应完整、细致、具体、可行。在内容安排上，注意逻辑的严密性，把内容做严格归类。语言准确、明晰、简练，避免产生歧义。做到易读、易懂、易记，操作性强，便于执行。

（四）制度的语言要求

1. 准确严谨。制度具有明确的针对性，它在一定范围之内是人们行为的规范，是判断是非的标准。其语言必须准确、严谨。所谓准确就是对事物定性准确，概念的内涵与外延必须有科学明确的界定，也就是有准确的含义与质的规定性。在特定的语言环境中，一句话、一个词，只有一种理解，不能有多种理解。

措辞要准确，要经得起推敲。特别是政策性要求更不能含混不清。要切实做到无懈可击。

所谓严谨，就是具有严密的逻辑性，条款与条款之间、句子与句子之间，相互关联，相互补充，相互渗透，没有矛盾，没有纰漏。使遵纪守法者感到界限分明，行为有据可依；对行为不轨者则有一定防范作用，若其故意违犯，也不能让其有隙可乘。同时，准确、严谨还有利于管理人员执法，便于奖惩。

2. 简明概括。规章的语言表述在科学严密的基础上，语言要高度概括，可以省略的词句尽可能省略，文字表达简明扼要，切忌繁杂冗长。制度以说明为表达方式，就事说事，不讲究道理。为了精密准确，常用一些限制性的词语，但修饰词语必须恰当。如用不当，反受其害。比如："职工应坚守岗位，不得无故旷工"；"客人是饭店的上帝，应满足客人的一切需要"。其中"无故"、"一切"应删去。客人的需要有多样性，只能满足其"正当的"或"合理的"需要。

3. 严密条理。一般使用条款式结构行文，条款之间要注意逻辑层次分明。不要杂乱无章没有次序地乱编排，以免影响制度的严肃性。

××市国家税务局机关接待管理制度

为了进一步规范市局机关的接待工作，严格控制接待费用支出，特制定本制度。

一、接待原则

（一）归口管理的原则：市局机关的接待工作统一归口办公室和机关服务中心管理，并具体承办接待工作。

（二）对口接待原则：外省、外单位与市局机关各单位联系工作需要接待的人员，原则上由市局机关各单位对口接待，由服务中心按统一标准安排。

（三）事前审批原则：所有接待事项，必须事先按规定的审批程序报批，未经批准的接待费用不得报销。

（四）勤俭节约的原则：接待工作既要热情周到、礼貌待客，又要厉行节约，严格控制经费开支，杜绝奢侈浪费。

（五）定点接待原则：分别不同的接待对象，确定不同的接待地点进行定点接待。市局要与定点单位订立接待协议，明确各自责任，规范接待管理工作。

二、接待范围

（一）国家税务总局领导和各司局领导以及总局机关各单位工作人员。

（二）外省、自治区、直辖市国税局领导及其他相关人员。

（三）前来我局检查工作的各类检查组工作人员。

（四）省党委、省政府及有关单位、部门领导。

（五）本系统到市局办理公务的国税干部职工。

（六）市局领导决定需要接待的有关人员。

三、接待标准

来宾接待就餐实行“基本餐加迎送餐”制。

（一）国家税务总局客人按以下标准接待：

1. 总局领导来检查指导工作，由办公室和机关服务中心安排行程及食宿地点，送局领导审批后，接待费用据实列支。

2. 司局级领导及随行人员：基本用餐标准为每人每天××元以内，另按××元以内标准（含酒水，下同）由局领导出面宴请一次。住宿标准为司局级领导每人每天××元以内，随行人员每人每天××元以内。

3. 处级及处级以下干部：基本用餐标准为每人每天××元以内，另按×××元以内标准宴请一次。住宿标准为每人每天250元以内。

（二）外省（区、市）国税局客人按以下标准接待：

1. 副厅级以上领导及随行人员：基本用餐标准为每人每天××元以内，另按××元以内标准宴请一次。住宿标准为副厅级以上领导每人每天××元以内，随行人员每人每天××元以内。

2. 处级及处级以下干部：基本用餐标准为每人每天××元以内，另按××元以内标准宴请一次。住宿标准为每人每天××元以内。

（三）接待前来我局检查工作的各类检查人员，由相关单位根据检查内容、时间、人数以及接待标准提出接待预算，经服务中心主任或办公室主任审批后执行。

（四）省党委、省政府及有关单位、部门领导的接待标准比照总局领导的有关标准办理。

（五）本系统来市局办理公务的国税干部职工，由相关处室通知机关服务中心在市局指定的饭店安排食宿。住宿按一人一床安排。用餐安排工作餐，工作餐标准为每人每天××元（早餐10元、中餐和晚餐各30元）。

四、接待程序及要求

（一）市局机关各单位所有接待对象必须先填写“市局机关公务接待审批单”，并按规定标准提出经费预算。

（二）服务中心根据接待单位填报的“市局机关公务接待审批单”核定接待费用。凡在定点单位接待的，其接待审批单由服务中心按规定的标准和原则掌握，审批。一次接待费金额在×××元以内的由服务中心主任审批。一次接待费金额超过×××元的，由办公室主任审核后报主管局领导批准。在定点单位以外的接待开支，由办公室主任和分管局领导审批。

（三）各单位要严格控制陪同人员，陪同人员原则上不得超过3人。

（四）在接待工作中要严格按标准控制费用开支，接待用烟用酒原则上只能是本地产烟酒。

（五）除接待国家税务总局人员外，市局接待的其他客人由机关服务中心安排定点饭店住宿。除副厅级以上干部外，其他人员的住宿只负责为每人提供一个床位，需要包房的，超出的费用由客人自理。

（六）公务接待工作统一由机关服务中心安排，市局机关其他单位不得自行安排或擅自要求提高接待标准，否则不予报销接待费用。

五、本制度自下发之日起执行

2008年1月25日

这是一份××市国家税务局机关接待管理制度。制度的标题由制发单位、规章内容、文种三部分组成，前言简要说明制定该制度的目的，正文从接待原则、接待范围、接待标准、接待程序及要求四个方面说明接待工作的具体规定，每一方面还有分项，结尾说明执行的时间。全文条分缕析，纲目清楚，结构完整，语言准确简明，通俗易懂。

三、守则

（一）守则的含义及特点

守则是机关、团体、企事业单位根据本单位本部门的具体情况，面对全体成员公布的一种应自觉遵守的道德规范和行为准则。

守则与其他规章制度比较，对人们的约束力要弱一些。它主要是对人们的思想道德、职业规范、岗位责任等提出标准，要求大家自觉遵守执行，如有违反，一般采用教育的方法加以纠正。

（二）守则的语言形式与写法

守则的内容结构一般由标题和正文两部分组成。

标题：守则的标题通常写法为：适用对象+文种，如《高等学校学生守则》。

正文：守则的正文一般由总则、分则和附则三部分组成。总则包括制订守则的指导思想、目的、意义等项内容；分则是规范项目，其规范内容大致包括政治思想品德，学习态度，工作、生活作风，组织纪律和岗位责任等。由于守则侧重于倡导、教育，因此此部分内容一般不对相关对象的具体行为提出要求，而多从大处着眼加以规范。附则是关于执行要求的说明。

（三）守则的语言要求

1. 简洁实在。内容既要高度概括，又要具体可行，使所有成员觉得应该做到，必须做到。条文要简练，条数不宜多，要易懂易记，便于执行和检查。不要掺杂无用的议论。

2. 具体明了。守则的语言要注重语言的行业特点，应明白、流畅、易懂，条文应明确具体，扼要，篇幅短小，真正体现其庄重性和严肃性。

3. 通俗易懂。守则的适用对象往往是大众，因此，语言应该通俗易懂。写作常用排列整齐的短句，如汉语中的四字句，流畅、易记。应防止晦涩、长句和专业术语的大量运用。

例如，《国家机关工作人员保密守则》前四条："一、不该说的国家秘密，绝对不说；二、不该问的国家秘密，绝对不问；三、不该看的国家秘密，绝对不看；四、不该记录的国家秘密，绝对不记录。"语言对仗工整，通俗易懂。

中小学生守则

1. 热爱祖国，热爱人民，热爱中国共产党。

2. 遵守法律法规，增强法律意识，遵守校规校纪，遵守社会公德。

3. 热爱科学，努力学习，勤思好问，乐于探究，积极参加社会实践和有益的活动。

4. 珍爱生命，注意安全，锻炼身体，讲究卫生。

5. 自尊自爱，自信自强，生活习惯文明健康。

6. 积极参加劳动，勤俭朴素，自己能做的事自己做。

7. 孝敬父母，尊敬师长，礼貌待人。

8. 热爱集体，团结同学，互相帮助，关心他人。

9. 诚实守信，言行一致，知错就改，有责任心。

10. 热爱大自然，爱护生活环境。

这是教育部于2005年修订的中小学生守则。守则共有10条，内容丰富全面，从政治写起，到遵纪守法和遵守社会公德再到学习和实践、对生命安全、自尊自信、参加劳动、孝敬父母、热爱集体、诚实守信、爱护生活环境等方面的要求一一写来。整篇顺序安排体现了从大到小、从主要到一般的逻辑规律。从句式结构看，大多使用了四字一组的四字格词语，基本上做到了整齐一致。语言精练流畅，通俗易懂，语气平和。

四、公约

（一）公约的含义及特点

公约是一定行业或社会范围内的成员，经过讨论制定的共同遵守的行为、道德的准则。

公约具有篇幅简短、结构灵活等特点。要经过适用范围的公众充分讨论通过才能订立。

公约虽然不像法规性文书那样对人们的言行具有强制性，但公约中提倡什么、禁止什么，对人们的思想、品德、行为会形成一种社会约束力，从而促使人们自觉约束自己的行为，对努力完成自己的任务起到积极的作用。

（二）公约的语言形式与写法

标题：通常写法为适用对象＋文种，如《青岛市民文明公约》。

正文：这是公约的主体部分。要分条写出公约的具体内容，即共同约定的必须遵守和执行的事项。通常有两种写法：一是开头先写立约的目的或根据，然后写规定的条文；二是直接写规定的共同遵守的事项。

（三）公约的语言要求

1. 条理清晰。公约条文的排列顺序，要先写主要条文，后写次要条文。在某一条项中，先提出正面要求，再写反对意见，条与条之间既要相对独立，又要相互依存，形成有机整体，便于记忆、执行，检查。

2. 篇幅简短。公约写作时要用简明概括的语言行文，不能写得太具体、太繁杂。要根据国家的方针、政策，结合本地区、本系统、本单位的实际情况，有针对性地拟定具体条文，不能过于空泛、笼统。语言简洁，不掺杂无用的议论。

3. 准确明白。公约在文字表述上，提倡什么，反对什么，应该准确、明白，不能模棱两可，含混不清。

4. 通俗流畅。公约的适用对象往往是大众，因此，语言应该通俗易懂。流畅、易记，应防止晦涩、长句和专业术语的大量运用。句式、字数大体相等，最好押韵，好听好记。

5. 便于记忆。公约常用固定格式，读起来朗朗上口，方便记忆。公约是大众无时无刻都需要遵循的原则，如果做到朗朗上口，容易记忆，那么就会有更好的行动力，大众才会时时提醒自己。

首都市民文明公约

一、热爱祖国、热爱北京、民族和睦、维护安定；

二、热爱劳动、爱岗敬业、诚实守信、勤俭节约；

三、遵守法纪、维护秩序、见义勇为、弘扬正气；

四、美化市容、讲究卫生、绿化首都、保护环境；

五、关心集体、爱护公物、热心公益、保护文物；

六、崇尚科学、重教尊师、自强不息、提高素质；

七、敬老爱幼、拥军爱民、尊重妇女、助残济困；

八、移风易俗、健康生活、计划生育、增强体魄；

九、举止文明、礼待宾客、胸襟大度、助人为乐。

这篇公约写得篇幅精短，内容全面、具体，语言通俗，语句对仗，通篇运用四字格，格式整齐，易懂易记。表述规范、得体。这是一篇韵体公约，全文共九条，每条4组，十六个字，其中第8字和第16字是押韵的，这样读起来朗朗上口，悦耳动听，韵律和谐，给人以美感。这短短的九条，凝聚了首都市民树立良好社会风尚，建设文明北京城的共同心愿。

第九章　事务性公文

第一节　概　　述

一、事务性公文的含义

事务性公文是指党政机关、企事业单位和社会团体在日常公务活动中为处理事务，实施管理，指导工作，沟通信息而制作和使用的各种事务性公文的统称，如计划、总结、调查报告、简报、典型材料、讲话稿等。事务性公文不属于正式文件，但它在机关单位处理日常公务活动过程中应用范围很广，使用频率很高，具有极为广泛的适用性。

事务性公文虽不像行政公文那样具有法定的权威和行政效力，但它的作用也是不可忽视的。正确使用事务性公文，对于促进党和国家各项法律、法规和方针、政策的贯彻落实；对总结经验，宣传典型，统一认识，推动各项具体工作的开展；对沟通情况，加强联系，增进感情，形成工作上的合力；对于汇总情况、积累资料，等等，都具有十分重要的作用。

二、事务性公文的特点

与规范性公文相比，事务性公文也具有自身的特性，主要表现为以下几点：

1. 从制作主体上看，事务性公文的作者有的是以机关的名义，有的是以机关某一部门的名义，还有的是以机关领导人的名义，从这点来看，它与规范公文大体相同，即制作主体都具有法定的特点。但在程度上，事务性公文不如规范公文那样严格，相对灵活些。

2. 从权威性和效用上看，事务性公文虽然也要体现党和国家的方针、政策，也有较强的政策性和指导性，但它一般不代表发文机关行使职权，不具有规范公文那样的规范性和约束效力，是机关处理公务的辅助性、参考性的文字材料。事务公文只有附在规范公文之后作为附件行文时，其权威与效用才与规范公文相同，否则只是一般性约束。

3. 从体式上看，事务性公文虽然也都有较为固定的惯用格式，但不及规范公文那样要求规格体式统一化、定型化，形式比较灵活多样。比如，调查报告的题目既可以用“关于×××的调查报告”这样由事由加文种构成的标题，也可用观点式或新闻式标题，不像规范公文的标题那样形式单一。事务公文的体式，也是在长期的公务活动实践中约定俗成的。

4. 从处理程序上看，规范公文必须依循特定的程序进行处理，而事务性公文没有这样严格，如机关业务部门的简报、调查报告等不必交由机关的秘书部门统一处理，由业务部门的领导者签发即可。

三、事务性公文的作用

事务性公文在机关工作中具有重要作用。它是各级机关用以安排布置工作，交流和总结经验，沟通情况信息，规范和约束行为的重要工具和手段。具体而言，主要体现在以下几个方面。

1. 提供借鉴，推动工作。为了正确地贯彻执行党的方针、政策和上级机关的指示精神，圆满完成各项工作任务，制订计划前搞调查，工作前作计划，工作中编撰简报，工作后进行总结，这是机关经常性的工作环节，它在实际工作中无形地形成一个有机联系的流动的常规系列过程。在这一过程中，此类公文即起到了提供经验教训、指导和推动工作深入开展的作用。

2. 沟通情况，交流信息。在机关的公务活动中，除规范性公文外，还需要借助各种事务性公文来沟通情况，联系上下左右，从而使机关工作构成一个有机的协调运转的网络系统。同时，有些事务公文如简报等又使我们在工作中不断取得反馈信息，使信息传播渠道畅通，便于各级领导机关及时了解、掌握、调整、校正，以利于工作的正常运转。

3. 规范行为，协调步骤。为使某些工作能够按照法律、法规以及方针、政策所规定的要求开展，常常需要用规定、守则、公约、规则、办法等来告知人们应当遵守的事项，起着规范和约束行为、进行监督的作用。

4. 留存备考，依据凭证。党政机关的一些常用事务公文，如会议记录、大事记等，是机关公务活动的原始记录，具有很高的保存价值。同时，它们又可作为落实、检查工作的依据和凭证。

四、事务性公文的写作要求

1. 正确的指导思想。正确的指导思想是写好事务性公文的关键，是正确分析客观实际、正确分析客观事物、正确评价客观事物的前提。在正确思想的指导下，人们才能摒弃主观臆断，求实工作，按客观规律办事。

2. 翔实地占有材料。占有翔实的材料，是形成正确观点的基础。在实际工作中要注意收集、积累各方面的材料，如反映全局的整体材料、突出特点的典型材料、给人鼓舞的正面材料、让人警醒的反面材料、揭示环境的背景资料、对比性材料、数据材料等等。通过对这些材料的正确分析，才能得出正确的、合乎实际的结论，否则会以偏概全，观点偏颇，甚至相反。

3. 科学地分析概括，提炼出鲜明的观点。事实表明，以不同的态度看问题，会有不同的结论。事务性公文的写作要有正确、科学的态度和立场，实事求是。对材料的分析必须透过现象看本质，“由此及彼，由表及里”，找出事物之间的内在联系，找出规律性，提炼出鲜明的观点，从而指导工作。

4. 准确地语言表述。语言的准确、清晰、质朴是事务性公文写作的最基本要求，同时便于工作、交流、学习。

本章主要介绍计划类公文、报告类公文、简报类公文、会议类公文等常用事务性公文的写法及语言特点。

第二节 计划类公文

计划类公文是单位或个人对一定时限内的工作进行筹划和部署的公文，包括规划、设想、计划、方案、安排、预案等。本节主要以计划为例，简介此类公文的语言特点。

一、计划

（一）计划的含义

计划是党政机关、社会团体、企事业单位或个人根据党和国家的方针政策、上级的指示精神以及单位或个人的实际情况，对未来一定时期内要进行的工作、完成的任务而作出设想和安排的一种公文。

计划是一个统称，也是最常见的名称。日常工作中所见的“规划、纲要、设想、方案、要点、安排、打算”等，都是人们对今后的工作或活动作出的部署和安排，都属于计划这个范畴。只不过它们在范围大小、时间长短、内容详略等方面各有不同。

“规划”和“纲要”都具有时间较长、范围较广、内容较概括的特点。

规划：是展示发展远景与长远目标的粗线条计划。

纲要：更原则、概括，具有法规性和政策性。

设想：是初步的、粗线条的、草案性的计划。

方案：是针对某项任务或某一单项具体工作而制定的从目的要求到方式方法作出周密安排操作性很强的实施性计划。

要点：是列出工作主要目标，对工作作出简要安排，突出重点，提纲式的计划。

安排、打算：常用于时间较短、范围较小、内容较具体的工作实施计划。

安排：预定在短期内要做的一些具体事情一般用安排。

打算：预计在近期内要做的事情，但对其中的指标或措施等内容考虑还不很周全的，一般用打算。

（二）计划的特点

1. 目的性。计划都是有明确目的的，它总是为达到某种目标、完成某项任务而制订的。有预期的目的，才有明确的努力方向。制订一份工作计划，无论是长远规划，还是近期方案，都必须有明确的目标，即在一定时间内完成什么任务，获得什么效益，达到什么目的。一份计划的终极效果就是在目的是否实现中得到集中反映。否则，计划就真失去其存在的意义。

2. 预见性。计划要具有前导性，它都是先于要进行的实践活动而制订的。要预期考虑到做什么，如何做，实施过程中可能会遇到什么情况或问题以及采取哪些相应的对策等。“人无远虑，必有近忧”，只有对未来情况做出科学的预见，工作方能主动从容稳操胜券。

3. 可行性。计划是行动的指南，是要付诸实践的。因此，计划目标的确立要有科学性和现实可能性。设立的目标既要高于过去普遍达到的水平，又必须留有一定的余地，也就是说这个目标是经过人们的努力可能达到的甚至可以超过的。目标远大而措施不实的计划，也将难以具体执行，甚至只能流于夸夸而谈。

4. 约束性。计划一经确立或批准，就具有了严格的约束力，必须依照计划有条不紊地进行，减少被动性、盲目性。

（三）计划的种类

一是按内容分：有工作计划、生产计划、学习计划、教学计划、科研计划、会议计划、活动计划、旅游计划等。二是按性质分：有综合计划、专题计划（或单项计划）等。三是按范围分：有国家计划、地区计划、部门计划、单位计划、科室计划、班组计划、个人计划等。四是按时间分：有长远规划（跨年度的计划）、年度计划、季度计划、月份计划、周计划等。五是按形式分：有条文式计划、表格式计划、条文表格兼备式计划。

（四）计划的语言形式与写法

标题：计划的标题形式有两种：一是完整式标题。由单位名称、期限、内容、文种组成，如《××市旅游局2009年工作计划》。二是省略式标题（省略文种外的任何一项或两项）。（1）期限+内容+文种。一般单位内部计划的标题常这样写，如《2006年政治理论学习计划》。（2）单位名称+内容+文种，如《××公司员工培训计划》。（3）内容+文种。一般专题计划和个人计划标题常这样写，如《业务考核计划》、《旅游日程安排》。

如果是不成熟的计划或者还没有正式通过或批准的计划，可在标题后面加上“草案”、“初稿”、“试行”、“供讨论用”等字样，并加括号。如《××省“十五”扶贫攻坚计划（初稿）》。

正文：正文是陈述计划的内容，要将计划的要素写清楚，概括说正文的内容主要包括“为何做”、“做什么”、“怎么做”、“何时做完”等。具体内容包括前言、主体、结尾三个部分。

前言（指导思想），是计划的总纲，内容是说明制订计划的指导思想、目的或依据，以及总任务、总要求等，也就是说明“为何做”的问题。

前言要写得提纲挈领、简明扼要、文字精练。开头一般用表目的、依据的惯用语“为”、“为了”、“按照”、“依照”等介词，引出目的、依据后，再用“特制定本（以下）计划”过渡到计划的主体部分。

主体（计划的事项），是计划的中心部分，要交代清楚目标任务、办法措施、时间步骤等基本要素。即要写清楚“做什么、怎么做、何时做完”。要写得条理清楚，明白易懂，一般要分条列项写。

结尾：一般包括在执行计划时应该注意的事项，需要说明的问题或是提出要求、希望等。结尾应简短有力，切忌过长。

（五）计划的语言要求

1. 突出重点。计划的目标任务、指标、措施、办法、步骤和时间安排都要写得具体明确，这样才便于执行和检查计划所确定的各项目标完成情况。写计划最忌目标笼统，措施含糊，有任务无办法，有办法无步骤，或任务抽象，步骤模糊，责任不明，分工不清，叫人执行时不得要领，检查时也缺少依据。要根据任务的主次、缓急来安排工作的程序，突出重点和中心。

2. 要素完整。“为何做”、“做什么”、“怎么做”、“何时做完”。这四者之间有内在的联系，缺一不可。其根据、目标、措施、步骤应明确，明白无误，而且要具体。这样便于执行，也便于督促检查。不明确、不具体，可做可不做，就失去了计划的意义。计划中要避免空话、套话。

3. 简洁平实。写计划，要求以尽可能小的篇幅，表达最大的信息量。无论采用叙述式、条文式或是图表式，计划的各项内容要清楚，目标、措施、步骤之间要有内在的逻辑关系。一般常用的计划，多采用总分式，在前言之后，分项、分条表述。当然，为了一目了然，也可以配以图表。

总之，计划要以说明叙述为主，语言要直截了当，简洁明了，避免啰唆、累赘或过分修饰。不应空发议论，也不应描写抒情，只要简明扼要地把事情说明白就行了。因此，文风要朴实，条理清楚，一目了然。

第三节　报告类公文

报告类公文是反映工作状况和经验，对工作中存在的问题或具有普通意义的重要情况进行分析研究的公文。这类公文包括总结、述职报告、调查报告、工作研究等。本节主要以总结、调查报告为例，简介此类公文的语言特点。

一、总结

（一）总结的含义

总结是对一定时期内的工作进行回顾、分析、研究后，从中找出经验教训，引出规律性的认识，明确今后工作方向的事务性公文。

日常工作中常用的小结、体会，实际上也是总结，只不过它反映的内容较为单纯或经验不成熟、时间较短、范围较小而已。总结是总结类公文最常用的名称。

（二）总结的特点

1. 客观性。总结是人们自身实践活动的真实反映，应当完全忠实于客观事实。总结中的材料必须是实际情况；总结的内容要有一说一，有二说二，不能添枝加叶，不能报喜不报忧，更不能无中生有；总结观点必须是从自身实践中抽象、概括出来的认识和规律，不允许有任何主观臆断。

2. 理论性。总结要写事实，但不是把已经发生过的事实简单地罗列在一起。它必须对搜集来的事实、数据、材料等进行认真的归类、整理、分析和研究，从感性认识上升到理性认识，即找出规律性的东西，达到一定的理论高度。如果总结不能把感性的事实上升到理性的规律性的高度，那么总结就不可能作为未来行动的向导。

3. 时间性。总结是对一定时期的工作完成情况进行分析和评价的一个工作环节。“一定时期”实际上就是某项工作的时间周期。在做总结时，就必须对这个时间周期内的工作情况进行全面回顾，进行分析和评价，而不能超出或缩短这个时间周期，因此，总结的时间性很强。

4. 本体性。总结是对本地区、本部门、本单位的工作情况进行回顾，因此都用第一人称，总结中的材料是自身工作的情况，而不能像议论文那样引用古今中外的材料。总结的本体性，使总结能够真实反映自身工作的独特性和独创性，令人信服。

（三）总结的种类

总结的种类很多，根据不同的标准，可以划分为不同的类别。一是按内容分，可分为工作总结、学习总结、生产总结、活动总结、思想总结等。二是按范围分，可分为个人总结、科室总结、单位总结、部门总结、地区总结、全国总结等。三是按时间分，可分为月份总结，季度总结、年度总结等。四是按性质分，可分为全面总结和专题总结。

以上总结分类都是实际工作中常见的。但在实际工作中，经常使用的总结方式有全面总结、专题总结和个人总结。全面总结又称综合总结，是比较全面地总结一个单位、一个部门的各方面的工作情况。包括情况介绍、成绩和经验、缺点和教训、表扬和批评等方面。专题总结又叫经验总结，是对某一方面的工作经验进行的单项总结，内容比较集中、单一，针对性较强。个人总结是对个人在工作、学习和思想方面的情况进行分析，突出经验、教训和收获体会。

（四）总结的语言形式与写法

总结格式多样，写法比较灵活。作为公文的总结又具有较强的权威性和约束力，因此，总结写作必须遵循一定的格式，掌握写作的一些基本要求。

标题：标题的写作与总结的性质或要求有联系。全面性的总结一般采用公文式标题即“机关名称+时间+事由+文种”；专题性总结则较为灵活，可省略机关名称，时间甚至文种也省略了。如果总结是为了突出重点，常采用新闻式标题，正标题往往用来揭示总结的主题，而副标题则指明总结的内容、单位、时间等。

正文：正文的写作主要是指前言、主体和结尾的写作。

前言，又称导言、导语，它概括交代总结的基本内容，如时间、地点、背景、事件经过等，有的还对主要成绩和经验进行概括。要求紧扣中心、简洁精练、有吸引力，这样，读者在读总结之前就会对总结的全貌有一个大致的了解，也能够统领全篇，激发阅读的兴趣，从而引发积极思考。

主体，是正文的核心部分，主体一般要写明以下几个方面的问题。

1. 工作情况。即进行了哪些工作，采取了哪些措施、方法和步骤，有哪些效果，取得了什么成绩。

2. 经验和体会。即工作中哪些做法是成功的，取得成绩的主客观因素是什么。这部分是总结的重点，在全文中占主导地位，写作时要注意主次和详略，注意把感性的认识上升到理性认识的高度。

3. 问题和教训。即工作中遇到哪些问题，给工作带来哪些损失和影响，着重分析问题和教训存在及产生的主客观原因。当然，这部分内容可视总结的重点而取舍。如果是着重反映问题的总结，则应该把这一部分当成重点来写。

4. 今后的打算和努力方向。即针对工作中存在的问题，提出切实有效的改进措施，提出一些新的奋斗目标，以表示决心，展望前景，鼓舞斗志。这部分内容要比较简略。

结尾：要简明扼要、短小精练，给读者以恰到好处的感觉。

落款：总结的落款要注明机关名称和写作日期。机关总结的署名不放在落款处，而是写在标题中或标题下。有的总结随文发送，所以在总结中也可不署名。个人总结署名，一般放在正文的右下方。

（五）总结的语言要求

1. 重点突出，富有特色。每一项社会工作或活动都有自己的重点和特点。写总结时一定要避免事无巨细、面面俱到的毛病，要从实际出发，根据本次实践活动的目的、做法，确定中心，抓住重点；不要浮光掠影，泛泛而谈；不要堆砌材料，不加分析。要通过分析比较，找出和掌握本次实践的特点，赋予总结个性化的特征。这样的总结，才不是人云亦云、千篇一律的，才能给人以新鲜感。

2. 表达恰当，不尚空谈。总结的表达方式主要以说明、议论为主。说明和议论都要简明，不能铺张扬厉，浮文繁芜。对于总结的背景、做法、成绩、问题等，要进行说明，但这说明，是朴素实在的说明，一般不用文艺性的说明。对于一些经验、体会、教训等，要进行议论，但这议论，又不同于议论文的议论，一般是就事议理，论理不脱离实际，不放言高论，不发空论。为了增加生动性，个别地方，比如一些事例，也可以稍加具体叙述或描写，但仍以简明、朴实为原则，一般不用纯文学性的修辞方法及描写、抒情的表达方式。

3. 概括全面，简明朴实。总结不能以偏概全，夸大其词；不能张冠李戴，拼凑编造；也不能随意拔高，借题发挥。内容表达要准确，不能有差错，所用事实、事例、数据、评价、结论等，均应准确；综合性总结，内容多，篇幅长，因此，层次一定要分明，通篇一定要连贯，要使人看了，一目了然，使人听了，一清二楚。遣词造句也要准确，不能用含糊其辞、模棱两可的词语，诸如“大概”、“差不多”、“也许”、“可能”、“大体上”之类。总结的风格要朴实，力戒华丽的辞藻、过分的渲染、艰涩的语句、孤僻的典故。

二、调查报告

（一）调查报告的含义

调查报告是根据一定的目的对某一事件、情况、问题、经验进行深入调查，作出科学分析，得出正确结论，然后将研究结果写出来的书面报告。它的作用一是反映情况，总结经验，揭示问题，反映事件真相；二是为领导机关制定政策、措施提供依据。

系统周密的调查，客观深入的研究，准确完善的表达，是写好调查报告的三个环节。

（二）调查报告的特点

1. 针对性。有明确的目的性，是针对实际工作中的某些问题去调查写作。

调查报告是围绕一个时期党和国家的中心工作，根据客观实际需要，有针对性地撰写的，并且对某一件具体事项或具体问题作出回答。特别要及时回答群众关心和迫切要求回答和解决的各种问题，这就决定了调查报告要具有强烈的针对性。可以说，针对性是调查报告的灵魂。只有明确调查目的，针对性强，才能加深调查报告的指导意义和充分发挥它应有的作用，如国家计委《关于涉农价格收费及农民负担情况的调查报告》。

2. 真实性。事实是调查报告的基础和生命。用事实说话，事实必须准确无误。

调查报告是为解决实际问题撰写的，尊重客观事实，用事实说话，是调查报告赖以存在的基础。不论是反映情况调查、总结经验调查，或者揭露问题调查，都必须以充分、确凿的事实为依据，通过具体情况、数字、经验和问题等来说明问题，揭示规律。

调查报告应该从叙述的典型事实中提出观点，得出结论。绝对不允许运用夸张、虚构、想象、渲染等写作手段。如中央农村工作领导小组办公室《关于农村中小学收费问题的调查报告》就是一篇凭借事实说话的典范。

3. 典型性。选取有代表性的材料以点带面，给全局的工作提供借鉴，不能以偏概全。

社会各个领域中存在的社会现象、社会问题很多，但这些社会现象、社会问题不可能都成为我们的调查对象。我们的调查对象本身必须具有影响面广、能够代表某一领域的真实情况的特点，即本身应具有典型意义。因此，无论什么类型的调查报告都必须运用典型的事例、典型的材料去反映事物的本质，这样，才能起到以点带面的作用。如《不要让子孙后代埋怨我们——关于北京河流污染情况的调查》。

（三）调查报告的种类

一是反映情况的调查报告。及时反映现实社会中出现的新情况、新问题，目的是供上级机关或有关部门参考，作为贯彻政策、制定措施的依据。这种调查报告要综合基本情况，进行分析研究，提出明确的观点，使人们正确的认识情况或出现的问题，以采取切实可行的解决办法。如《关于农村中小学收费问题的调查报告》文中通过对河南、安徽、湖南、陕西等 4 省的 12 个县市、50 多所学校所进行的“农村中小学义务教育收费情况”的调查和分析，反映了地方政府、部门、教育系统、社会各方面收费不规范等情况，为教育部等有关领导机关采取相应的对策提供了参考和依据。

二是总结经验的调查报告。目的是为贯彻党的路线方针政策提供具体的经验和办法，因而具有普遍的指导意义。可以起到以点带面，推动全局的作用。这种调查报告着重介绍工作中的做法和体会，并从理论的高度强调它的启示性，以达到树立典型、推广经验、指导工作的目的。因此，写作时不能只介绍一般的工作过程和业务情况，而要从事物发展的过程中找出规律性的东西，加以阐发。

三是揭露问题的调查报告。揭露社会弊端和不良现象，以引起有关部门和整个社会的重视，引以为戒。这种调查报告多选取有代表性的违反党纪国法的行为、工作中的失误以及社会生活中的不良现象作为调查对象，用充分确凿的事实予以揭露，分析其产生的原因，指出其危害性，提出解决问题的办法，以引起有关方面的注意，达到吸取教训，改进工作、解决问题的目的。如《“父母官”缘何沦为阶下囚?》揭露的是领导干部的腐败问题。文中用充分确凿的事实历数了这些“父母官”在金钱面前落马的种种值得警戒的现象，剖析了产生腐败的主客观原因及现行管理体制的缺陷。明确提出其犯罪的根本原因是“世界观、人生观和价值观出了问题，是不讲学习、不讲政治、不讲正气的必然结果”。并进一步指出解决问题的途径和方法，从而达到引起各级干部的高度重视、引以为戒的目的。

（四）调查报告的语言形式与写法

标题：一般有三种形式：一是公文式标题，即由调查对象 + 调查内容 + 文种组成。如《关于大学生公德状况的调查研究》。二是文章式标题，如《“父母官”缘何沦为阶下囚?》。三是由正副标题组成。正题概括内容，揭示主题；副标题对正题进行补充说明。如《为改革开放创造良好的社会环境——苏州市加强精神文明建设情况调查》。

标题语言要求准确、简洁、新颖、有吸引力。

正文：前言，语言简明扼要，可简要交代调查目的、时间、地点、对象、范围和调查方法等。主体，主要写调查的事实情况，从中反映了（说明）什么，提出建议（决策）。语言要点面结合（概括又具体），材料既有广度，又有深度，除文字表达外，要充分利用数据、图表加以说明，结尾，归纳小结，点明主旨，提出希望、建议。

（五）调查报告的语言要求

1. 夹叙夹议，做到观点与材料的统一。调查报告不仅要报告调查所得的材料，而且要通过对材料的分析得出结论，因此，行文时多用夹叙夹议、叙议结合的表达方式。只叙不议，只是现象的罗列；只议不叙，是空论，没有说服力。叙议结合表现在观点和材料的关系上，就是观点和材料的结合和统一，做到材料说明观点，观点统率材料，观点从材料中来，不能油是油，水是水。必须注意避免：一是观点不明确；二是观点缺乏事实印证、说明；三是列举的事实不能说明观点。

表现形式上可先叙后议，也可先议后叙，也可夹叙夹议。议论时要言简意赅，文字上力求通俗形象。

2. 除文字表达外，要充分利用数据、图表加以说明。调查报告的语言虽然讲究辞章，但以准确平实、明白晓畅为本，在此基础上，力求生动。调查报告一般不用或较少使用比喻、夸张、含蓄等积极修辞方式，也不用华丽的辞藻，应当禁绝一切浮词虚言、空话、套话。调查报告属于实用修辞学的范畴，在语言运用上只要简明、准确、平实，使人读了十分明确就达到目的了。

3. 文风朴实，语言准确、简洁，不用抒情描写。例如，有一篇调查报告的开头："阳春三月，风和日丽。我们省商业学校企管班的 45 名同学从广州乘船，在 15 日凌晨到达肇庆。啊，肇庆，美丽的肇庆，南岳的胜地，多少个日日夜夜啊，同学们梦寐以求，要来领略你的风采，今天，如愿以偿了。但是，这次我们是要到农村——城郊、大湾、碌步三个区的食品站，进行为期一月的近两年来生猪收购情况的调查。因此，大家都把实习调查，学好专业放在首位。在实习老师的带领下，在到达肇庆市的当天，听完食品公司经理对情况的介绍后，下午就分头到三个区的调查点去了。"

用文艺语体，抒情又描写，如"阳春三月，风和日丽"，"啊，肇庆，美丽的肇庆，南岳的胜地，多少个日日夜夜啊，同学们梦寐以求，要来领略你的风采，今天，如愿以偿了。"这些不符合调查报告的要求。另外，调查报告的开头也不必交代事情的经过。

可修改为：我们省商业学校企管班的 45 名同学从广州乘船，于某月 15 日到达肇庆市的城郊、大湾、碌步三个区实习，对近两年来生猪收购情况作为期一个月的调查。

第四节　简报类公文

简报类公文是记录性公文。这类公文包括简报、快讯、情况通报、典型材料等。本节主要以简报为例，简介此类公文的语言特点。

一、简报

（一）简报的含义

简报，是党政机关、人民团体和企事业单位为汇报工作、反映情况、交流经验、沟通信息而编发的一种简短灵活的内部常用事务公文。常用的名称有"××

简报”、“××简讯”、“××动态”、“××参阅”、“××情况”、“××信息”、“送阅材料”、“内部参考”、“情况交流”、“工作通讯”等。这些只是叫法不同，实质都是简报。

简报既可以用于对上级报告工作和业务情况，便于上级了解下情，及时做出指示，指导工作；也可以用于平级与下级之间沟通情况，交流经验，便于开展与推动工作。是一种具有汇报性、交流性和指导性的简短、灵活的内部刊物。

（二）简报的特点

简报在反映情况、传达信息方面和新闻文体一样，要求真实、及时地反映新情况、新经验、新问题。

1. 简明性（简）。除综合性简报外，均为一事一报，字数以千字左右为宜。如内容很多，可分几期编发。行文平实，文字精练，只将“什么情况”、“怎么回事”写明即可。

2. 及时性（快）。报道迅速快捷，讲究时效性。要写得快，编得快，印得快，发得快。否则，时过境迁，就会失去简报的意义。

3. 新鲜性（新）。内容新鲜。要反映新情况、新经验、新问题、新动向。

4. 真实性（真）。所涉及的事物必须真实准确，经得起时间的检验。不能凭空想象和虚构。

（三）简报的种类

按其内容和写法划分为三种：一是工作简报。这类简报，主要是用于反映本系统、本部门日常工作或问题的经常性简报。它包含的内容较广，是一种长期编发的，可定期或不定期的简报。二是动态简报。反映单位动态。一般是为进行决策提供依据的，特点是迅速及时，简明扼要地反映新近发生的事情、情况。这类简报反应快，动态性、时效性强。三是会议简报。这是在某一会议召开期间，为反映会议动态而专门编发的简报。会议简报多是一个会议发一期，也有一个会议发多期的。后一种情况的会议简报，主要用来反映会议进展情况，与会人员讨论提出的重要问题、建议和批评意见，大会决议事项，会议上的重要报告和领导同志讲话的摘要等。往往具有连续性，即通过一期期的简报，将会议进程中的情况接连不断地反映出来。

（四）简报的语言形式与写法

按语：由简报的编发部门加写。是编者针对简报的某些内容所写的说明性或评论性的文字。是为引导读者理解所编发文章，了解编者意图而写的提示语。

要写得简明扼要，提纲挈领。位置在标题之上，写“编者按”、“按语”或“编者的话”。

按语一般有三类：

1. 说明性按语：主要交代简报文章的来源或说明编发意图。转发式简报大都采用说明性按语。如编者按：根据中央领导同志的意见，现将中国人民银行关于东南亚金融风暴的报告摘登如下，供各单位参阅。

2. 提示性按语：一般加在内容重要、篇幅较长的稿件前面，以帮助读者提纲挈领地抓住文章中心，领会精神。

3. 评价性按语：主要用来表明编者对简报文章内容的看法、态度，引导读者掌握政策，以便正确处理有关问题，做好有关工作。

标题：简报的标题，类似新闻标题，要求揭示主题，简短、准确、生动、醒目。

标题形式主要有两种。一是单行标题，如《重点项目资金的使用也不能吃“大锅饭”》。二是正副式标题。正标题揭示文章的思想意义，副标题写出事件和范围，副标题对正标题起补充说明作用，如《栽下梧桐树，引得凤凰来——××公司大力引进人才》。

正文：新闻报道式正文的写作，与消息的写法有相似之处，一般有开头、主体、结尾三部分组成。开头（导语）。简报的开头一般用一句话或一段话，总括全文的主题或主要事实，给读者一个总印象。主体。这是简报的主干，要用富有说服力的典型材料，把开头总括的内容具体化。结尾。结尾往往是一句话或几句话，或对全文做小结，或指出不足及存在的问题；或说明所介绍的新事物、新做法还不成熟，有待提高；或提出希望及今后的打算等。

（五）简报的语言要求

1. 真实贴切。简报的性质和作用决定了简报的内容必须绝对真实，真实是指所反映的问题，所用的事例，任何一个情节乃至每一个细节（时间、地点、人物、数字等）都要准确无误。运用的语言必须十分贴切。要坚持实事求是的作风，不能夸大，不能缩小，不能报喜不报忧，不能以偏概全，不能移花接木，不能添枝加叶，不能哗众取宠，不能凭主观愿望而进行所谓加工、粉饰，不能把事后所想写在事前或事中；而且对事物的分析解释，也应当是科学的、符合实际的。

2. 简明扼要。简报要简明扼要，绝不能搞得很长，否则就成了“通报”或“报告”了。一般来说，一份简报以千字为宜，最多不要超过两千字。这样，就要求选材要典型，内容要集中，一份简报一个主题。选取典型材料，内容要集中，就必须把事情摸透，揭示事物本质，抓住关键，要直陈其事，直述其理。否则便会隔靴搔痒，冗长臃肿，拖泥带水，使人厌倦。

3. 生动活泼。编写简报不是要板着脸说话，而是应该尽可能地生动活泼一些，使读者爱看，以获得深刻的印象。根据内容和行文的需要，简报语言的表达可比正式的公文更加清新活泼、生动形象，以增强可读性，要做到生动活泼，可以适当吸收一些群众中的精练、富有概括性、深刻、生动形象的语言，板着脸打官腔的说法，读者是不欢迎的。要使用新词汇、新语言表述新情况、新事物，但不可华而不实，过分使用修饰词以免哗众取宠，冲淡意图。

4. 质朴通俗。表达应通俗易懂，要用规范化的现代汉语，不要用文白夹杂的语言、生僻艰涩的词语以及佶屈聱牙的语句、方言土语，要符合中国人的思维规律和汉语习惯的表达方式。语言表达要精练。行文时要开门见山，直截了当，不说空话、套话、废话。语言简洁而具体，避免抽象笼统，少用抽象概括的词语表达具体问题。

第五节　会议类公文

会议类公文为专门会议所形成，主要体现会议的基本精神，包括开幕词、闭幕词、大会工作报告、讲话稿、会议记录等。本节主要以讲话稿为例，简介此类公文的语言特点。

一、讲话稿

（一）讲话稿的含义

讲话稿是在各种会议或集会等特定的公众场合上，为表达讲话者的见解、主张，交流思想，进行宣传或开展工作时所使用的文稿。不同的场合有内容不同的讲话稿。讲话稿的种类很多，依照不同的标准划分，可以有不同的类型。如礼仪性讲话稿、演说性讲话稿和工作性讲话稿等。

（二）讲话稿的特点

1. 思想性。讲话稿一定要有理论色彩和思想深度，要以先进的思想和理论为指导，阐述工作的意义，应联系实际，体现出政策水平和理论水平，不能玩文字游戏，进行空洞的说教。要用自己的思考和见识去分析问题和解决问题。只有这样，才能打动听众，令人信服。

2. 真实性。讲话历来是各级领导宣传主张、部署工作的有效手段，也是领导者确立自身权威的重要方式。领导讲话的目的是要贯彻上级的指示精神，对所管辖的工作提出指导性意见，让部属心悦诚服地执行部署。要达到这些目的，所讲的内容必须真实，因为，只有真实可信，部属才能在具体的行动中坚决执行领导的要求，从而确保工作的高质量和团体的高效益。

3. 可听性。讲话稿是讲话人面向听众宣讲，以讲话人的声音为媒介，以听众为对象，通过讲话者的“说”与听众的“听”来完成的。听众的接受环境与阅读书面文章的环境不同，其接受效果，很大程度上取决于听讲者被讲话者吸引的程度。讲话稿本身是否上口、入耳直接影响“听”的效果，讲话稿必须可说，才能可听，因而，适应口头表达需要的可听性是讲话稿的一个重要特征。

4. 号召性。讲话是一种面对面的交流方式，无论是布置工作的讲话稿，还是动员、总结的讲话稿，从某种程度上讲，都需要有一定的号召力和感染力，能使讲话者把思想、观点和感情传达给听众，并使听众在情感上产生共鸣，在理智上心悦诚服地接受，以发挥讲话的鼓舞、教育作用。

5. 临场性。讲话稿是写来供领导人讲的，它的效用要通过有声语言才能更好地体现，因而撰稿时要考虑到报告的临场效果，注意针对性。讲话稿的表达方式、结构形式、语言运用、文稿风格，都应注意到这种特殊效果。

（三）讲话稿的语言形式与写法

标题：标题的形式有两种。

单行标题，主要有两种形式。一是讲话人姓名（职务）+事由+文种，如《×××省长在全省经济工作会议上的讲话》；二是会议名称+文种，有的还在题前加上报告人姓名，如《胡锦涛在纪念辛亥革命100周年大会上的讲话》。

双行标题，即主标题+副标题。主标题一般用来概括讲话的主旨或主要内容，副标题则与简式标题的构成形式相同，如《努力工作　狠抓落实　推动我市对外开放全面发展——×××同志在市政府第四次全体（扩大）会议上的讲话》。

称谓：讲话稿是讲话者与听众面对面交流的讲话蓝本，因而，在正式发表讲话之前，需要称呼与会者，以示礼貌和引起注意。一般称呼是“各位代表”、“各位专家学者”、“同志们”、“朋友们”等。称谓一定要注意准确性、次第性和包容性。

正文：开头，讲话稿的开头要根据会议性质、讲话内容、讲话者的身份和听众来写作，一般地说，讲话稿的开头都要求开门见山、开篇点题。在写法上相对较为灵活，可用简洁的文字概述要讲的内容，说明讲话的缘由等，总的原则是要用精练的语言抓住听众，引起听众的注意。工作讲话稿的开头，通常要写明讲话的目的或者对某项工作进行简要回顾；在法定会议上的工作报告，还要说明受什么权力机构委托，作什么方面的报告；传达会议精神的讲话稿的开头一般开门见山写明传达什么会议、什么文件的精神，会议或文件的主要精神是什么，以便首先给听众建立一个总体印象；动员讲话稿的开头一般在开头说明情况，提出动员的中心议题。

主体，这是讲话稿的主要部分。是讲话内容的具体展开。这一部分，应该从多方面去阐明或证明讲话的主题。要根据会议的内容和发表讲话的目的，可以重点阐述如何领会上级文件或会议精神，通过分析形势和明确任务，提出搞好工作的几点意见，结合本单位具体实际，提出贯彻上级指示的要求；围绕会议的中心议题，结合自己分管的工作，谈几点看法。

讲话稿主体部分的安排要从突出主题、详略安排、层次与段落的划分等方面来考虑。首先，主题必须集中，一篇讲话稿只能有一个主题，主体部分必须是围绕这一个主题来铺陈展开，这样，才能使听众得到一个明了而深刻的印象。其次，要考虑到讲话口头表达的需要，结构上不要过于死板，要有一定的灵活性，要有张有弛，有起有伏，给听众以生动、新鲜的感觉，不能如流水账一般只是平铺直叙地往下说，因为这样容易使听众产生单调乏味的感觉，难以取得好的讲话效果。

结尾：讲话稿的结尾是全文的收束部分，要能够总括全文。为了使听众对讲话的全部内容有清晰、完整、深刻的印象，在讲话稿的结尾一般要把主要内容加以概括，作简要小结。结尾的形式灵活多样，既可以写口号、提希望，也可以发号召、提建议等。注意讲话稿的结语一定要简短、有力、耐人寻味，不能把开头说过的客套话在结尾处再说一遍，这样会令人生厌。

（四）讲话稿的语言要求

1. 具有针对性。讲话稿的语言一般要受到会议类型、会议气氛和听众文化素养，讲话者的身份、性格、气质等因素的制约。因此，语言要有针对性。

其一，要针对领导人，即讲话者。不同的领导者由于明显的个性差异，他们讲话的风格和特点也不尽相同。有的喜欢节奏明快，慷慨激昂，鼓动性强；有的喜欢旁征博引、条理清晰、逻辑性强；有的喜欢新词新语、诙谐风趣、启迪性强；有的喜欢朴实明白，深入浅出，通俗性强。有的领导讲话喜欢理论色彩浓一些，有的喜欢就事论事，有的喜欢详尽具体，有的喜欢简明扼要，有的喜欢把讲话稿写得很详细，讲话时以读稿为主，有的则喜欢把讲话稿写得简略一些，讲话时自由发挥空间大一些。因此，一定要针对不同的领导者去起草讲话稿，以便真正写出其独特的风格特点，以期符合领导要求。

其二，要针对听众，即听讲者。讲话稿是讲话者思想、观点、言论的载体，讲话的目的就是同与会者交流思想、宣传正确的认识，以赢得与会者的赞同。这就要求把握听讲者的思想状况、年龄状况、文化状况、心理愿望和要求等方面的情况。比如，离退休人员和在职人员的需求就不一样。要关注听话人最敏感的话题是什么，最迫切需要解决的问题是什么，最不感兴趣的是什么问题，最强烈的愿望是什么。摸清了这些情况，就能使写出的讲话稿具有较强的针对性，语言就能说到他们的心坎儿上。

其三，弄清不同种类的讲话稿在语言等方面的差异。讲话稿的种类不同，语气、内容、结构等方面也不尽相同。起草之前必须有一个清楚的认识。比如一年一度的政府工作报告是典型的工作报告，政府主要领导代表政府向人大代表报告一年来的工作和来年的工作打算。这个报告，从内容上讲要尽可能包含政府工作的各个方面、各个领域，不能遗漏，是述职式的，一般不讲认识和意义，只讲工作和效果；从语气上讲，是报告工作的语气，不是对下布置任务、安排工作；从格式上讲，比较固定，少有创新，大体可分两块，就是总结一年工作、报告下年度工作安排。工作部署性讲话是最常见的，这是一种上对下的关系，要把具体任务直接安排给部门，稿子中经常见到"要"、"必须"等字眼。这类稿子最重要的是要把道理讲清楚，把任务和措施讲到位，使听者思想上引起重视，工作上明确努力方向。致辞类讲话稿则要求语气热烈、感情充沛，格式活泼。宣传动员型、庆祝纪念型的讲话，基调都高亢轻松一些，多用激励、鼓动、号召性语言。祝贺性的讲话重点要求使用祝贺性的语言。总之，讲话稿的内容是诉诸听觉而不是视觉，要熟悉不同类型、不同层次讲话稿的语言特点，灵活生动的运用语言，力争起到教育人、感染人的作用。

2. 做到生动严密。讲话稿是讲给人听的，必须产生视听效果。不仅要使人听得清楚，而且要使人听得进去，听得有味。这就要求所写内容能够吸引人、说服人、感动人、鼓舞人。既要言之有理，逻辑严密，又要言之有情，形象生动，并使之有机地结合在一起。

要言之有理，逻辑结构必须做到严密有序。要脉络清晰，井然有序，递进发展，听众才会循序渐进、潜心投入地领会领导讲话的实质。要对讲话稿内容进行总体设计，怎样开头，如何结尾，哪些内容详写，哪些内容略写，都要精心构思，认真布局。

要言之有情，形象生动。讲话稿具有一定的规范性，语言有其特殊要求。但并不排斥比喻、描写和形象化。讲话稿要有丰富的情感，在心理上、情绪上与听众息息相通，能够引起听众感情上的共鸣，切忌书面语过多，干巴无味，使人听而生厌。要言之有情，形象生动，作者就应该在讲话稿中适当穿插一些富有感情色彩的词语，运用一些生动形象的比喻。这样不仅把抽象、枯燥的理论讲的生动形象深刻，而且给人一种艺术的享受。"言之无文，行而不远"写作者就是要给讲话稿以思想文采。用生动有趣、诙谐幽默的语言比板起面孔严肃地讲出自己的观点和看法更容易被听众所接受。有时作者可以在讲话稿中有意穿插和安排一点幽默资料和简短有趣的小故事，让听众在轻松愉快的气氛中领会领导讲话的内在精神。

3. 恰当选用词语和句式。讲话稿要求语言大众化、口语化，不可把大量的书面语照搬上讲稿，也不能过多使用文言，半文半白，以增强讲话稿的可接受性，提高其表达效果。词语要通用，词义浅显、朗朗上口，流畅自然。要求使用明确的语言，无论是摆观点，讲问题都必须清楚、明白、准确。不可使用生僻、冷涩的词句，要让人听得懂，不可故弄高深，词义晦涩，或咬文嚼字。语言要做到简洁明了，切忌啰唆，讲废话、重复话。句式上尽量使用单句、短句，读起来轻松，听起来明白。句子太长太复杂，缺乏节奏，读者吃力，听者费解。

中共××县委书记
在××县重点招商项目暨××工业园推介会上的讲话

尊敬的各位领导、各位来宾：

非常高兴与大家欢聚××，畅叙友情，共谋发展。今天的会议气氛热烈，发言踊跃，达到了预期的目的。在此，请让我再次代表××县委、县人大、县政府、县政协对各位领导、各位朋友的到来表示最热烈的欢迎，对各位认同××投资环境，融入××经济建设，共促××经济发展表示最衷心的感谢！

通过这次会议，让大家进一步加深了解了××的投资环境、××的独特优势，也进一步增进巩固了友谊，结识了一大批新朋友，借这个机会，我代表××县委、县人大、县政府、县政协以及百万××人民对已在或者准备到××投资兴业的社会各界庄重承诺：

我们将以最优的环境服务客商。县委、县政府将继续把招商引资工作当作建设全省经济强县的第一要务来抓，全面开放投资领域，拓宽外资利用渠道，精心推选招商项目，采取多种合作形式，确保各位朋友能从我们推出的丰盛“大餐”中找到理想的“佳肴”；同时，全面落实招商引资优惠政策和对引资中介人的奖励政策，实行项目全程委托代办，专人负责，限时办结。尤其欢迎大家广建良言，让我们认真改进工作中的不足，竭尽所能营造诚信、双赢的投资环境，切实把客商的事当作自己的事来做，真正打造诚信政府、务实政府，让客商高高兴兴投资，开开心心发财。

我们将以最佳的平台承接客商。××经济通过优势整合，初步构筑了以××工业园为中心，辐射周边16个乡镇的“园区+走廊”的工业发展平台，形成了六大产业集群，产业链延伸，辐射功能不断增强，从而成为承接东部沿海地区经济辐射和产业梯度转移的理想洼地。我们对于人驻××工业长廊，特别是××工业园区的高科技、高税利、低污染项目实行封闭管理，专班负责，而且在土地、水、电、气等方面实行政策优惠，最大限度地降低海内外投资者的经营成本。

我们将以最大的收益回报客商。秉着“你发财、我发展”的思想，我们全力实施“项目带动”战略，精心推出36个投资项目，广泛涉及工业制造、农产品加工、基础设施建设、商贸物流配送、旅游地产开发等领域，每一个项目均具有广阔的市场发展前景，丰厚的项目投资回报。投资××，特别是××工业园，已经成为众多客商投资兴业的明智抉择。

各位领导、各位朋友，今日××，承清泉之雄风，凝衡岳之灵气，抓住积极融入长三角的良机，借助“沪洽周”搭建的舞台，以崭新的姿态，全方位、多层次地迎纳境内外客商、朋友前来××考察、投资，××百万人民将与您携手同行，共同开创美好的前景。

最后，衷心祝愿大家事业发达，吉祥安康！

谢谢大家！

这是一篇社交礼仪型的讲话稿。其最突出的特色是紧紧扣住了文章的最终写作目的——招商引资，一切都从语境需要出发，从客商的角度说话，说客商想听的话、想知道的事，起到了良好的宣传推介效果。主体部分从宏观到具体，分别说出了客商能够获得投资回报的条件和具体的可投资项目，积极为实现招商引资的目的努力。语言形象生动，有情、有理、有文采。交际礼仪型的讲话稿尤其要求语言应该生动活泼，这篇文章则较好地做到了这一点。文中恰当地运用了比喻、排比等修辞方法，增加文章的文采和感染力；多用“我们”、“朋友”等称呼，拉近与听众的距离；口语与书面语相结合，多用短句、单句，易听易记，在形式上做到了生动活泼。

第十章　专用公文

第一节　概　　述

一、专用公文的含义

专用公文是专门用于处理专业性强、行业色彩浓的有关事务的公文。

专用公文的目的性和针对性很强，专用公文一经签发，便具有正式公文的效能，在一定范围内有着某种程度的约束力和法律作用。

专用公文的写作要切合实际，不能弄虚作假，不能脱离实际，不能与现行的国家法律、法规以及党和国家的方针政策相抵触。

二、专用公文的特点

（一）行业性

专用公文有行业范围。同设计、经营、生产的企业打交道，要使用合同、协议、意向书；到法院打官司，要使用起诉状、答辩状等。它们都是各自所属行业专用的，外行业并不使用。

当然，各行业虽自成系统，各有其社会功能，但各行各业各单位又都是社会成员，与社会的各方面都有广泛的联系，尤其是社会经济的发展、法制建设的不断完善，使社会各界越来越多地参与经济、法律等活动，这就要接触甚至使用经济公文、法律公文等专用工具。其中的一些专用公文是面向社会的，成为社会各界与这些行业打交道的工具。

（二）专用性

专用公文有其专有的使用范围和专业专用的特点。超出某一专业领域，该专业的专用公文就不适用于其他专业领域。比如经济公文中的经济活动分析报告，在其他专业领域、专业工作部门就不一定用得上。同样，买卖双方要明确相互间的权利和义务关系，就要签订买卖合同；原告要诉被告，要请人民法院受理诉讼，就要向人民法院递交起诉状。

（三）业务性

专用公文都有其特有的业务内容，其业务内容受行业、部门职能的制约。经济公文都有经济方面的内容；法律公文都有法律方面的内容；军事公文都有军事方面的内容；外交公文都有外交方面的内容。

三、专用公文的写作要求

（一）了解行业特点

专用公文有行业性，了解行业特点是专用公文写作的前提条件和基本要求。每一行业都有自己的工作范围、工作性质、工作任务、工作程序，有本行业的政策、法规、纪律、职业规范、职业道德，有本行业的上下级关系，有本行业通用的术语和专用名词。对这些不了解、不熟悉或知之不详，是很难写好某行业的专用公文的。

（二）熟悉业务内容

专用公文有业务性，熟悉某项工作的业务内容是专用公文写作的关键。专用公文都是为某项具体事务而写的，它必然涉及该项事务的具体业务内容。对具体业务内容越熟悉，专用公文就越能写好。反之，对具体业务内容不熟悉，就很难写好相关的专用公文。例如，对服装行情不了解，对其面料、做工、工艺等知之甚少，恐怕不可能签订好服装买卖合同。

（三）掌握专用格式

专用公文有专用格式，掌握专用格式是写作专用公文的起码要求。专用公文的专用格式有两种情况：一是由行业行政管理部门、业务指导部门颁布，供遵照使用的规范格式，如合同格式、起诉状格式等；二是约定俗成的习惯格式，其格式虽没有法的规定性，但大家习惯使用这种格式，已成为定式。写专用公文，有规范格式的，必须使用规范格式；没有规范格式的，按照习惯格式书写。格式有其确定性、稳定性、规定性，不可随意变更。

专用公文的种类很多。各行业、各部门都因自己特殊的工作需要而形成了各自的专用公文。专用公文因涉及各行各业，其分类并没有统一的标准，但多数是以行业划分，如经济公文、科技公文、教育公文、卫生公文、礼仪公文、军事公文、外事公文等，本章主要介绍经济公文、司法公文、礼仪公文、外事公文中部分文种的写法及语言特点。

第二节 经济公文

一、经济公文概述

（一）经济公文的含义

凡是以经济活动为主要内容，在经济活动中形成和发展的或是在经济活动中经常使用的，具有某些惯用格式的公文，就叫做经济公文。

经济公文是公文的一个分支，因此它具有公文的共性，如政策性、实用性和时效性、规定性和约束性等。另一方面，经济公文是以经济活动为主要内容的，它又有一定的个性，作用较为特殊。随着改革开放进一步深化，我国经济领域各部门之间，经济部门与其他部门之间的经济活动日益增多，经济公文的使用越来越广泛，在推动经济发展和促进社会生产、交换、分配、消费各个环节工作的良性循环方面，发挥着越来越重要的作用。

（二）经济公文的特点

与其他公文相比，经济类公文主要有以下特点：

1. 有很强的政策性。社会上一切经济组织所从事的经济活动，必须严格遵守国家的有关政策、法律、法规和规章制度。作为经济活动工具的公文，也必须符合国家的政策法规。

2. 有较强的专业性。经济类公文反映与经济有关的活动并在一定范围内使用，因此，它只要"内行"的人懂得就行了。因此，其专业特色就比较明显。

3. 内容有较强的定量性。经济活动往往用数字说明问题，因此经济类公文比一般公文更注重定量分析，常使用大量数据反映情况，说明问题。

（三）经济公文的种类

经济类公文的种类，主要有：

1. 报告类。用于总结或分析经济工作的现状或发展趋势。包括经济工作总结、市场调查报告、经济活动分析报告、财务预决算报告、审计报告等。

2. 方案类。用于为决策者提供决策依据。包括经济决策方案、可行性报告、市场预测报告、财经（商业）计划等。

3. 契约类。用于确定经济活动当事人双方的关系，彼此的权利与义务。如授权委托书、经济合同、合作意向书、协议书等。

4. 标书类。其主要功能是针对工程项目、专项经济活动发布有关招投标信息。如招标书、投标书等。

5. 宣传类。其主要功能是传播经济方面的信息，如经济新闻、产品说明书、广告等。

（四）经济公文的写作要求

1. 遵循经济方针和政策。经济公文写作是一项政策性较强的工作，因此，写作者一定要掌握党和政府的经济方针政策，要学习和懂得客观经济规律，了解生产、分配、交换、消费等环节的情况及其相互关系。

2. 采取实事求是的态度。不论是写市场预测报告，还是签订合同；不论是写审计报告，还是写经济活动分析报告，文种虽然不同，但都必须反映客观的经济情况，按照经济规律办事。不能玩弄文字，弄虚作假，否则就会造成假象，作出错误的分析和判断，给经营者造成经济损失。

3. 重视写作的格式。经济公文有其固定的写作格式，如合同、市场预测报告、经济活动报告等都有各自的写作格式。有的简化为条文式，有的采用表格式，写作中要做到眉目清楚，实用简便，节省时间，有利于提高工作效率。

4. 做到语言简洁，数据可靠。经济公文的写作文风应当朴实。用词造句力求做到明确简洁，不能模棱两可。写作中，常常需要用大量的数据反映问题，说明问题，便于领导了解情况进行分析判断，制定对策。因此，数据必须准确可靠，否则就会给工作带来麻烦，甚至造成严重损失。

本节主要介绍合同、协议书、意向书的写法及语言要求。

二、合同

（一）合同的含义

《中华人民共和国合同法》第一章第2条指出“合同是平等主体的自然人、法人、其他组织之间设立、变更、终止民事权利义务关系的协议。”

（二）合同的特点

概括起来讲，合同具有以下几个主要特点：

1. 合法性。一是合同的主体是具有平等民事权利的自然人、法人或其他组织；二是订立合同时必须遵守法律和行政法规，一切违反法规的合同，不受法律保护。

2. 公平性。一是合同的公平性首先表现在当事人的法律地位平等；二是双方采取自愿协商、自主的方式达成意向。任何一方不得把自己的意志强加给对方，任何单位和个人不得非法干预。

3. 约束性。合同的订立和履行，应是当事人受到法律保护和监督的合法行为，具有法律约束力，任何一方不履行合同，都要承担由此引起的法律后果。

（三）合同的语言形式与写法

标题：一份较完整的合同的标题，一般由“合同的种类 + 合同”组成，如“旅游合同”、“买卖合同”、“借款合同”、“技术合同”、“建设工程合同”等。

双方当事人名称：在标题下面，顶格写“立合同单位”或“立合同人”，然后并列写上双方当事人的单位全称或个人姓名。为了行文方便，在名称后用圆括号注明“以下简称甲方”、“以下简称乙方”，或“买方”、“卖方”，或“供方”、“需方”，注意不可写“我方”，“你方”，以免引起混乱和误解。

正文：正文部分一般包括两个方面的内容。一是双方签订合同的依据或目的（引言），常见的写法如“为了……，经双方协议，订立下列条款，以资共同恪守。”或“根据《中华人民共和国合同法》及有关政策规定，经双方协商同意签订本合同，以资共同恪守”。根据不同的合同内容，这部分在写法上可有适当变化。二是双方协议的内容（权利和义务）。合同的内容由当事人约定，一般包括：标的（指合同当事人双方权利和义务共同指向的对象）。如货物、劳务、工程项目、劳动成果等。数量和质量；价款或酬金；履行的期限、地点和方式；违约责任；解决争议的方法等。因为合同事项千差万别，所以根据当事人协商之后，还可以另加附则，如在什么特殊情况下不能履行合同的处理办法，还有补充办法“本合同未尽事宜，经双方商定均可补充，对于补充的条文与本合同具有同等效力”等。正文最后写明合同份数：如本合同一式四份，合同双方各执两份保存。

如有表格、图纸或其他附件，应在正文后面标注“附件”字样，然后使用序码以次写清附件的名称和份数。

（四）合同的语言要求

1. 语言表述要具体明确。合同条款应该明确具体，因为合同一经签订就具有法律的约束力，因此不能有半点疏漏，稍有差错就要承担经济责任乃至刑事责任。合同中，除了主要条款之外，各种不同类型的合同有各项不同的具体内容，订立时不能缺漏。

（1）写清数量和质量：数量是指标的的计量，是以数字和计量单位来衡量标的的尺度。如“由甲方向乙方订购食用猪油贰佰吨，按每吨叁仟伍佰元计算，甲方付给乙方货款共柒拾万元。”质量是标的在质的方面的规定，是标的内在素质和外观形态优劣的标志。如“要求个头均匀，每公斤5~6个，在苹果八成熟时采摘”。

（2）写清价款或酬金：是指取得对方的产品或劳务或智力成果所支付的代价。如每月工资500元。承包费用150万元，承包期15年。价款报酬要约定单价总价，单价总价分别约定，有时候像买卖合同大额的交易的时候，涉及不同品种的货物，每一品种的价格会不一样，要分别载明，不能只写这个合同的总价款。

（3）写清履行的期限、地点和方式：履行期限，指合同履行的时间界限。地点和方式，指当事人完成承担义务的地点和方式，这应根据当事人双方的约定而定。

期限，如交货的期限和付款的期限。

地点，即在什么地方履行各自承担的义务。如提货、送货、代办托运。

如产品买卖合同中，是一次交清还是分期交付。是由供方送货还是需方自提。如果代办托运，选何种运输工具，哪条线路，需不需要派人押运等都应写进合同。因为代办托运，是由供方办理由需方付款的，涉及运费。

涉及分期付款，分批交货的，一定要把每一次每一批的数量也写清楚，而且计量单位一定要明确。

如某鱼塘承包合同中，双方商定每年交承包金 10000 元，结果漏写“每年”，变成承包 15 年交承包金 10000 元，官司打了两年，法院以“中止履行合同了结”，承包方少付了两年的承包金。

合同条款越具体，越有利于合同的履行，一份购销合同明确到产品规格、产品质量、技术标准、包装要求、价款、运输方式、交货日期和地点、何种货币结算等。有“章”可循。

（4）写清违约责任、解决争议的方法：违约责任是对不按合同规定履行义务的制裁措施，这是维护合同双方合法权益的保证。

不履行合同应付违约金和赔偿金等责任。如供方逾期，需方中途退货等都应付违约金、赔偿金。货送错地方，要自付运杂费。

总之，合同中涉及的概念要精确，表述要清晰。反映标的、期限、地点、款项、数量、质量、方式、包装、验收等关键项所用概念的内涵、外延、要有十分明确的界定，并且语意要表述清楚，切忌含糊或歧义。

2. 使用专业术语。有关型号、质量标准、检测手段、工艺要求等应使用标准规范的术语。不可随意以任何语言加以表述，以免在执行中或发生分歧时无确切依据加以判定。

3. 用词准确无误。签订合同时，用词造句要准确无误，就是要“咬文嚼字”，字斟句酌，精心琢磨，把可能出现的争议、可能出现的偏差都要考虑周到，并在条款中加以明确。如某借贷合同中写明“×年×月×日还款”，结果期限到了，也还了，但没有如数归还，还了一部分，贷款人说是“还款”不是“还清款”。诸如此类的合同纠纷时有所闻。

再如，一份建筑合同的正文：“二、全部建筑费（包括材料、人工）叁拾万元。粮食局在订立合同后先交一部分建造费，其余在仓库建成后抓紧归还所欠部分。三、工期待乙方筹备就绪后立即开始，力争 3 月中旬开工，争取 11 月左右交货。”其中“订立合同后先交一部分建造费”；“其余部分在仓库建成后抓紧归还所欠部分”；“工期待乙方筹备就绪后立即开始，力争 3 月中旬开工，争取 11 月左右交货”等。文字表述不精确，将为日后带来不可避免的纠纷。

除了用词准确之外，标点符号的应用也应准确。

4. 书写要工整，字迹要清晰。不写潦草字，尽量不在合同上进行修改，如有修改，应在修改处另盖双方印章，以示认可；金额要大写，如果有总有分，至少总数应大写。如果用表格式合同，不需要的空格要划去，以示不必而不是缺漏；条款合同表示层次时，第一层用“一”或“第一条”，第二层用“（一）”，第三层用“1.”，第四层用“（1）”。

购销合同

立合同单位：烟台市肉类联合加工厂（以下简称甲方）

济南市食品公司（以下简称乙方）

为了繁荣市场，保证食用猪油供应，经双方协商，签订本合同，以资共同遵守。

一、由甲方向乙方订购食用猪油贰佰吨，按每吨叁仟伍佰元计算，甲方付给乙方货款共柒拾万元。

二、乙方于2009年4月、5月分4次在烟台火车站向甲方交付完所订购的食用猪油。

三、付款办法采取银行托收承付。甲方在验收第一批货物后5日内先付款50%，在验收全部货物后的5日内付清余下货款。

四、采用铁桶包装，铁桶回空，回空铁桶由甲方运至济南站，运杂费由乙方负担。货物发运后的铁路运费及卸车费由甲方负担。

五、质量标准。按食用油规格水分不超过1%为合格，不符合质量标准甲方拒收。

六、双方按规定日期交付货物或货款，逾期不履行合同的违约方按每天1%的尾款或货物折价款付对方违约金。

七、本合同一式四份，双方各执正副本各一份保存备查。

这是一份条款式合同，合同的内容周全、严密，条款规定具体明确，写清楚了购销的标的物、单价及总货款，货物支付的时间、方式和地点，结算付款方式和有关要求，包装方式和包装物处理的要求，质量标准，双方的违约责任和处罚方法，合同的执存方式。做到了平等互利，合理合法，执行起来可以避免不必要的纠纷和损失。

三、协议书

（一）协议书的含义

协议书是双方当事人就某一问题，通过洽谈、协商取得一致意见后而订立的一种具有经济或其他关系的契约。

协议书和合同没有本质的区别。在明确双方的权利和义务方面，要求完全一致；在保证双方实现各自目的的效能方面，两者同样具有法律效力；两者的书面格式和写法、要求也基本相同。

（二）协议书的种类

一是按涉及的经济活动对象分，可分为一般（或称国内）协议书、涉外协议书。

二是按内容分，可分为合作项目协议书、联合经营项目协议书、商品贸易协议书等。

三是按作用分，可分为意向式协议书，补充、修订式协议书和合同式协议书。

意向式协议书用于签订正式合同之前，对某问题或事项作出原则性的规定，起到意向作用，表明双方合作的诚意，为签订正式合同做准备。

补充、修订协议书用于正式合同之后，在执行合同的过程中，由于情况发生了变化，经过双方当事人协商同意，再签订一份协议书对已订合同做部分的补充或修订。

合同式协议书，有些协议书因已具备当事双方的权利义务的明确、具体的规定，所以这种协议书可以直接作为合同使用。

（三）协议书的语言形式与写法

标题：一般采用公文式标题形式。一是由“协作双方单位名称 + 事由 + 文种”构成，如《烟台大学与 × × 大学关于培养工商管理硕士研究生项目的协议》；二是由“事由 + 文种”构成，如《关于合作兴建北方 × × 游乐园协议书》；也可直接用文种作标题，如《协议书》。

有时为了正文的行文方便，有的协议书在标题之下写明协议各方单位的全称，并用圆括号注明甲乙方，有时还加上各单位的详细地址及电话号码。

正文：协议书的正文一般由前言、主体两部分构成。前言。主要概括说明合作双方签订协议书的目的、缘由或依据，之后，用“达成以下协议”、“签订如下协议”等句式转入下文。主体。这是协议书的核心内容部分，一般采用分条列项的方法，而且每一个项目还列出小标题，使之一目了然，不同种类的协议书，由于内容不同，在实际拟写时，可以根据具体情况来拟写条款。主体部分写当事人商定的内容，一般应包括：协议的项目内容、共同任务和标的、合作的方式、双方的权利和义务、在有关问题上的具体要求、违约责任、有效期限、协议份数及保存、其他需说明的事项等。主体部分通常采用条款式，如果需要，有些条款也可以用表格式表示。

这一部分的文字要明确、严密，不能笼统、含糊，不允许有产生歧义和误读的可能性。条款要具体，条款之间不能互相矛盾。

签署：签署包括合作双方的签名和签订日期两项内容。签名要写出合作各方的单位全称并标明甲乙方，并有订立协议双方单位代表签名，此外，还要加盖公章或按上指纹，写明订立协议的具体时间。签订日期要写全年、月、日。如果将签订日期写入正文内容中，此处可省略。

（四）协议书的语言要求

1. 明确严密。文字不能笼统、含糊，不允许有产生歧义和误读的可能性。条款要具体，条款之间不能互相矛盾。主体部分写当事人商定的内容，一般应包括：协议的项目内容、共同任务和标的、合作的方式、双方的权利和义务、在有关问题上的具体要求、违约责任、有效期限、协议份数及保存、其他需说明的事项等。

2. 突出重点。协议书是合作的各方进行洽谈磋商后签订的，有不同的类型，既有综合的，又有单项的；既有等同于合同的，又有作为合同的补充协议，或订于合同之前，或订于合同之后的。写作时，其内容不要面面俱到，只需写明双方已订的有关的基本问题和基本原则即可。

3. 简明扼要。协议书是法律公文，写作时必须要严肃审慎，反复斟酌推敲，语言表达要简洁、明确、周密、严谨，把握好分寸，绝不能草率从事。在协议书涉及时间的条款中，不能出现“马上”、“立即”、“前后”等模糊性用语。在数量条款上，应慎用“约”字。如必须使用，应明确规定“约”字是指正负比的多少。应特别留心有选择性的条款是否使用了选择性的词语，无选择余地的条款是否用了语义明确的祈使性或限定性词语。准确地使用“可”与“应”、“需”、“和”与“或”。

合作办学协议书

北京传媒大学（以下简称甲方）

北京嘉乐文化艺术培训学校（以下简称乙方）

为落实党中央、国务院“科教兴国”的国策，充分发掘和利用现有大学和社会力量两方面的办学资源，创建社会急需的有关专业，扩大招生规模，依据国家有关政策、法规的规定，甲方和乙方经过充分论证和友好协商，一致同意合作办学。

一、合作内容

以甲方新闻传播类专业的教育优势和乙方的影视艺术优势相结合，共同举办影视艺术类专业。目前拟办播音与主持、电视编导、影视化妆与造型三个专业，并列入2005年度招生计划。

二、双方责任

（一）甲方责任

1. 编制招生计划和录用学生。

2. 制定专业培养方案和教学计划，并按北京传媒大学的管理制度进行宏观管理。

3. 核发北京传媒大学毕业证书。

4. 提供基础课师资。

（二）乙方责任

1. 提供办学场所和教学设施、设备。

2. 提供专业课师资。

3. 对学生进行日常管理。

三、领导和管理

1. 甲、乙双方组建合作办学领导小组，负责协调和解决与办学有关的具体问题。

2. 乙方设置相应的管理机构，接受甲方本部的对口管理。

四、投资形式、经费来源及利益分配

1. 甲方以无形资产投入，乙方以固定资产投入。

2. 学生学杂费按艺术类专业的标准收取，作为办学的经常性收入。

3. 学费收入的30%划归甲方，作为管理成本；70%划归乙方，作为办学费用支出。

这份协议书的开头部分用简洁的一句话写明了立协议书的目的、根据和意义。主体部分采用分条列项的写法，将双方议定的事项一条一条列出来，主要写明所定协议的内容、双方的责任、领导与管理、投资形式、经费来源及利益分配等。条款具体、明确，文字表达准确、严密。

四、意向书

（一）意向书的含义

意向书是指在经济活动中，协作双方或多方就某一合作项目在进入实质性谈判之前，进行初步接触后形成的带有原则性、方向性意见的公文。

意向书是记载当事人各方合作意愿，作为进一步洽谈活动基础的凭证，它本身并不具备法律约束力。主要是表达双方当事人初次洽谈后彼此认可的若干原则性意见，或是提出以后洽谈的安排和设想。通常用作合同或协议书的先导。多用于对外科技协作与经济来往中。

意向书虽属于协议类公文，但它只是一种临时性的公文。一旦正式签订协议书或合同，它就完成了任务；意向书也不像协议书、合同那样具有法律效力，它对任何一方都没有约束力；意向书比较灵活，在协商过程中，对各方的意见可择善而从，最终达成协议，而协议书、合同一经签订，在一般情况下是不能随意更改的。

（二）意向书的语言形式与写法

标题：意向书的标题主要有三种形式：一是由“合作项目 + 文种”构成，如《关于合作经营华天大酒店的意向书》。二是由“合作单位 + 合作项目 + 文种”构成，如《上海市华茂公司、新加坡洪兴产业公司合作经营塑料品意向书》。三是由文种构成，直接写为《意向书》。

正文：意向书的正文内容没有固定的写法。有的写得详细一点；有的写得简略一点；有的甚至只写各方对某一事项合作的意愿，不写如何合作的具体问题。就大多数意向书来说，其正文一般由前言、主体、结尾三部分组成。前言，主要写明合作双方当事人的基本情况，其中包括洽谈双方单位的名称及合作项目，双方接触的简要情况，签订的目的依据等。单位名称写全称，后面用括号注明“以下简称甲方、乙方或丙方”。接着用承上启下的惯用语“双方就 × × 方面的有关事宜经初步磋商，达成意向如下”或“达成如下意向”或“现将有关意向归纳如下”等过渡句领启下文。主体，这部分是意向书写作的重点内容，一般写明双方或各方认可的事项，包括合作的项目、名称，合作的方式、程序，双方的义务等。多采用分条列项的条款形式。

主体部分各项条款之间的界限要清楚，内容要相对完整，既不能交叉叠述，也不要过于琐碎，更不能有所疏漏。写作时要求条理清楚，表意明确。

结尾，主要对合作双方提出实施意向、落实合作项目的要求和希望。一般以“未尽事宜，在正式签订合同或协议书时予以补充”作结语，以便留有余地。有的意向书没有结尾，主体写完，正文结束。

签署：即签署单位名称及时间。双方签署单位名称及代表人姓名，并加盖印章，其位置在正文下方的合适位置。日期写在各方名称下面。

（三）意向书的语言要求

1. 简洁明白。意向书主要是表明双方对某个项目的意愿和趋向，而不是对该项目的完全认可，因此正文涉及的内容应该只是规定双方合作的大体原则和方向，而不必像合同、协议书那样涉及全面事项和要求，只要把合作项目和双方应该做的几件主要事项逐条简明地写清即可。对项目中的关键问题的要求不宜写入，诸如双方作为投资的技术或设备的估价、产品内供外销的比例，不宜向对方透露，更不能在意向书内容中体现，以便在下一步洽谈中灵活机动，进退自如，占有主动的地位。

2. 平和概括，较多地使用留有余地、富有弹性的模糊语言。意向书的内容比较原则、概括，不像合同、协议书那样带有确定性、规定性，而是带有协商性的。因此，要多采用商量的语气，多使用富有弹性的词语，使内容具有灵活性，但同样要求语言表达准确、严密，不能产生歧义。如用“尽可能”、“适当”、

"可"、"尽早着手"、"提供适当的资金"、"具体实施之前"、"定期交换"等，这些语言的表达都具有模糊性和灵活性，为正式谈判，签订协议书留下余地。决不要随便使用"必须"、"应当"、"否则"之类的用语。

××市、××市内贸局促进两市商业企业经济联合意向书

为进一步加强和发展两市间的经济联合和商品交流，两市部分企业的代表进行了友好商谈，就下述问题取得了共识。

一、巩固和提高原有的横向联合组织和项目。这主要指"贸联会"、"经联会"、"六市轻纺产品销售中心"等，应扩大商品交流，加强相互往来，更好地促进两市日用工业品的生产和流通。

二、双方积极努力创造条件，在适当的时候，分别在对方城市举办日用工业品展销会。双方这一意向应及时向各自的市政府汇报，主动争取市政府和有关单位的支持和配合。

三、双方一致认为，在两市内贸局系统应建立横向联络网，互相邀请参加商品展销会、供货会，互设地方产品批发。两市内贸局将做好对口联络的协调服务工作，并力争促进一些对口公司今冬明春开展一些实质性工作。

这份意向书正文部分先概述签订意向书的目的意义和依据，接着分三条表明了双方的意向：巩固原有经济联合组织；分别在对方市举办产品展销会；建立横向联络网，搞好对口联络，促进流通。这与合同不同，意向事项原则、概括，无具体时间、数字的限制，仅表明双方意向。"更好"、"适当"、"主动争取"、"力争"、"有关单位"、"实质性工作"等模糊性语言的运用，使内容具有很大的灵活性。

第三节　司法公文

一、司法公文概述

（一）司法公文的含义

所谓司法公文，就是国家机关、人民团体、企事业单位和公民个人，在各类法律诉讼和其他法律关系中，依据一定的程序和惯例，所制作的具有法律效力或法律意义的公文。这些公文要合乎一定的格式要求和程序制度，确切而明晰地表现一定的法律事实及法律结果。

（二）司法公文的特点

1. 制作的合法性。首先，司法公文的制作与使用必须符合法律程序，什么

程序用什么公文是有明确要求的；其次，必须遵循法律实效规定；再次，制作、使用司法公文必须严格履行法律规定的手续。

2. 内容的合法性。司法公文应具备的项目不得缺漏，内容必须符合法律要求和有关政策的规定，叙写事实要举证证明，阐述理由要有法律根据，提出要求应合理合法，这样的司法公文才具有法律意义。

3. 格式的规范性。司法公文较之其他公务文书，在格式规范上要求更为严格。无论是诉讼还是非诉讼文书，结构程式是固定的，项目设计是要素化的，不得更动次序，更不容许随意增减。

（三）司法公文的写作要求

1. 必须严格遵循"以事实为依据，以法律为准绳"的原则，重证据，重调查研究；是非清楚，旗帜鲜明。叙述的事实，必须是经过认真审查核实以后认定的事实，不能人云亦云，道听途说，不能主观臆断、猜想揣度，也不能用"可能""也许""大概"之类的词。

2. 刑事案件的司法公文，必须分清罪与非罪界限。叙述犯罪事实必须是根据法律认定构成犯罪的事实，不能把一般思想认识问题、品质问题、缺点问题当作犯罪事实写在司法公文上。

3. 表意精确，解释单一。司法公文一部分是体现和贯彻国家法律的文字形式，一部分是当事人向国家执法机关提出的诉讼请求或某项法律要求的文书。因此，语言文字必须表意精确、解释单一，以免给理解和履行带来困难。

4. 文字精练，言简意赅。作为一种具有法律意义的公文或当事人向执法机关呈递的公文，语言必须精练简洁，不能事无巨细、冗长拉杂，但是必须说明的情况和事实、必须阐述的理由和法律依据，又不能讲得过于简略或粗疏，所以必须做到文意赅备。

5. 文风朴实，格调庄重。司法公文的语体风格属于公文语体。朴实无华、严谨庄重的风格是由其严肃的法律内容所决定的。

本节主要介绍了起诉状、上诉状、答辩状三个文种的写法及语言要求。

二、起诉状

（一）起诉状的含义

起诉状，俗称"状子"，它是公民、法人或其他组织，在其合法权益受到侵害或与他人发生争议时，为维护自身的权益，向人民法院提出诉讼，请求人民法院审理、裁决所制作的法律公文。

（二）起诉的条件

起诉只有具备了法定条件，法院才能受理。根据我国《民事诉讼法》第 108

条规定，合格的起诉必须符合以下条件：

1. 原告是与本案有直接利害关系的公民、法人和其他组织。

2. 有明确的被告。所谓明确的被告，是指原告认为侵犯了自己权益或与自己发生争议的公民、法人或者其他组织必须明确，不能泛泛而指。

3. 有具体的诉讼请求和事实、理由。即原告通过诉讼要求达到什么具体目的。

4. 属于人民法院受理的诉讼范围和受诉人民法院管辖。当事人向人民法院起诉，必须是人民法院管辖的纠纷。社会上的纠纷千千万万，解决的渠道很多，国家机关、社会组织都有分工。法院只管它应管的那些纠纷。起诉，应当向有管辖权的人民法院提出。民事案件，一般由被告住所地人民法院管辖。

以上四个条件缺一不可，不符合其中任何一个条件，起诉均不能成立。

（三）起诉状的种类

从案件的性质上看，起诉状可分为民事起诉状、刑事自诉状和行政起诉状三类。

一是民事起诉状，是民事原告在自己的民事权益受到侵害或与他人发生争执时，为维护自己的民事权益，依据事实和法律，向人民法院提起诉讼，要求依法裁判所提交的书面请求。如公民在产权、债务、赔偿、婚姻、家庭继承、赡养等问题上的纠纷等。

二是刑事自诉状，是刑事案件的自诉人（即原告、受害者）或他们的法定代理人，根据事实和法律直接向人民法院控告刑事被告人，要求追究其刑事责任，或者附带民事责任所递交的书面请求。

主要有告诉才处理的案件。这类案件在我国现行刑法中只有少数几种，如侮辱罪、诽谤罪、虐待罪和暴力干涉婚姻自由罪等。

被害人有证据证明的轻微刑事案件。主要指被害人已掌握有被告人犯罪的证据，而被告人被起诉指控的犯罪行为系可能被判处三年以下有期徒刑、拘役、管制或者单处罚金的刑事案件，如故意伤害案、非法侵入他人住宅案、侵犯通讯自由案、重婚案、遗弃案等。

三是行政起诉状，是公民、法人或其他组织，认为行政机关和行政工作人员的具体行政行为，侵犯了自己的合法权益时，向人民法院提起诉讼，要求法院审理、裁决。

（四）起诉状的语言形式与写法

首部：

1. 标题。第一行居中标明“刑事诉状”“行政起诉状”或“民事起诉状”。

2. 原告和被告的基本情况：包括姓名、性别、年龄、民族、籍贯、职业、工作单位、地址等情况。要先写原告，再写被告。如有数个原告、被告，应依他们在案件中的地位与作用，逐次说明其个人的基本情况。如果涉及外籍人员，须注明国籍。如果系法人或其他组织，应写明法人或其他组织的名称、住址、法人代表的姓名、职务。另外，原告有委托代理人的，写明代理人身份。

主部（正文）： 这是起诉状的主体，包括"诉讼请求"、"事实与理由"、"证据和证据来源、证人姓名和住址"三部分内容。

诉讼请求。这一部分应写明原告向法院告状的目的和要求。例如，请求法院判令对方"继续履行合同"，或"即时付清货款"等。

诉讼请求要写得简明扼要，直截了当，明确具体。如果有多项请求，应分条书写。

事实和理由。这一部分也是民事诉状的重要组成部分之一。应当写明：事实方面，原告必须在民事诉状中写清楚以下几点：（1）当事人之间纠纷的由来、发生、发展过程。（2）当事人之间争执的焦点和双方对民事权益争执的具体内容，与案件有直接关联的客观真实情况和实质性分歧。（3）分清责任。在叙述案情的基础上，应当恰当地说明被告应承担的责任和原告自己应负多少责任。

写这一部分内容应注意做到以下两点：

第一，实事求是，分清是非，客观写出事实的本来面貌。

第二，事实与诉讼请求相一致，不写流水账或与案情无关的事情。

理由方面，依据争执的事实和证据，同时依据有关法律条文，以论证其请求事项的合理性。通常理由的写作模式是"综上所述，根据《××法》第×条第×款规定，请求人民法院依法处理，以实现诉讼请求。"

证据方面。民事诉状在证据方面应当充分列述。

（1）列述和提交有关的书证、物证以及有关材料的来源。

（2）证人的证言内容以及证人的姓名、职业、住址等。

尾部： 主要内容是民事诉讼所提交的人民法院名称。正文写完后，另起一行空两格写"此致"，再起一行顶格写要送达的人民法院名称。

（五）起诉状的语言要求

1. 真实准确。人民法院审理案件的基本原则是"以事实为依据，以法律为准绳"。起诉状必须忠实于事实的本来面目，如实反映情况，实事求是地陈述案情，绝不能道听途说，推测揣度，片面夸大，歪曲伪造。所写材料都要经得起人民法院的审查，经得起被告人的反驳。同时还要对事实进行严格认真的分析，把握双方争执的焦点，突出事实的客观性和本来面貌。只有尊重事实，明辨是非，才有利于诉讼的顺利进行，最终达到诉讼的目的。

2. 明确具体。诉讼的请求事项要写得简明扼要，直截了当，明确具体，绝不能含糊其辞、笼统无序。如果有多项请求，应分条书写。如请求法院保护什么权益，赔偿多少损失，排除什么障碍等。要层次清晰、明确具体。例如，请求法院判令对方“偿还债务10000元”，或“原被告双方之间感情确已破裂，请求判决离婚”等。绝不能出现“全凭您给我们做主了，依法严惩，替我们出出这口气吧！”这样的诉讼请求，“替我们出出这口气”，到底该怎么个出气法，无具体明确说明。

3. 严谨条理。起诉状的结构安排要有层次，叙述事实要按照事情发生发展的逻辑顺序展开。要交代清楚当事人相互之间的关系，以便于确定各人应承担的责任。对案情比较复杂的，要抓住关键性情节，把最能反映案情特点的或引起纠纷争执的焦点突现出来。要客观地指出纠纷或犯罪已造成或可能造成的严重后果，并能引述有关法律条款，说明被告已经触犯法律，从而体现出自己请求的合理性与合法性。确定犯罪性质的法律依据、起诉根据的法律条款以及被告人的态度和提出的判处意见等要表述得有理有据，前后呼应，顺理成章，不可感情用事，随意取舍，前后矛盾。

4. 质朴庄重。诉讼公文在语言表达上有较高的要求：一是遣词造句要准确，特别是专门的法律术语，在有关法规上有固定的解释，在使用时要恰如其分。如“故意犯罪”与“过失犯罪”不同，“贪污”与“受贿”有别。二是表述要简洁。三是文风要质朴庄重，用书面语言，不用口语。语言要朴实，切忌故弄玄虚、卖弄辞藻、滥用文言虚词和成语，也不要掺杂无用的情感议论。

三、上诉状

（一）上诉状的含义

上诉状是指诉讼当事人，不服一审人民法院的裁定、判决，在规定的期限内向上一级人民法院提出上诉，请求撤销、变更原审判决或者请求重新审理的诉讼公文。

上诉人可以是一审程序中的原告人或被告人。当一方为上诉人时，另一方自然成为被上诉人。上诉应当递交上诉状。上诉状应当通过原审人民法院提出，对一审已经生效的判决和裁定及二审（终审）判决或裁定，不能提出上诉。

根据诉讼制度，上诉状可分为民事上诉状、刑事上诉状和行政上诉状。

（二）上诉状的作用

1. 上诉状是当事人维护自己合法权益的有力工具。上诉是法律赋予当事人的权利。当事人认为一审裁决不符合事实和法律，便可具状上诉，通过二审裁决主持公道，避免错判，维护自己的合法权益。

2. 上诉状是二审人民法院受理案件的依据。上诉状的作用主要在于引起二审程序的发生。上诉状是二审人民法院受理案件的依据。通过上诉状，二审法院得以了解上诉人不服一审裁判的理由和二审诉讼请求。这有利于二审法院全面了解案情，明辨是非，维护法律的公正与威严，保证审判的质量，减少冤、假、错案。

（三）上诉状的语言形式与写法

首部：

1. 标题。在第一行居中写“上诉状”或根据案情，写“民事上诉状”、“刑事上诉状”、“行政上诉状”等。

2. 当事人的身份状况：按照先上诉人、后被上诉人的顺序写，内容与起诉状一致。（包括姓名、性别、年龄、民族、职业、工作单位、住址等情况）。在“上诉人”和“被上诉人”之后，要用圆括号注明他们各自在原审中的诉讼地位，如“原审原告”、“原审被告”。

主部：主部是上诉状的中心内容。包括上诉案由、上诉请求和上诉理由三部分。

1. 上诉案由。这一部分主要写原审人民法院的名称、处理时间、案件的编号、案由和对第一审人民法院的判决和裁定不服。通常的写法是：“上诉人因××（案由）一案，不服××人民法院×年×月×日民初字第×号民事判决（或裁定），现提起上诉，上诉的请求和理由如下”。

2. 上诉请求。它是指针对第一审人民法院的裁判，向第二审人民法院提出撤销或者部分地变更原审判决或裁决的请求。这是上诉的目的所在，要写得明确、具体、完备。如有多项上诉请求，要使用序码，分项列述。

3. 上诉理由。这部分应根据事实和法律，针对原判决、裁定中的不当之处，以驳论的形式展开，写明上诉理由。这是上诉状的关键所在，可以从以下几个方面去考虑：

（1）对原判决或裁定认定事实有错误的，应提出正确的事实和证据，予以纠正或否定。

（2）对原判决或裁定在法律适用方面的错误，应提出自己的理由和适用的法律依据。

（3）对原判决或裁定在违反诉讼程序方面的错误，应具体指出是在哪个程序上发生了错误，并提出纠正的法律依据。

（4）对原判决或裁定在案件定性和处分尺度方面有错误的，应明确指出其定性不当、处分尺度不准的原因所在，表明应该如何定性，如何处分。

尾部：写完主部，另起一行空两格写“此致”，再另起一行顶格写所要递交或转送的人民法院名称。另起一行右下方，由上诉人签名或盖章；下面注明上诉的年、月、日。

如有附件，要按照对方当事人或者代表人的人数提出副本。

（四）上诉状的语言要求

1. 有的放矢，抓住关键问题。写上诉状时一定要写明哪些地方不服，为什么不服，首先要对一审判决书或裁定书进行仔细的研究，吃透内容，把存在的问题找出来，以便有的放矢地进行反驳。其次，要抓住关键性问题，不能眉毛胡子一把抓，不要在枝节问题上纠缠不休。也就是说，上诉状中提出的观点，要足以影响裁判，刑事案件要能影响定罪量刑，民事案件要能影响处理结果，这样上诉才有实际意义。

2. 简明扼要，注意逻辑性。上诉状理由的写作，辨别性很强。一般先摆不服的论点，可对一审判决和裁定进行综合归纳，概括成几点，然后集中反驳；或摆一点驳一点，不管哪种方法，都可以摘引原判决中的原话，要摆事实，讲道理，针锋相对，有的放矢，注意逻辑性，在反驳过程中同时阐明自己的观点和主张以达到上诉目的。

3. 明确具体，不要含糊其辞。并且理由要有针对性，主要针对一审裁判不当提出请求，而不是针对对方当事人（反诉除外）提要求。

例如：一份上诉状的正文是这样写的："我是被告人陈×的母亲，我儿子没有挪用公款不还，他只是为支付我的医药费才先借用一下单位保管在他手上的一些钱，他想着以后赚到了钱再填上去的，反正那些钱目前单位放着不会立即用掉。他并没有想着就不还了。他的确是有困难才走这一步的，因为他向其他人借过也借不到，难道他看着我病死吗？请法院查清楚，体谅他也是一片孝心，我们愿意卖掉房子把钱还给他单位。请判他无罪吧。"

这份上诉状除上诉人不符合法律规定的要求外，还有以下问题：一是没有写明不服一审判决的理由，让别人不明其所以然，不知针对哪一案件而提出上诉；二是上诉请求不具体。没有表明是要撤销原判，还是变更原判，只笼统地说"判他无罪"。上诉请求必须具体，态度鲜明、言简意赅。三是上诉理由不清。文中基本没有提出具体的理由，没有针对法院认定的事实而表示接受与否，也没有阐明法院适用的法律是否恰当、处理是否正确。而且写作内容过于感情化。上诉理由必须针对客观事实，有理有据、以理服人。

四、答辩状

（一）答辩状的含义

答辩状是指在诉讼活动中，被告或被上诉人收到人民法院送达的起诉状或上诉状副本后，针对其中的内容进行答复和辩解的诉讼公文。答辩状的目的就在于反驳对方不正确的、不合法的告状，以维护本人的合法权益。

答辩状的提出应在法定期限内。按照《民事诉讼法》第 113 条规定："人民法院应当在立案之日起 5 日内将起诉状副本发送被告，被告在收到副本之日起 15 日内提出答辩状。”

同法第 150 条规定：“原审人民法院收到上诉状，应当在 5 日内将上诉状副本送达对方当事人，对方当事人在收到之日起 15 日内提出答辩状。”在答辩状中，提出答辩的一方称为答辩人，另一方称为被答辩人。

根据审判的程序不同，答辩状有一审程序答辩状和二审程序答辩状两种。

前者指被告针对原告的起诉状而提出的答辩；后者指被上诉人针对上诉人的上诉状而提出的答辩。被告没有按时或不提出答辩状，不影响人民法院审理。

（二）答辩状的作用

1. 有利于维护被告人或被上诉人的合法权益。《民事诉讼法》第 12 条规定：“人民法院审理民事案件时，当事人有权进行辩论。”答辩是法律赋予被告人和被上诉人的诉讼权利。

2. 有助于法院兼听则明，客观公正地办案。通过起诉状、上诉状和相应的答辩状，法院得以多方面了解纠纷情况，了解当事人双方的不同意见和要求，收到“兼听则明”的效果，这便于全面查明案情，分清是非，从而作出合理、公正的判决。

（三）答辩状的特点

1. 具状人的特定性。只有一审的被告人和二审的被上诉人才可以在法定期限内使用答辩状进行诉讼活动，其他人不得使用答辩状。

2. 行文被动性。答辩状内容取决于起诉状和上诉状的内容，答辩人对起诉状和上诉状中的不实之词，违法上诉，无理要求进行针锋相对的答复和辩驳。

（四）答辩状的语言形式与写法

首部：

1. 标题。在第一行的中间写明“答辩状”或“民事答辩状”，“行政答辩状”，“刑事答辩状”等。

2. 答辩人的基本情况：包括姓名、性别、年龄、民族、籍贯、职业和住址等。如果是法人或其他组织，则写单位全称，法定代表人姓名、职务；有委托律师任代理人的，只写律师姓名和律师事务所名称。

应注意，答辩状的首部不写对方当事人的基本情况。

主部：

1. 答辩事由。写因何人起诉或上诉的何案件而提出答辩。通常的写法是：“因××一案，提出答辩如下”，也可写“法院用通知送交被告（或被上诉人）的诉状副本已经收到，现答辩如下”。

2. 答辩的内容。这是答辩状的核心和关键部分。对什么进行答辩，怎样答辩，要针对起诉状或上诉状提出的问题来确定，通常可以从以下两方面进行答辩：

（1）从事实方面进行答辩。针对对方起诉或上诉的事实和证据的不实，用符合客观真实的事实和证据进行辩解。

（2）从适用法律方面进行答辩。第一，对方引用法律错误；第二，对方对法律条文理解错误，以致提出不合法的要求；第三，原告起诉违背法律程序。

答辩时，应抓住起诉状、上诉状中的错误事实和引用法律上的错误作为反驳点，或指出对方所举事实不符合真相，或驳斥对方所举理由不能成立，或否定原告人的诉讼权，或反驳原告人的请求，证明其没有具备起诉所发生和进行的条件，依据事实和法律，批驳对方理由和要求的谬误性，论证自己行为的合法性和答辩理由的正确性。在阐明事实的基础上，正确引用法律条文来维护自身权益，是非常有效的答辩。

为使条理清楚，这一部分常常使用序码，一个问题一个问题地答复与辩驳。在阐明答辩理由后，答辩人应提出自己的意见和要求，请人民法院依法裁判。

尾部：包括致送机关“此致××××人民法院”、答辩人签字或盖章、答辩的年、月、日和附项“本答辩状副本×份，物证×件，书证×件”等内容。

如果是律师代书的，应在答辩人署名的下面注明××律师事务所××律师代书。

（五）答辩状的语言要求

1. 要有针对性。写答辩状的目的是驳倒对方，获得胜诉。为了驳倒对方，就必须抓住对方诉状中所陈述的事实错误，或适用法律上的错误。作为反驳的论点。如果撇开起诉状和上诉状，想到哪里说到哪里，不仅显得答辩无力，而且审判人员也难以抓住矛盾的焦点，不便于解决问题。

2. 要尊重事实。不能为了打赢官司便不顾事实，甚至昧着良心歪曲、捏造事实。这样答辩，看起来气势汹汹，但一经核实便陷于被动。写答辩状时，一定要尊重事实，按照所争执事实的本来面目，如实、客观、全面地答复诉状中的诉讼请求和理由。如实，就是要反映所争执事实的真实面貌和本质；客观，就是要说明自己所持有的反驳理由的客观凭据；全面，就是以争执的焦点为中心，全面地分析问题，特别是要认真研究诉状中所陈述的事实，哪些是正确的，哪些是错误的，错在哪里，凡是正确的，应予以承认，只有对不正确的才加以反驳。

3. 要抓住关键。写答辩状，要避免不分主次，眉毛胡子一把抓，赘述案情，面面俱到。要抓住争议的关键所在，找出足以使对方败诉的“破绽”，集中反驳。

4. 要简练文明。答辩状只要抓住要害，把问题陈述清楚就可以了，切忌节外生枝，说些与诉讼请求无关甚至与本案无关的内容。同时，答辩状语言的尖锐犀利，并不等于漫骂诋毁。不要使用侮辱、诽谤、人身攻击和丑化别人形象的言辞。这样不仅无助于问题的解决，反而会带来某些副作用。因为只有摆事实，讲道理，有理有节，才有巨大的说服力。

第四节　礼仪公文

一、礼仪公文概述

（一）礼仪公文的含义

礼仪公文是人们在工作、生活中进行文明的社会交往，密切人际关系的重要工具，是用来沟通信息、表达意愿、增进感情的实用性文体。在社会生活中，人们礼尚往来、交际应酬是不可缺少的。礼仪类公文就是在交际应酬中使用的公文。礼仪类公文种类繁多，内容丰富，涉及面广，并随着社会文明进步而不断发展。

（二）礼仪公文的特点

一是交际性。逢年过节、婚丧嫁娶，寿诞吉日、迎宾送客、赴约待客等，通过电函等各种礼仪公文表示关切、祝贺等情感，增进友谊，加强联系。

二是礼节性。在人际交往过程中，通过礼仪公文向他人表示尊敬、祝贺，或同情、哀悼等，能给人以亲切、愉快安慰的感受，同时，又根据不同的情况遵守的习俗表现相应的礼貌。

三是规范性。礼仪类公文种类繁多，但各有各的用途，而且有特定的格式和语言要求，使用时要特别注意，不能滥用。

四是情感性。礼仪公文的内容多半是反映社交活动及交流亲情友谊，笔触常带感情色彩。表达的情感性，是礼仪公文写作有别于其他文体写作的又一个特点；而情感的真挚性，具有感染力，则是衡量礼仪公文质量的一条重要标准。

（三）礼仪公文的写作要求

1. 讲究精巧。礼仪类公文一般篇幅简短，忌长篇大论。因此，写作要注意修辞，这是使其达到精美的基本途径之一。如在章法上要开门见山，层次分明，格式正确；在用语上要讲究遣词炼句；在句式上要富于变化；在表达方式上要注意区别对象，做到情真意切，朴实诚恳，礼仪待人；在技巧上注重对辞格的使用等。

2. 富于感情。礼仪类公文虽然不像私人书信那样，可以使个人感情任意驰骋，但它同样需要情感交流。例如，贺信要写得热情炽烈；慰问信要写得情真意切；批评信、建议信要做到晓之以理；公开信则要写得庄严郑重，富有气势。

3. 夹叙夹议。夹叙夹议是礼仪类公文的常用写法。在这些公文中，只叙事而不谈看法，往往使阅者只知其一，不明其二；反之，只发议论，不叙事实，也会使阅者莫名其妙。在夹叙夹议方法的运用上，可开头叙事，结尾发表议论；也可在开头说明看法、认识、观点，然后叙事，最后再总括议说；或者边叙边议。

本节主要介绍了邀请函、感谢信、慰问信（电）、贺信（电）、倡议书五个文种的写法及语言要求。

二、邀请函

（一）邀请函的含义

邀请函又称邀请信、邀请书。它是行政机关、企事业单位、社会团体或个人邀请有关单位、个人参加有关会议或活动所使用的一种礼仪性书信。它除了有请帖的作用外，还向被邀请者交代有关需要做的事情。

（二）邀请函的语言形式与写法

标题：邀请函的标题由两种语言形式：一是单独以文种名称组成，如“邀请函”、“邀请信”、“邀请书”等。二是由“事由 + 文种”构成，如《第八届现代应用文国际研讨会邀请函》、《关于出席亚太经济发展会议的邀请书》等。

称呼：在标题下的第二行，顶格写上被邀请人的姓名和称谓，如：××同志、××经理、“××先生”，以示尊重；或写单位名称。

正文：一般包括前言、事项、结尾三部分内容。前言简要写明活动的原因（目的）、时间、地点和邀请语（表示对被邀请者的感谢、期盼之情）。然后用过渡语“现将有关事项告知如下”引入事项部分。事项部分则要详细说明活动的内容，分项列出有关要求或注意事项。大项可分小项，每项交代一件事情。

结尾：要写礼节性的结束语或邀请语。如“敬请届时光临”、“敬请届时出席”、“欢迎莅临指导”等。如在前言中写了邀请语，结尾就不要再写。

（三）邀请函的语言要求

1. 清楚明确。邀请对方参加活动的缘由、内容、时间、地点要简明扼要地概括说明，不能含混不清，模棱两可。

2. 典雅得体。为了表达对邀请者的尊重，表明郑重的态度，邀请函在使用语言时一定要仔细推敲，再三斟酌，不能乱用任何词语。

3. 热情诚恳。从而使对方字里行间感到邀请者的诚意而愉快地接受邀请，切忌语气生硬。邀请函的内容与通知相似，但含有商量的口吻，所以用词一定要礼貌，不能用行政命令式的态度。

三、感谢信

（一）感谢信的含义

感谢信是对单位或个人给予的帮助、支持表示感谢的一种信函公文。

（二）感谢信的特点

1. 确指性。感谢信的对象是有明确指向的，是对帮助、支持过自己的单位或个人表达谢意，感谢的对象很明确。

2. 情感性。感谢信应表达出写信人由衷的感动和诚挚的谢意。

3. 事实性。以具体的事实作为感谢的理由。

（三）感谢信的种类

感谢信依据不同的标准，可以有不同的分类。一是根据感谢对象的不同，感谢信可以分为给单位的感谢信和给个人的感谢信两类。二是根据感谢信的发布形式的不同，可以分为张贴式感谢信和书信式感谢信两类。其中，张贴式感谢信除了可以公开张贴之外，还有登报、广播、网络等公开形式。

（四）感谢信的语言形式与写法

标题：感谢信标题的语言形式主要有三种：一是直接用“感谢信”；二是由感谢对象和文种组成，如“致×××的感谢信”；三是由感谢方、受谢方和文种组成，如“×××致×××的感谢信”。

称呼：另起一行顶格写要感谢的单位名称或个人姓名，个人姓名应加上“先生”、“女士”等适当的称呼，后加冒号。

正文：这一部分要写清楚对方在什么时间、什么地点、由于什么原因、做了什么好事、对自己或单位有什么支持和帮助、事情有什么好的结果和影响；从中表现了对方哪些好思想、好品德、好风格；最后表示自己或所在单位向对方学习的态度和决心。

结语：另起一行，空两格写表示敬意或祝愿的话。

（五）感谢信的语言要求

1. 事项真实准确。时间、地点、人物、事件一定要交代清楚。

2. 赞扬与评价恰如其分。语言中肯、平实，不可随意拔高，不可滥用溢美之词。如果过于堆砌客套，流于恭维，反倒给人以敷衍应酬之感。

3. 感激之情要充满真情。感谢信的话语不在多，而在于真情的表露。态度要诚恳，讲究礼貌，用语应符合双方的身份和社会交往的习惯。

4. 文字表述要简练朴实。篇幅不宜过长，字里行间洋溢着亲切友好之情。

第29届奥林匹克运动会组委会致广西的感谢信

广西壮族自治区党委，郭声琨书记，广西壮族自治区人民政府，马飚主席：

奥运圣火6月6日正式开始了在广西境内的传递。在党中央、国务院的正确领导下，自治区党委、政府精心组织、周密安排，确保了抗震救灾期间火炬在广西境内的顺利传递。从山水甲天下的桂林、自治区首府南宁到革命老区百色，奥运圣火传递贯穿广西全境，不仅见证了八桂大地的秀美风光和蓬勃生机，更见证了壮乡儿女对奥运的热情期盼和对灾区同胞的深切关爱。值此奥运火炬广西传递圆满完成之际，谨向你们并通过你们向广西各族人民表示衷心的感谢并致以崇高的敬意！

奥运火炬将带着广西人民对灾区人民的关爱继续传递下去。我们坚信，在党中央、国务院的正确领导下，在全国人民的共同努力下，我们一定能够夺取抗震救灾斗争的全面胜利，一定能够圆满完成奥运筹办的各项任务，办一届"有特色、高水平"的奥运会。

最后，祝广西壮族自治区经济发展、社会进步、人民幸福！

第29届奥林匹克运动会组织委员会

二〇〇八年六月八日

广西是奥运火炬在我国境内传递以来经过的第一个少数民族地区，也是奥运火炬首次踏上中国西部的土地。尤应指出的是，2008年5月12日汶川地震也波及广西，但奥运火炬在广西的传递圆满结束。为此，第29届奥运会组委会特致电感谢。感谢信事实清晰，用语贴切，既申明了感谢的原因，也表达了热切的情谊，语言朴实简练，感情真挚，有极强的感染力。

四、慰问信（电）

（一）慰问信（电）的含义

慰问信（电）是以组织或个人的名义向在某方面作出特殊贡献或遇到意外损失、遭到巨大灾难的集体或个人表示慰劳、问候、关心或鼓励的一种信函公文。

（二）慰问信（电）的特点

1. 公开性。慰问信通常采用公开发布的形式来表达对对方的关切之情。

2. 情感性。情感的沟通是支撑慰问信的基础。通过慰问，达成双方情感的交流和理解，使对方在精神上得到慰藉与鼓励。

（三）慰问信（电）的种类

一是成绩慰问。向为国家与集体作出贡献的组织与个人表示慰问与祝贺。

二是灾难慰问。向在自然灾害中遇到重大损失的单位和人员表示安慰与鼓励。

三是节日慰问。在传统节日向有关组织或人员表示问候与祝愿。

（四）慰问信的语言形式与写法

标题：由单位名称、慰问对象、文种组成，也可由慰问对象、文种构成，如"×××致×××的慰问信"；或只写"慰问信"三个字作为标题。

称呼：顶格写被慰问单位名称或个人姓名。

正文：这部分主要写明慰问的背景和原因；叙述赞扬被慰问者的先进事迹或鼓励受灾受难者；表示慰问、学习、愿望和决心。

结尾：表示祝愿或慰问、鼓舞之情。

（五）慰问信的语言要求

1. 针对性强。应根据不同的慰问对象，确定内容和重点，选用恰当的勉励慰问用语。

2. 表达方式灵活。慰问信（电）的主题是向对方表示慰问。可适当运用抒情的表达方式，切忌用公式化、概念化的词语，也不宜套用刻板的规范公文语言。

3. 用语富有感情色彩。慰问信，感情要真挚，语气诚恳真切，要落在实处，落在对方心坎上。应以高度的政治热情，赞颂关怀或慰勉对方，使人受到宽慰、激励或鼓舞。

例如："5·12"汶川特大地震灾害发生后，山东省委、省政府在端午节到来之际向奋斗在救灾前线的山东人民发出慰问信，全文如下：

慰 问 信

山东援川前线全体同志：

中华民族的传统节日端午节到了。在此，我们代表全省人民，向战斗在支援四川抗震救灾前线的同志们表示崇高的敬意和亲切的慰问！

"5·12"四川大地震发生以后，我省各条战线的同志们，积极响应党中央、国务院的号召，带着山东人民对灾区人民的深情厚谊，立即奔赴四川灾区，全力支援灾区人民的抗震救灾斗争。在抗震救灾第一线，你们不畏艰险，连续作战，全力抢救废墟下的生命，救治受伤人员，解救被困群众，开展援建工作，涌现出许多可歌可泣的感人事迹。在你们身上体现出来的坚韧不拔、奋力拼搏、团结协作、共克时艰的精神，充分体现了新时期山东人民的精神风貌，全省人民为你们而自豪。

当前，抗震救灾任务依然十分艰巨。希望你们坚决贯彻党中央、国务院的要求，科学组织，精心安排，攻坚克难，锐意进取，和灾区人民同甘共苦，坚决打好抗震救灾这场硬仗。完成党和人民交给的光荣任务。省委、省政府和全省人民作为你们的坚强后盾，将继续把支援灾区作为当前最重要最紧迫的任务，全力以赴提供人力、财力、物力保障，同时扎实做好当前经济社会发展和各项工作，为夺取抗震救灾的全面胜利作出更大贡献！

祝你们工作顺利，平安健康！

中共山东省委

山东省人民政府

2008 年×月×日

这是一篇典型的节日期间的表彰性慰问信。本文条理清晰，层次分明，语言亲切、质朴，富有感召力，简练的文字深深地道出了山东人民新时期的精神风貌和不怕困难、不畏艰险的可贵品质。

五、贺信（电）

（一）贺信的含义

贺信是指行政机关、企事业单位、社会团体或个人向其他集体单位或个人表示祝贺的一种信函公文。

（二）贺信的特点

1. 祝贺性。贺信是对对方取得成绩、成就的祝贺。

2. 信电性。贺信的写作采用信函或电文的结构方式。

（三）贺信的种类

按性质范围分，贺信可以分为三类：重大成就贺信、重大会议贺信、重要任职贺信。

按行文方向分，贺信可以分为四类：上级机关对下级单位的贺信、下级单位对上级机关的贺信、平级单位之间的贺信、以个人名义对某单位或个人的贺信。

（四）贺信的语言形式与写法

标题：贺信的标题通常就写文种，在第一行正中书写“贺信”二字。也可以在“贺信”前写上谁给谁的贺信。

称呼：顶格写明被祝贺单位或个人的名称或姓名。写给个人的，要在姓名后加上适当的称呼，如“同志”、“先生”、“女士”等，称呼之后用冒号。

正文：贺信的正文要交代清楚以下几项内容。

1. 结合当前的形势状况，说明对方取得成绩的大背景，或者某个重要会议召开的历史条件。

2. 概括说明对方在哪些方面取得了成绩，分析其成功的主观、客观原因。这一部分是贺信的重点，一定要交代清楚祝贺的原因。

3. 表示热烈的祝贺。要写出自己祝贺的心情，由衷地表达自己真诚的慰问和祝福。要写一些鼓励的话，提出希望和共同理想。

结尾：写祝愿的话，如“此致敬礼”、“祝取得更大成就”、“祝您健康长寿”等。

（五）贺信的语言要求

1. 事由要明确，颂扬、赞美之词要恰如其分，评价要客观中肯，不要故意拔高。否则，过分赞誉，会使对方不安，往往还会失去祝贺的意义。

2. 措辞要充满热情、喜悦、鼓励、希望、褒扬之意，使人感到温暖、愉快，能够受到启发和教育，给人以积极向上的力量。

3. 表述简练概括，感情真挚、浓烈，给人以鼓舞。

中共中央、国务院致第29届奥林匹克运动会中国体育代表团的贺信

中国体育代表团：

在举世瞩目的第29届奥林匹克运动会上，中国体育健儿肩负祖国和人民的殷切期望，怀着为国争光的强烈信念，顽强拼搏，奋勇争先，取得了51枚金牌、21枚银牌、28枚铜牌的优异成绩，位居金牌榜第1位，创造了中国体育代表团参加奥运会以来的最好成绩，实现了重大历史性突破，书写了中国体育事业发展的新篇章，为把北京奥运会办成一届有特色、高水平的奥运会作出了重大贡献。祖国和人民为你们自豪！党中央、国务院向为祖国和人民赢得巨大荣耀的中国体育代表团，致以热烈的祝贺，表示亲切的慰问！

在北京奥运会赛场内外，中国体育健儿大力弘扬中华体育精神和奥林匹克精神，以坚定的意志品质、精湛的运动技艺、良好的文明礼仪，取得了运动成绩和精神文明双丰收，实现了你们出征前许下的为人生添彩、为奥运增辉、为民族争气、为祖国争光的誓言，向世界展现了中华儿女积极进取、昂扬向上的蓬勃朝气，展现了中华民族自强不息、团结奋斗、和平进步的精神风貌。你们同世界各国各地区体育健儿交流技艺、提高水平、增进友谊，为促进世界各国各地区人民的相互了解和友谊作出了新的贡献。你们用自己的实际行动，极大激发了全国各族人民的爱国热情和拼搏精神，给正在积极推进改革开放和社会主义现代化建设的全国各族人民以巨大鼓舞，为国际奥林匹克事业作出了突出贡献。

希望你们发扬优良传统，认真总结经验，戒骄戒躁，再接再厉，不断为祖国和人民赢得更大荣耀，为推动我国体育事业向前发展，为弘扬奥林匹克精神和促进国际奥林匹克运动，为夺取全面建设小康社会新胜利、开创中国特色社会主义事业新局面再立新功！

中共中央

国务院

二〇〇八年八月二十四日

贺信首先祝贺中国体育代表团取得的巨大成就，接着说明这一成就的意义，最后提出希望“认真总结经验，戒骄戒躁，再接再厉，不断为祖国和人民赢得更大荣耀。”全文语言流畅，热情洋溢，给读者以极大的鼓舞。

六、倡议书

（一）倡议书的含义

倡议书是以集体、组织或个人的名义向社会或有关方面公开提出某种建议，倡导共同完成某项任务或开展某项有意义活动的一种公文。

（二）倡议书的特点

1. 群众性。倡议书不是对某个人、某一集体或某一单位而言的，它往往面向广大群众，或对一个部门的所有人，或对一个地区的所有人，甚至向全国发出，所以广泛的群众性是倡议书的根本特征。

2. 鼓动性。发出倡议的目的在于调动广大群众的积极性，使之齐心协力，为实现共同的任务和目标而共同奋斗。倡议书本身没有行政约束力，只能依靠真情实感打动人心。这就需要倡议的内容本身具有较强的鼓动性和感染力来吸引群众的参与。

3. 公开性。倡议书是一种广而告之的书信。它要让广大人民群众知道和了解倡议的内容，从而激起更多的人响应，以期在最大的范围内引起共鸣，因此，它通常由广播电台、电视台播发，也可以在报刊上登载或通过网络传播。

（三）倡议书的种类

从作者角度分，倡议书分为个人倡议书和集体倡议书两种。

从传播角度分，倡议书有传单式倡议书、张贴式倡议书、广播式倡议书和登载式倡议书。

（四）倡议书的语言形式与写法

倡议书一般由标题、称呼、正文、结尾、签署五部分组成。

标题：倡议书标题主要有三种写法：一是概括倡议内容或明确倡议对象，如《节约用水倡议书》、《致烟台市民的倡议书》等；二是由发出倡议的机关单位名称、事由和文种组成，如《教育部、中国文字改革委员会等十五单位关于大家都来说普通话的倡议书》；三是由文种单独组成，即在第一行正中用较大的字体写“倡议书”三个字。

称呼：倡议书的称呼可依据倡议的对象而选用适当的称呼，如“广大青少年朋友们”、“社区全体住户”等。有的倡议书也可不用称呼，而在正文中指出。

正文：倡议书的正文通常由引言、主体和结尾三部分构成。引言部分通常应当写明发出倡议的背景、原因、意义和所要达到的目的，使人们了解行文的缘由和必要性，明确行动的方向和目标。用语要简明扼要，高度概括，切忌离题过远。主体部分要翔实地写明倡议的具体内容和要求做到的具体事项。这部分的要求是具体、实在，一般是分条列项写或分段写，这样可以做到清晰明确，一目了然，也便于倡议对象理解和付诸行动。结尾部分表示倡议者的决心和希望，或者写出某种建议。倡议书一般不在结尾写表示敬意或祝愿的话。

签署：在右下方写倡议者单位、集体名称或个人姓名，署上发倡议的日期。

（五）倡议书的语言要求

1. 具体明确，富有感染力和宣传性。倡议书的发出旨在引起广泛的响应，只有交待清楚倡议活动的原因，以及当时的背景事实，并申明发布倡议的目的，人们才会理解和信服，才会自觉地行动。这些因素交待不清就会使人觉得莫名其妙，难以响应。倡议的内容一定要具体化。开展什么样的活动、要做哪些事情、具体要求是什么、它的价值和意义都有哪些均需一一写明，语言要具体、明确、清楚，不能笼统化。

2. 简明扼要，富有号召力和鼓动性。倡议书对接受者而言没有任何强制性和约束力，完全靠其自觉的意识和行动。因此，倡议书的语言必须做到简练明快，能够对接受者产生一种强烈的鼓动性和号召力，激发他们以满腔的热情积极投身到所倡议的活动中去，实现倡议的目标。

致烟台市民的倡议书

市民朋友们：

今年是毛泽东等老一辈无产阶级革命家号召“向雷锋同志学习”49 周年。为进一步推动“学雷锋　树新风　讲文明　做好人”活动的深入开展，引导全市广大市民投身我市精神文明建设，巩固和深化文明城市建设成果，做出新的更大的贡献，我们向全市人民发出倡议：

学习雷锋精神，传递榜样力量——争做雷锋精神的传承者。“无私奉献和全心全意为人民服务”的雷锋精神，不仅是中华民族的传统美德，也是顺应时代发展，推进社会文明、构建和谐社会的重要力量。我们要以能够参加学习雷锋精神的活动而自豪，踊跃加入到学习雷锋精神的行列，让雷锋精神的旗帜飘扬在烟台的各个角落，使雷锋精神在新时期，新的历史背景下得到更好的继承和发展。

学习雷锋精神，倡导文明新风——争做雷锋精神的引领者。向雷锋同志学习，奉献社会，倡导文明，积极做先进文化的传播者和实践者，大力弘扬“人人为我，我为人人”的良好风尚，自觉地把“无私奉献和全心全意为人民服务”的雷锋精神与“奉献他人、提升自己”的志愿精神结合起来，使雷锋精神不断融入新时代的内容，让更多的人加入到我们队伍中来，用我们的真诚和爱心塑造美好的烟台形象，构建和谐烟台！

学习雷锋精神，践行志愿理念——争做雷锋精神的践行者。向雷锋同志学习，从我做起，从小事做起，积极投身志愿服务活动，让一切需要关爱和帮助的人们感受到我们的爱心和社会的温暖！积极参与以青春助力等为主题的志愿服务行动，深入社区、深入农村、深入家庭，广泛开展生活照料、医疗保健、心理咨询、法律援助等形式多样的志愿服务活动。在实践中我们用我们的热情展示志愿者良好的道德素质和精神风貌，在服务中去体会志愿者的光荣，享受志愿服务的快乐！

“一花独放不是春，百花齐放春满园。”让我们积极行动起来，大力弘扬雷锋精神和志愿精神，从我做起，从小事做起，从现在做起，用我们的青春和智慧，把文明和进步奉献给社会；用我们的真诚和友爱，为需要帮助的人们送去欢笑和希望；让我们携手同行，为率先基本实现现代化的宏伟目标而努力奋斗！

2012 年 3 月 2 日

本篇倡议书主要有三个层次组成。第一层简要交代了倡议的背景和目的，接下来是倡议的具体内容，也是行文的重点和核心，分三个段落运用排比句式分别写了“学习雷锋精神，传递榜样力量——争做雷锋精神的传承者”；“学习雷锋精神，倡导文明新风——争做雷锋精神的引领者”；“学习雷锋精神，践行志愿理念——争做雷锋精神的践行者”作为学习的具体目标。最后一段是在前文的基础上，进一步发出倡议，用语诚挚恳切，坚定有力，具有强大的感召力。

第五节　外事公文

外事公文亦称涉外公文。它是一国政府、外事机构在国际政治、军事、经济贸易、科技文化、法律宗教等实践活动中，发布和贯彻执行国家的对外政策、执行法律，叙述事实，申述立场、观点，表明态度，交涉问题，传递信息，建立友谊与合作，通知事务，通告情况时使用的公文。外事公文一般具有固定的书写格式，明确的外交功能，文字要求简明、准确、庄重。撰写外事公文必须在国家有关法律法规指导下，贯彻执行国家的外交政策、方针，同时熟知国际惯例，准确把握、灵活运用外事公文的文种和规范写法，使外事公文具有高度的思想性、政策性、适用性。

外事公文大致包括外交声明、条约、公约、协定、照会、国书、宣言、公报、备忘录、议定书、谈话、换文、全权证书、介绍书、批准书等。本节主要介绍外交声明、条约、照会、备忘录的写法及语言特点。

一、外交声明

（一）外交声明的含义

外交声明，是指国家、政府及有关部门、政党或其领导人对某些有国际影响的事件、问题公开表明态度、看法，或是在公布某项重要决定时加以说明所形成的正式文件。

两国或两国以上的“联合声明”，其内容往往包含着有关国家相互权利和义务的协议，具有接受国际监督、相互制约，共同信守履行之作用。声明大都发表在报刊上，公开宣布性是声明的重要特点。

（二）外交声明的语言形式与写法

外交声明的写作格式，除发言人声明和谈话、口头声明等稍有变化外，大致是相同的。

1. **标题**。一般有两种写法：一是由发布声明者名称、文种组成。如《亚太经合组织领导人反恐声明》；二是由发布声明名称、事由、文种组成。如《中华人民共和国外交部关于美国国务院“人权报告”的声明》。

2. **正文**。开头一般先阐明发布声明的缘由、目的和意义，然后直接叙述声明的主要内容，包括所交涉的某些重大问题以及对这些问题所持的意见和态度，有时在正文的最后还要点明发布声明对本宣言所寄希望。

3. **落款**。包括发布声明的国家、党政或其领导人的签名以及发布的时间和地点。

（三）外交声明的语言要求

1. 旗帜鲜明，义正词严。外交声明是用来阐述本国或若干国家集体的立场、原则、主张，维护本国或若干国家集体利益不受损害的文字工具，因此，在表明态度、主张时，论点一定要鲜明，提倡什么，反对什么，要写得具体明确，做到旗帜鲜明，切忌含糊其辞、模棱两可或软弱无力。在文风上要体现出义正词严的特点。写法上一般在开头先对声明的对象进行引述，说明发表声明的原因和背景，进而做出评价，指出矛盾并剖析问题实质，最后表明态度，申明主张。论据要具体、得力，切忌空洞笼统。

2. 语言精确，讲究策略。不论是宣布主张、行动的声明还是申明立场、观点的声明，都要做到篇幅短、内容精，以增强其可受性。因此要使用精确的语言。精确的语言，不仅概括性强，而且准确简洁，既节省文字又信息量大。另外，为维护本国的神圣主权及其利益不被损害而发表的宣言、声明，语言上应当注意既要旗帜鲜明，又要讲究策略，做到“有理、有利、有节”。有的话可以尖锐地表达，有的话则可以婉转地陈述。

亚太经合组织领导人反恐声明

（2001年10月21日）

1. 领导人一致强烈谴责2001年9月11日在美国发生的恐怖袭击事件，对每位死难者和死难者家属、美国政府和人民深表同情和慰问。

2. 领导人认为，这种屠戮生命的行径和其他一切形式的恐怖行为，不论发生在何时、何地，针对何人，由谁所为，都严重威胁着所有人民、所有信仰，以及所有国家的和平、繁荣和安全。恐怖主义对亚太经合组织倡导的自由、开放和繁荣的目标，对亚太经合组织成员信奉的价值观，也构成直接挑战。

3. 领导人重申，对各成员此刻尤为重要的是加快实现《茂物宣言》所确定的贸易、投资自由化目标。

4. 领导人认为，必须全面加强各层次、综合性的国际反恐合作，重申联合国应在此方面发挥主导作用。领导人特别强调联合国有关决议的重要性。

5. 领导人承诺，恪守《联合国宪章》和其他国际法，防止、制止一切形式的恐怖活动，迅速、有效执行安理会第1368和1373号决议，支持一切旨在加强国际反恐机制的努力，呼吁加强合作将凶手绳之以法，呼吁尽快签署并批准包括《禁止资助恐怖主义的国际公约》在内所有国际反恐公约。

6. 领导人决心根据各自具体情况加强反恐合作，包括：

——采取适当金融措施，防止恐怖主义的资金流动，加快亚太经合组织反金融犯罪财长工作组的工作，并更多地参与相关国际机制的活动。

——各成员国应执行国际海、空运输的相关安全要求。交通部长们应积极讨论保障机场、航空器和港口安全的有效措施，力争尽早取得实际成效，确保全面落实与合作。

——通过“亚太经合组织能源安全倡议”机制，加强地区能源安全，研究本地区能源供应面临的短期问题和长远挑战的应对之策。

——加强亚太经合组织在关键领域的保护工作，诸如电信、交通、卫生和能源等。

——加强海关联系网络，加快发展一体化的电子通关网络，以便既减少对贸易流动的影响，又更有效地执法。

——合作建立人员流动电子记录系统，以加强边境安全，增加合法旅行人员的行动便利。

——加强各成员的能力建设和经济技术合作，以协助每一成员能确定和实施有效的反恐措施。

——共同努力减少袭击事件造成经济下降的影响，采取措施加大经济增长，确保贸易、投资、旅行和旅游有一个稳定的环境，以恢复本地区经济信心。

7. 领导人承诺进行全面工作，加快经济与金融部门的相互沟通，确保经济与市场不受国际恐怖主义的干扰。

这是一份向全世界范围宣布的针对当前世界恐怖活动猖獗，必须加强反恐合作的声明。全文由7条组成，第1~5条是向发生在美国“9·11”事件中的死难者和死难者家属及美国政府及人民表示同情和慰问；申明与会国领导人对反恐的基本观点、原则和承诺。第6条是加强反恐合作的8项具体措施。第7条是领导人承诺进行全面工作，确保经济与市场不受国际恐怖主义的干扰。全文由基本观点与具体措施、要求两大方面组成。观点鲜明、层次清楚，用语准确简明，刚劲有力是这份声明的突出特点。

二、条约

（一）条约的含义

条约，是指两个或两个以上国家签订的有关政治、军事、经济、文化等方面的权利和义务的公文。一般适用于比较重大的政治、经济、法律等问题的协议，往往须由缔约国最高国家权力机关批准，并互换批准书后才能生效。

按缔约国家多少可以分为双边条约如《中华人民共和国和柬埔寨王国领事条约》（2010年2月25日）、多边条约《上海合作组织成员国长期睦邻友好合作条约》（2007年8月16日）；按内容性质可分为友好条约、同盟条约、互不侵犯条约、通商航海条约等。

（二）条约的语言形式与写法

1. 约首。包括契约的名称、双方立约人、时间、地点等。外事契约要标出立约者的国家和名称。

2. 立约的目的和原因。从约首以下开始，写明立约者的国家、机构或姓名，然后简要写明原因和目的。

3. 正文。分条列项地表明协议实质性条款。

4. 约尾。通常要写条约的份数，用什么文字写成。有的还要写仲裁条款、签字内容。

（三）条约的语言要求

1. 条款逻辑严密。条约，是对缔约双方的特定行为具有约束力的文件，它以条款排列的形式写成。一份条约中的条与条之间，彼此既不是孤立无关的，也不是交错重叠的。它首先应当是按照逻辑的顺序依次排列，可以由总到分，由远到近，也可以由一般到个别、由特殊到普遍，还可以采取与以上截然相反的方向进行序列安排，但是，不能忽而这，忽而那，破坏条与条之间的正常序列。其次，各条之间的内涵与外延要避免重合，保持相对的独立性，不能你中有我、我中含你。最后，条与款之间要确系种属关系，条是若干款的收束与集中。否则，一份条约的条与条、条与款之间相互搅绕在一起，既不便于掌握，更难于执行。

2. 措辞无懈可击。外交条约的起草，的的确确要做到字斟句酌，对每一字、每一词、每一句话、每一概念、每一提法都应当是反复进行推敲，要在同义字、词、句及相似的诸多概念、提法中选择最能准确表达其义的东西，切不可粗心大意。因为外交条约的内容都是事关国家、事关民族的大事，万不可掉以轻心。要严防出现歧义，特别是有关国与国之间重大关系问题的条约，一旦出现歧义，会导致国家之间的无谓争端。因此，在起草条约过程中，对存在两种以上理解的语句绝对不可使用，以防后患。

三、照会

（一）照会的含义

照会是国家和国家在互相对应的外交部及其派出的外交代表机关、外交代表之间的相互往来中，进行交涉时用于表明自己的立场、态度或通知事项等国际交往中使用频率较高的一种外交公文。

（二）照会的特点

1. 用途的告知性。照会的写作，不论是正式照会，还是普通照会，都是把某项重大事情告知对方。因此对所涉及的问题、表明的立场、所持的态度等一切都要说清楚，使对方一看便知。

2. 语言的庄重性。无论是正式照会还是普通照会，都是代表国家表明某种立场、观点、态度的，因此一定要庄重严肃，义正词严、语气坚决。

3. 格式的固定性。照会，实际上是国家之间的一种通信式的外交文体，所以，它的外在形式同一般的信函没有什么区别，在写作格式上可以参照一般信函。当然，正式照会与普通照会的格式是不一样的，选用文种时，一定要谨慎，切不可用错。

（三）照会的种类

照会分正式照会和普通照会两种。

正式照会由国家元首、政府首脑、外交部长、大使、代办、临时代办等人签名发出，并用第一人称写成。一般不盖机关印章。发送正式照会意味着其中所叙问题有着重要意义，一般都有承担某种义务的性质。

普通照会由外交机关（外交部）或外交代表机关发出，行文用第三人称，加盖机关印章，一般不签字。普通照会在外交活动中使用广泛，一般篇幅短小。

除此之外，还有集体照会，亦称“同文照会”，它是几个国家的代表就某一事件奉命表示共同意见而送交另一国政府的照会。

（四）照会的语言形式与写法

在长期交往中，国际通行的照会格式基本固定，一般有标题、照头、正文、照尾四部分组成。

1. 标题。一般由四个方面内容组成：一是发出照会的单位名称，二是照会事项，三是接受照会单位名称，四是文种，其结构模式为：“××就……问题给（致）×××的照会”。也可采用“就……问题××向×××致照会”的模式。

2. 照头。主要写受照人的称呼、尊称、职衔、姓名或受照机关的名称，有的在照头前加写受照人国名或首都名。照头要在第一行顶格排列，如果排不下，可将职衔单列一行，不加标点，而把姓名称呼另排一行。

3. 正文。即照会的具体内容，一般先叙述事件的主要情况，后表明立场、观点和态度，再提出要求或告诫。

有较固定的客套用语，一般以“我荣幸地”开头，如“我荣幸地通知”、“我荣幸地收到”，或“××国外交部向××国外交部致意”，若是吊唁之类的则用“我沉痛地获悉”、“我十分悲痛地获悉”。

4. 照尾。包括正文之后的致敬语和落款文字。正式照会一般以“顺致敬意”之类的客套语来结尾；落款有：发照人姓名、签署或盖章，发照时间和地点。

（五）照会的语言要求

1. 行文坚持国家平等原则。照会的行文关系是平行的，双方不分大小、强弱和社会制度的不同，也没有领导和被领导、上级和下级的关系。因此照会不能打官腔，要使对方看后有实在感、礼仪感，体现出我国外交的风范。在参照对方来照的习惯用法的同时，要积极推行我国照会的基本起草方式。

2. 格式和人称严格规范。照会的格式和人称有着较严格的规定，如外长和外交代表使用正式照会，而不要用普通照会的格式，人称要与文书格式相适应。正式照会是以签署人的口气，用第一人称写成，一般不用“我们”一词；普通照会一般以单位名义，用第三人称写成，称对方亦用第三人称，不可用“贵方”或“贵馆”等措辞，而是重提受照机关的名称。

另外，签署者与受文者要相对应，即人对人、单位对单位。如：正式照会是人对人，普通照会是单位对单位；个人对个人的照会讲究身份对等，如元首对元首，总理对总理；外长对外长。但也有特殊情况，如大使作为国家的全权代表可对外长、总理、元首，而代办一般只对外长。

3. 措辞准确精练。照会行文要有很强的逻辑性，语言的修饰附加成分较多，以利于把道理讲得周严细密，无懈可击。尤其是正式照会，所叙述的问题，意义重大，具有承担义务和权利的性质，写起来更应慎重从事。照会的中心内容，即接洽和交涉的事项必须交代清楚，要写得简明扼要，庄重严肃。一般不隐晦、不采用曲笔，文字严谨准确精练，敬语要合乎习惯。

4. 讲究敬语运用。照会应讲究礼仪，注重敬语的使用，以促进国与国友好关系的发展。敬语的使用不能草率从事，随意处置，因为敬语本身就表示一种态度、一种感情色彩。如正文多采用“贵”、“请”、“望”等敬辞。结尾处用“顺致敬意”、“顺致崇高的敬意”、“顺致最崇高的敬意”。三者所表达的意思和感情是有区别的，使用时要注意与双方的身份、关系和场合相适应。致代办处的公文一般用“顺致敬意”或“顺致崇高的敬意”；给外交部和大使馆的公文则一般用“顺致最崇高的敬意”。

美利坚合众国驻华大使馆：

中华人民共和国外交部向美利坚合众国驻华大使馆致意，并谨通知如下：

中华人民共和国政府对1979年7月7日在北京签订的《中华人民共和国和美利坚合众国贸易关系协定》已完成了必要的法律手续。根据协定第十条第一款的规定，该协定应自美方完成必要的法律手续并通知中方之日起生效。

顺致最崇高的敬意

中华人民共和国外交部（印）

1980年2月1日于北京

这是一份普通照会，写法采用书信体。正文按惯例用一个礼节性句子开头，紧接着“并谨通知如下”，礼貌地转入正题。第二段用一个严密的长句，说明我方对在什么时间、什么地点签订的什么协定，已完成了什么手续。紧接一句推断，根据什么规定，对方应做些什么事情。两句话写清了这份照会的主要内容。第三段又按惯例用一句敬语作结。

本文内容单一，语言表达完整、精确。该用的词语决不省略，应合并的语句也决不分割。如“必要的法律手续”，“必要的”三字不能省，省去了可能横生枝节，法律手续没完没了。而协定生效的两个条件“美方完成必要的法律手续”和“通知中方之日”，则合并在一个句子内，既科学完整，又显出这两个条件联系之紧密，让对方有紧迫感，不致拖延。

四、备忘录

（一）备忘录的含义

备忘录是政府或者外交部门及其派出的外交机关、外交代表与外国或者国际组织之间用于陈述问题的事实经过、立场、观点和法律等方面的细节，来明确外交会谈的内容和补充意见，是外交公文的一种。

（二）备忘录的特点

1. 内容纪实。无论是哪种用途的备忘录，它们的内容都带有纪实性。所谓备忘录就是记述事实，以备遗忘，供事后查对之用。

2. 写法灵活。备忘录的写法，不像照会、公报、声明这类外交文体那样固定，其写法是多样的、灵活的。可以是条款式的，也可以是辩驳式的，像论文一样以说明论证见长。

3. 作用备忘。备忘录作为照会、函件、声明或其他文件的附件，常常用于“备忘”提醒。有时用它来阐明对某一问题的立场、态度，也仅仅是因为照会过于郑重。

（三）备忘录的分类

按送交方式可分为：

1. 面交备忘录。多用第三人称，可将谈话内容事先写好，待谈话完后交给对方，或向对方当面宣读之后再交给对方。

2. 送交备忘录。第一人称、第三人称均可，可直接向对方发文，也可对来文进行答复。一般应对等行文，即如对方来文用备忘录，复文也应用备忘录。

按其用途可分为：

1. 说明性备忘录。主要用于对某一具体问题的详细说明和据此提出的论点和辩驳。

2. 纪要性备忘录。主要用于外交会谈时，把其主要内容记录下来，是会谈的粗线条纪要。比协定、协议粗略，也没有协定、协议那样郑重。

3. 抗议性备忘录。主要用于提出对对方某一行径的抗议。

（四）备忘录的语言形式与写法

备忘录的格式大体说来，由标题、正文和落款三部分组成。

1. 标题。一般由发出备忘录单位 + 事由 + 文种组成。如《中华人民共和国外交部和菲律宾共和国外交部关于加强合作的谅解备忘录》（2011 年 8 月 31 日），也可直接写“备忘录”。

2. 正文。这部分要根据具体情况，或采用分条列款式来写；或采用说明陈述式去写。一般情况下，开头要写清楚签署备忘录的缘由、目的，接下来再写备忘录的具体内容，有的在结尾还要写上此备忘录的生效期、份数及文本等。

3. 落款。包括签署备忘录人的职务、姓名、签字或盖章，签署的时间和地点。

（五）备忘录的语言要求

1. 措辞严密准确。撰写备忘录时，要注意事实的具体性和表述的清晰性，内容必须忠于事实，不能随意添加、变换角度或断章取义，只能取舍，概括、提炼原来的实际内容。行文一定要严谨，用词要准确、简洁而周详，防止对方发生曲解。比如《中英关于香港问题联合声明》的备忘录，是一篇比较典型的说明性备忘录，即就声明中所涉及的问题，进一步表明自己的观点、态度和立场，而一些概念的外延和内涵都有相当的确定性、政策性，法规性，所以行文不能含糊，用词要严密准确，逐字逐句地推敲。

2. 写法灵活多样。备忘录的写法比较灵活，可长可短，因事而异。各类备忘录在写作上有着不同的要求，所以要根据具体情况，选择使用哪种写作方式，然后再根据约定俗成的写作模式加以撰写，如果是告知性的备忘录，事情比较简单，行文则简洁明了，如果是申述观点类的说明性备忘录，则要有着明确的表述和某些细节的说明。总之，备忘录的写法灵活，这是备忘录的一个重要特征。

3. 形式简单明了。备忘录和其他外交文书在写作上不完全一样，总的说来比较简单。如面交备忘录，无客套语、致敬语，不编号、不写抬头，开头就叙述事实，文末也不签署、不盖章；送交的则要编号，写抬头、要盖章。有的标上“备忘录”三字。

主要参考文献

[1] 柳新华，李忠朋．党政机关公文写作［M］．经济科学出版社，2010.

[2] 袁晖，郭其智．公文语言学纲要［M］．陕西人民教育出版社，1998.

[3] 杨霞．公文写作规范与例文解析［M］．北京大学出版社，2009.

[4] 李清民，刘雁冰．应用写作教程［M］．山东人民出版社，2008.

[5] 岳海翔．公文写作规范与要领［M］．中央文献出版社，2006.

[6] 张保忠，岳海翔．党政公文写作格式与技巧［M］．广东经济出版社，2002.

[7] 张保忠，岳海翔．公文写作规范指南［M］．广东经济出版社，2006.

[8] 闵庚尧．公文写作教程［M］．北京师范大学出版社，1986.

[9] 陆雅慧．公文写作［M］．北京师范大学出版社，2007.

[10] 顾兴义，彭康．新编应用写作教程［M］．北京理工大学出版社，2009.

[11] 张宇．机关公文病误注析［M］．中国档案出版社，2004.

[12] 吴欢章．秘书写作［M］．上海文化出版社，2007.

[13] 张耀辉．实用写作［M］．北京大学出版社，2004.

[14] 顾兴义．应用语体学［M］．华南理工大学出版社，2000.

[15] 李忠朋．公文语体标记词研究刍议［C］．经济科学出版社，2012.

[16] 刘鸣洋．公文句式运用浅析［C］．经济科学出版社，2012.

[17] 唐立宝．公文语言修辞问题探析［D］．首都师范大学硕士学位论文，2008.

[18] 吴颖．从语法、修辞层面谈公文语言中的不规范现象［J］．秘书之友，2011.

[19] 申晓伟．行政公文中的修辞研究［D］．湖南师范大学硕士学位论文，2007.

[20] 李美仙，陈晓琳．十七大报告修辞格运用艺术浅析［J］．广西职业技术学院学报，2008.

[21] 裴显生，王殿松．应用写作［M］．高等教育出版社，2005.

［22］刘雨樵．公文语言［M］．中国档案出版社，1986.
［23］王怀志．党政军机关公文语言［M］．西安大学出版社，1992.
［24］黄章恺．现代汉语常用句式［M］．北京教育出版社，1987..
［25］邢福义．汉语复句研究［M］．商务印书馆，2001.
［26］张旺熹．汉语特殊句法的语义研究［M］．北京语言大学出版社，1999.
［27］何小庭．旅游应用文写作［M］．旅游教育出版社，2003.
［28］张志华．公文写作教程［M］．中南大学出版社，2004.
［29］李保初，徐秋英．公文写作学［M］．中国广播电视出版社，2003.
［30］吴竞寸．公文写作中特殊句式的运用［J］．办公室业务，2008（11）.
［31］施新．浅谈文言词语在公文中的应用［J］．秘书工作，2003.
［32］章彩云．语用词汇语义学论稿［M］．河南人民出版社，2008.
［33］张弓．现代汉语修辞学［M］．天津人民出版社，1964.
［34］欧阳程．当代行政公文词汇研究［D］．四川师范大学硕士学位论文，2007.
［35］肖燕．公文模糊词语研究［D］．四川师范大学硕士学位论文，2007.

后　记

随着社会的不断发展，人们对公文写作能力越来越重视，越来越多的党政机关、企事业单位将其作为选拔人才的标准之一。为适应社会发展的需要，满足各级党政机关工作人员、文秘人员、大中专学生对公文的写作需要，我们吸收了国内最新研究成果，并结合自己的教学实践，编著了这本《公文语言与修辞》。

本书共十章。第一章至第六章为公文语言基础知识。在前人研究的基础上，着重从公文语言的特点作用、公文语言与语体、公文的表述方式、公文句法、公文词语、公文修辞、公文常见语病等方面进行了新的探讨和研究，补充了前人的研究成果并提出了一些新的观点。第七章至第十章着重探讨公文文种语言的基本要求。本书主要有以下特点：

1. 在理论与实践相结合的基础上更突出理论，以使学习者从理论上掌握其重点、难点和特点，从而有效地帮助学习者理解、历练，提高其公文语言的运用能力。

2. 与传统公文语言书籍相比，增强了各类公文语言特点的分析及修辞部分的内容。在理论阐述的基础上，更突出其示范性和实用性。

3. 实例丰富、典型、新颖，并进行简要分析点评。本书选用大量最新或较新的典型实例，既增强了时代感又极具示范作用。

本书是中国公文写作研究会公文文献研究室、鲁东大学公文研究中心编写的《中国公文学研究》丛书之一。严格依照党和国家最新发布的公文法规进行编写，广泛吸收现阶段公文研究的最新成果，紧密结合当前机关单位公务活动的实际，具有较强的指导性和实用性。全书内容精要，例文典范，语言通俗精练，适宜党政机关工作人员、文秘人员、大专院校学生等学习研究。

本书在编写中，借鉴和参考了有关专家学者的论著和教材，引用了部分报刊网站刊载的公文作为例文，但因篇幅有限，只能在书后列出主要参考文献，恕不能一一注明，在此，特向原编著者表示崇高的敬意和衷心的感谢！

由于编者水平和视野的局限，加之时间短促，书中疏漏和不妥之处在所难免，敬请专家、同行和读者朋友批评指正。

编著者

2014年2月

跋

2013年1月12日凌晨，一则噩耗显示在手机屏上：枫林先生于早上4点12分去世，享年81岁。简单明了而寒气逼人的一句话让人的心倏地抽紧，惶惶不安、反反复复看了几遍，不得不承认确是寒风吹落霜叶，先生驾鹤西去。我木然坐在书房座椅上，好半天才回过神来，枫林先生或近或远的音容笑貌翩翩而至。

枫林先生是位颇有身份的人，曾长期在北京中央机关首长身边工作，在省城那是一位地位显赫的领导干部，但那时我并不认识他，无法对他写下只言片语。我所认识的枫林先生已离开领导岗位，已是进入所谓"无官一身轻"的赋闲光景，"一身轻"的他竟然看不到一点官架，嗅不到一点官气，品不到一点官味，我所认识的仅仅是一位人人尊敬的长者，一位风度儒雅的学者，一位推新扶弱的贤者。所以，文中我不称先生的官职，非为不敬，实在是因为我认识的枫林先生，与做官和权势无关。

我第一次认识枫林先生是在1992年10月，那一年我因为工作需要，出版了一本薄薄的关于公文写作的书，应邀与枫林先生一起参加了中国公文写作研究会的成立大会。会议在烟台新闻中心举行，枫林先生在会议上当选为中国公文写作研究会第一任会长。枫林先生的当选，并非其他原因，而是由于他在1987年出版了《中国公文学》一书，由此被国内公文学界尊为中国公文学的创始人，会长一职自然非他莫属了。而后，我与他见面多了，他对我讲，这本书是他从政时由北京调山东工作时，待命期间在北京图书馆里写成的，他说，现在这个"学"、那个"学"铺天盖地，而公文"经国之大业、不朽之盛事"怎么就没有"学"呢，这就是他写作此书的动因。后来先生还专门将《中国公文学》题名赠送了我一本，拜读之后，至今受益匪浅。先生写过多少公文已经无人知晓，只是知道"文化大革命"刚刚结束时，为老干部平反冤假错案、党的生活准则等许多重要中央文件均出自他手。中国公文写作研究会是一个名不见经传的全国性二级学术团体，但自成立以来，每次年会他都参加，这个学会后来在全国渐渐有了些影响，实在是赖先生所赐。后来他年纪大了，毅然决然辞去会长职务，推荐年轻同志担任会长，他则成为名誉会长，一般情况下名誉会长都是挂名的，但学会20年来的每次会议他都参加，而且每次会议都会发表具有真知灼见、切中时弊的研究见解。第十二届全国公文写作年会是2010年8月在西安举行的，他不仅在会议上谈了他对公文文风的看法，而且会议期间还接受了多家媒体的采访，他大声呼吁改变文风要从领导干部做起。他认为，“假大空”这种文风，抄袭的文风，最后的避难所就是领导的官僚主义，领导疏于亲政。他的话，引起与会者和媒体的普遍关注。人们没有想到一个79岁高龄的老者有如此敏锐的思想，无怪会后一个刊物发表了一篇题为《老树春深情更浓》的文章，大感惊叹！

如果有人认为官员出身，能写公文，对公文写作有点感想和认识，那不足为奇，也算不得了不起的真才实学。如果你这样来看待枫林先生，我不得不再谈谈他的另一项研究成果。2004年，枫林先生送我一本新著《中国用人史》，并对我讲，这是他自20世纪80年代始，在工作之余，耗时10年，完成的一本我国用人制度史专著。我认真拜读60余万字的皇皇巨著，枫林先生对中华民族历史上用人思想研究之深刻、方略评判之精当令人叹服。长期以来，史学界很少有人对用人史作系统、科学的研究，即或有著述问世，或失之于片断性、随意性，或只是辑录一些用人的故事，缺乏理论的总结与深入的分析。《中国用人史》突破了某些思维定式的束缚，通过全面系统地梳理用人历史上的丰厚遗产，阐释用人与政治、经济及社会发展的关系，从用人的角度去解读历史朝代的兴衰更迭，彰显唯物主义的人才史观和新时期人才强国战略的现实价值。它显示出枫林先生深厚的理论功底和驾驭能力，更蕴含着枫林先生忧国忧民的崇高情怀。

如果有人感觉一个担任过高级领导干部的人谈用人，还是不足为奇的话，那么对一个没有当过兵、打过仗的人，却出版了一本兵书，难道你不感到神奇而非凡吗?! 2010年8月在西安，枫林先生又送我一本他刚刚由中国军事科学出版社出版的《中国古代心战》一书，全书50多万字，上起先秦、下迄明清，过去那些屡屡散见于史籍的历代心战战例、战史，历代心战思想与方策，均被他收入锦囊。利用西安会议期间，我把全书通读一遍，发现这是枫林先生奉献给我们的一部极有教益的军事奇书。在中华民族的历史长河中，心战代表了中国古代兵道的智慧，是实现“不战而屈人之兵，善之善者也”的不二法宝。中国古代心战经历了漫长的发展过程，其斗争艺术丰富多彩，奇计妙策蕴含在浩如瀚海的历代兵书和史籍之中，没有剥茧抽丝的毅力和皓首穷经的耐心，实在是难以集大成而为一家。有人评价说，《中国古代心战》一书借鉴《孙子兵法》中丰富的心战思想和原则，研究高技术条件下心理战的基本内涵、应用特点、作战方法，不仅对弘扬中国传统文化具有现实而深远的意义，而且对促进中华民族软实力的提高和对于新时期军事斗争准备都具有极高的价值。这一点，2012年8月18日在北京举行的《中国古代心战》研讨会上得到与会专家的一致认同。同年12月，该书在新闻出版总署举行的第三届“三个一百”原创图书出版工程评选中，从参选的1167种新版图书中脱颖而出，入选“人文社科类原创图书”，被美国国立图书馆和我国各大图书馆收藏，成为我军心理战专业的研修教科书。

我作为晚辈，从30多岁与枫林先生忘年交已20余年，几乎年年相见，每次见面都为他的渊博学问所倾倒，为他的朴实为人所钦佩。他待人谦逊，温和平静，尤其对年轻人的呵护笃爱，事事显示一个长者的胸怀。2002年我在中国人事出版社出版《实用电子公文传输与处理》一书，请先生作序，考虑先生年事已高，且电子公文又是一个新东西，就拟了一个初稿给先生，先生很快就将序言寄了回来，但已不是我拟的初稿，而是先生自己重新撰写的，一看便知先生对电子公文的研究绝不生疏。此书出版后，在社会上引起广泛影响，实在有赖先生推举之力。以后我又在先生鼓励引导之下，陆续出版了几本关于公文写作研究方面的书，每次都是先生欣然命笔作序，为之增彩良多，其呵护之情溢于言表。枫林先生严谨治学，虚怀若谷，每每展现一个学者的风范。学会召开的会议，由于经费有限，一般都在一些简陋的酒店宾馆举行，每次参加会议，他决不搞特殊，坚持与与会人员在一起食宿、一起讨论。记得2011年暑期，中国公文写作研究会与鲁东大学共同举办“公文学的发展现状与展望”研讨会，枫林先生从青岛赶到烟台参加会议，考虑到学校的接待条件有限，会议特意另作安排，但枫林先生坚决不同意，就在学校与与会人员一起食宿参加会议，两天会议，由于他的亲自参与和指导，会议开得十分成功，会议研究成果结集出版了《公文学现状与展望》一书。枫林先生勤勉一生，努力不懈，他那种对学问孜孜以求的精神，使年轻人常常感到自愧不如。枫林先生70岁左右开始学习电脑，每天坚持用电脑写作3000字。我知道《中国用人史》、《中国古代心战》都是他在笔记本电脑上一个字、一个字敲出来的，这是我与他出差开会在一起时亲眼所见。他曾对我说，现在有些人不是认真做学问，为了赶时髦赚钱，组织一帮人，东拼西凑，粗制乱造，几天就搞出一大本，糟蹋学问，有辱斯文，决不应该这样做学问啊。现实中像枫林先生这样认真做学问的人可谓凤毛麟角，今天重温枫林先生的话，令人感慨良多。

枫林夕照别样红，霜叶流丹分外娇。枫林先生曾与我谈及自己退休后的生活，他说，他可以有两种“写”的选择：一种是写字，练练书法，既有益身体，还可以百年留名，甚至还可以借机得到不菲的润笔费；另一种是写书，研究点东西，不过比较清苦。朋友劝他选第一种，因为枫林先生的书法造诣很深，稍微再用点心，比一些自我标榜的所谓书法家写得要好。但枫林先生选择了另一种，他心里很清楚，这是自找苦吃，但他认为离岗以后如果能利用晚年的时间，能继续为国家、为民族做点有益的事，为后人留下点有价值的东西，那是值得的。他曾说过，人类文化是一个整体，为人类文化做出贡献的人，是不会被历史遗忘的。正如孔夫子所言，枫林先生“其为人也，发愤忘食，乐以忘忧，不知老之将至云尔”。他离岗以后，研究成果不断问世，一部比一部精彩，且有一发而不可收的态势。除了本文言及的三部著作外，枫林先生还著有《步履集》、《孔子文化大全》、《世界改革史》、《中国古代名物大典》等，都是可以传世的佳篇力作。他在 2011 年烟台会议上对我说，他计划编著一部公文赏析读物，让今人从中观察前人公文对社会治理的视角，学习前人公文笔者善于透彻说理，又重在提出解决办法的睿智，然后将已有的几十万字的文章出个文集，作为献给自己 85 岁的礼物。并嘱托公文赏析读物由我协助他完成出版发行工作。这两年我一直在期盼枫林先生的新作问世。

2013 年元旦假期之间，得知枫林先生病重入院，我于 1 月 3 日匆匆赶到北京 301 医院看望，因医生嘱咐谈话不能超过一刻钟，本来想好许多要对先生说的话，如他的公文赏析书稿何时杀青，他对此书出版发行有什么要求等等，但时间不允许，而我也不忍心让先生再劳累，心想等枫林先生病好了，此事再议也不迟。未曾想病魔如此凶狠，北京一晤，顿成永别，回来仅仅十天多一点的时间，就与枫林先生阴阳两隔，从此再也无法聆听先生的教诲。

2013 年 1 月 14 日，枫林先生遗体告别仪式在济南殡仪馆举行，是日雾霾蔽日，旅程阻隔，竟至未能赶到济南送枫林先生最后一程。正当我哀思无尽的时刻，枫林先生的亲人打来电话，说枫林先生走前通过“遗事”告知方式，请他们与我联系出版《中国公文名篇赏析》之事。经了解，他的最后书稿在他的个人计算机中，已经系统修改过 4 次，可谓尽心尽力了。他在住院前最后的日子，就是为再修改书稿、增加新内容搬书而“扭伤”了腰。并且在病中多次提到要出好这本书。

根据他的遗愿，鲁东大学公文文献研究中心将他的遗著校订出版，作为本中心公文学系列研究丛书的第一部。鲁东大学公文文献研究中心是在枫林先生的倡议下，于 2008 年成立的全国首家以公文为研究对象的科研机构，2010 年 10 月 28 日中国公文写作研究会批准，成为其分支机构——中国公文写作研究会公文文献研究室。鲁东大学公文文献研究中心创立之初，枫林先生捐赠了其珍藏的全部公文文献和著作，供师生学习、研讨利用，并欣然担任中心的兼职教授，中心的发展倾注了先生的许多心血。此次中心能够为先生的遗著出版尽微薄之力，师生感到无限的荣幸和欣慰。

为了纪念枫林先生，我们将本书包括丛书其他分册的出版式样、大小和封面以先生过去出版的著作为蓝本，统一进行了设计，并命名为《中国公文学研究》丛书，算是对枫林先生为中国公文学创立发展做出的卓越贡献表示的崇高敬意，以告慰枫林先生的在天之灵。

是为跋。

柳新华

2014 年 1 月 12 日